江西财经大学国际贸易学文库系列

本书受国家社会科学基金青年项目"国际生产分割对中国劳动力市场的影响及对策研究"（项目编号：13CJL033）资助出版

国际生产分割对中国劳动力市场的影响及对策研究

邓 军 ◎ 著

STUDY ON THE IMPACT OF INTERNATIONAL PRODUCTION FRAGMENTATION ON CHINA'S LABOR MARKET AND RELATED COUNTERMEASURES

图书在版编目（CIP）数据

国际生产分割对中国劳动力市场的影响及对策研究/邓军著. —北京：经济管理出版社，2020.10
ISBN 978-7-5096-7095-8

Ⅰ.①国… Ⅱ.①邓… Ⅲ.①国际分工—影响—劳动力市场—研究—中国 Ⅳ.①F114.1 ②F249.212

中国版本图书馆 CIP 数据核字（2020）第 179101 号

组稿编辑：胡　茜
责任编辑：胡　茜　姜玉满
责任印制：黄章平
责任校对：陈晓霞

出版发行：经济管理出版社
　　　　（北京市海淀区北蜂窝8号中雅大厦A座11层　100038）
网　　址：www.E-mp.com.cn
电　　话：（010）51915602
印　　刷：北京玺诚印务有限公司
经　　销：新华书店
开　　本：720mm×1000mm/16
印　　张：15.5
字　　数：269千字
版　　次：2020年11月第1版　2020年11月第1次印刷
书　　号：ISBN 978-7-5096-7095-8
定　　价：69.00元

·版权所有　翻印必究·
凡购本社图书，如有印装错误，由本社读者服务部负责调换。
联系地址：北京阜外月坛北小街2号
电话：（010）68022974　邮编：100836

前　言

国际生产分割是指将产品生产过程分割成不同的环节，而这些环节可能发生在两个或两个以上的国家，这已经成为世界贸易过去 30 年的一个决定性特征。中国很多企业正成为国际生产网络中的一部分。这个生产网络的特点是日本、韩国等发达经济体出口中间产品到中国，然后在中国进行组装，完成最后制成品，而出口目的地最主要的不是日本、韩国而是美国和欧洲市场。这个国际生产网络的形成和发展过程，正是中国对外贸易迅猛发展的过程。可以说中国对外贸易的巨大发展，很大程度上就是不断融入这个国际生产网络的结果。总体而言，国际生产分割呈现出三个突出特点：发展中国家承接劳动密集型生产环节，发达国家的经济波动对发展中国家就业市场冲击很大；发展中国家企业出口目的地集中于发达国家；发展中国家企业生产过程中大量进口中间投入品。

众多学者把国际生产分割视为国际分工的进一步细化。随着生产和运输技术的进步、贸易成本的大幅下降，国际贸易的主要构成不再是最终制成品贸易，而是以零部件为代表的中间产品贸易。根据世界贸易组织、国际货币基金组织和世界银行等国际组织联合发布的《全球价值链发展报告 2019》统计，中间产品占整个世界贸易的 2/3，可以说现在的国际贸易模式已经发生了根本的变化。

另外，随着国际生产分割的发展，发展中国家承接劳动密集型生产环节，加工贸易得到高速发展，这极大地缓解了发展中国家的就业问题。2016 年商务部统计数据显示，加工贸易对中国参与国际产业链分工等诸多方面都发挥了十分重要的作用，加工贸易直接吸纳的就业人数已超过 4000 万，间接吸纳的就业人数也超过千万。因此，研究国际生产分割、贸易及其对中国劳动力市场的影响有十分重大的现实和理论意义。

以往关于国际生产分割对劳动力市场影响的研究主要集中于发达国家。因为发达国家普遍担心国际生产分割导致企业将生产制造环节转移到发展中国家,从而降低了发达国家低技能劳动力的相对工资水平或者就业率。现在越来越多的学者开始从发展中国家的角度,从企业层面研究国际生产分割对劳动力市场的影响。

本书结合国际生产分割的三个特点,从中国企业层面考察国际生产分割对中国劳动力市场的影响。需要说明的是,国际生产分割对中国劳动力市场产生的影响涉及多个方面,我们主要从国际贸易的角度展开研究。其中,有四个问题值得关注和探讨。其一,最需要关注的问题是就业波动性。在2008年金融危机期间,中国出口急剧下降的同时,众多原来从事出口商品生产的劳动力也很快处于失业的状态,企业的就业波动性很大。国际生产分割、贸易和就业波动性之间的关系到底是什么?其二,由于发展中国家承接生产的产品最终出口目标市场是发达国家,现在有研究发现为了吸引发达国家消费者,发展中国家企业出口较高质量产品。那么,为什么发展中国家可以出口高质量的产品呢?出口高质量产品对中国企业工资水平和工资差距会产生什么影响呢?其三,贸易自由化促进了国际生产分割的发展,而贸易自由化(关税下降)对中国企业工资水平和工资差距会产生什么影响?其四,国际生产分割条件下中国企业大量进口中间产品,那么不同进口强度是如何影响企业工资的呢?是否存在进口工资溢价?这种进口工资溢价是否一直存在?

对于上述问题的分析则构成了本书的主要研究内容。具体而言,本书考察了国际生产分割对中国企业就业波动性、工资水平和工资差距三个方面的影响。为此,本书从国际生产分割理论出发,基于中国工业企业和海关企业等微观企业数据,运用面板数据模型、工具变量和广义倾向匹配评分等计量方法实证分析国际生产分割的特点如何影响中国劳动力市场。

本书在第一章导论和第二章文献综述之后,第三章介绍了国际生产分割的发展,主体部分是第四章至第七章,即围绕上述国际生产分割产生的三个特点和四个值得关注的问题分别展开论述,最后在第八章得出有关结论与政策建议。

其中,第三章阐释了国际生产分割在最近30年得到快速发展的原因。国际生产分割的发展主要得益于以下方面的因素:一是贸易和投资自由化。"二战"以后越来越多的国家采取削减关税、鼓励外商直接投资等自由化贸易与投资政策,这促使发达国家跨国公司将生产转移到劳动力相对廉价的发展中国家和地区以获取竞争优势。所涉及的产品在生产过程中要多次进出不同国家的海关,而每通过一次海关就被征收关税。因此，世界范围内的关税下降就会导致这类产品生产成本的大幅度削减。在国际生产分割的条件下，关税下降放大了成本削减的效应。二是通信和运输技术变革。跨国公司要实现在世界范围内组织生产和经营活动还需要技术的支持，特别是通信技术和互联网的广泛应用以及集装化运输方式，这些把不同生产环节连接起来的通信与运输技术在最近30~40年取得了革命性的进步，大幅降低了生产与运输的成本，这使得生产的全球化成为可能。三是地理上的接近。跨国公司组织产品的生产涉及国家众多，如果这些国家地理上相互靠近就可以节省大量的运输费用，东亚地区的国际生产网络就是在这种背景下产生的。

第四章探讨了国际生产分割对企业就业波动性的影响以及进出口对企业就业波动性的影响。研究发现：第一，国际生产分割会导致中国劳动力市场更高的就业波动性。原因在于，经济全球化促使跨国资本快速流动，改变了劳动者与资方的谈判地位，国际生产分割使得企业对劳动力的需求弹性变得更大，加剧了劳动力市场的就业波动性。进出口强度对就业波动性的影响方向相同，两者都会导致较高的就业波动性。第二，企业规模越大，经营时间越长，就业波动越小，企业出口目的国的数量就越多，从而能较好地分担企业面临的贸易风险，因此能够降低就业波动水平。第三，研究还发现出口到中、低收入国家会降低企业就业波动，出口到高收入国家的就业波动水平不显著。第四，贸易伙伴国离中国的距离越远，就业波动性就越大。中国与贸易伙伴国相距越远，将会导致更长的时间滞后以及更高的交易费用，企业也将面临更大的贸易不确定风险，因而就业波动性越大。第五，研究发现国有企业参与国际生产分割对就业波动性的影响达到最小时，港澳台企业参与国际生产分割将经历更高的就业波动性。西部地区的企业参与国际生产分割比东部地区面临更高的就业波动性。

第五章研究了在国际生产分割条件下，从企业出口目的地集中在发达国家这个特点出发，分析了出口目的地对企业工资的影响。研究发现出口目的地收入水平越高，出口企业就会支付更高的工资。其原因在于：出口目的地收入水平越高，对产品质量的要求也就越高，并愿意为之支付更高的产品价格。更高产品质量要求使得出口企业需要进口高质量的中间投入品，同时雇佣更多的技术工人来从事生产，因为质量升级带来了出口产品的溢价，所以技术劳动力的工资更高。此外，研究还发现，相对于高收入出口目的地而言，低收入出口目的地的收入增长对出口企业工资的提升作用更大；相比加工贸易，一般贸易更能推动出口企工资水平的提升；对于中西部地区的企业而言，出口目的地收入越高，出口企业工资越高。

第六章基于国际生产分割条件下贸易呈现自由化（关税下降）这个特征，分析了关税下降对企业员工工资的影响。研究发现：首先，从总体来看，最终产品与中间产品的进口关税降低会对企业工资产生不同影响。最终产品进口关税降低会降低进口竞争性企业的工资，但却会提高出口企业的工资。中间投入品进口关税降低会提高使用进口中间投入品的企业工资，但却会降低不使用进口中间投入品的企业工资。其次，从贸易方式来看，对于加工贸易企业而言，降低最终制成品关税和中间投入品关税都会导致加工贸易企业的平均工资下降。原因在于加工贸易企业进口已经享有免关税待遇。因此，进一步地降低最终制成品关税会促使加工贸易出口企业转为一般贸易出口企业，进而降低加工贸易企业对劳动力的需求，这会降低加工贸易企业的平均工资。对于一般贸易企业而言，最终制成品关税下降对企业员工工资的影响多数情况下并不显著。相反，中间投入品关税下降会提高进口企业的工资。再次，从产品类型来看，对于资本品而言，最终制成品关税下降对出口企业员工工资影响多数情况下并不显著。中间投入品关税下降会提高进口企业的工资。原因在于企业进口资本品目的是提高企业生产率或者提高企业产品质量，这都会增加企业利润，进而提高企业员工工资。最后，从分区域的研究来看，关税下降对不同地区的进口和出口企业工资的影响存在异质性。一方面，最终制成品关税下降，会提高中部地区出口企业的工资，但是会降低东部和西部地区出口企业的工资；另一方面，中间投入品进口关税下降，会降低中部和西部进口企业的工资，提高东部地区进口企业的工资。

第七章从国际生产分割条件下中国企业大量进口中间产品这个特点出发，分析了进口强度是如何影响企业工资的。研究发现，进口强度与员工工资之间不是简单的线性关系，都存在明显的倒 U 形关系。随着进口强度的增加，企业员工工资呈现先上升而后下降的趋势。因此，企业进口会导致工资溢价，但是这种工资溢价只是存在于一定的进口强度的范围之内，高于这个进口强度范围反而会导致企业员工工资下降，甚至低于非进口企业。原因在于，相对于非进口企业而言，进口企业可以获得更高质量的投入品，使得中间投入品来源多样化，提升了企业生产率和盈利能力，进而提高员工工资；当进口强度越高，表明企业越有可能从事的是加工贸易，加工贸易企业的劳动生产率往往偏低，企业利润率低，进而员工工资比较低。

第八章总结了国际生产分割三个方面的特点及其对中国劳动力市场的影响，并提出调控就业波动性和企业间工资差距的政策建议。

本书的创新点主要包括以下四个方面：

第一，关于国际生产分割、贸易和就业波动性方面的研究。首先，在研究视角上有所创新。目前多数研究关注国际生产分割对中国就业结构和工资差距的影响，但是很少研究讨论国际生产分割对企业层面就业波动性的影响。此外，现有文献主要以发达国家为研究对象，鲜有从发展中国家的角度探讨国际生产分割、贸易与企业就业波动性之间的关系，本书的研究对象聚焦于中国，试图从发展中国家的角度探讨这个问题。其次，在研究方法上有所改进。以往研究鲜有对中国就业波动性进行分析的一个重要原因是，缺少对企业层面就业波动性进行测度的方法。基于最新测算方法，我们测度了中国企业的就业波动性；研究方法的另一个改进是，通过构造差分后滞后一期的工具变量以控制内生性问题。

第二，关于出口目的地和出口企业工资方面的研究。首先，研究角度有所创新。分别从质量供给和质量需求两个角度，探讨为什么出口目的地收入水平越高企业工人工资也会更高。其次，研究方法有所改进。通过加权后的汇率等方式构建工具变量，以解决核心变量的内生性问题，进而证实了出口目的地收入水平与出口企业工资之间的因果关系。此外，研究的样本范围得到扩展，本书将2000～2013年工业企业数据库和海关数据库进行匹配，从而使研究样本量扩大到上千万家企业。

第三，关于国际生产分割条件下关税下降、进出口与企业工资方面的研究。首先，研究角度有所创新。由于国际生产分割导致中间产品贸易盛行，我们从中间产品贸易的角度分析进口关税下降与企业工资的关系。研究角度的另一个创新是：基于不同的贸易方式和产品类型来详细分析关税下降对企业工资的异质性影响。其次，研究方法有所改进。考虑到构建关税时引入企业层面的投入产出情况容易导致样本自选择问题，为了控制关税与企业工资之间的反向因果关系，我们构建的中间投入品进口和最终制成品关税都是产业层面的，而非企业层面的关税，以此控制内生性问题。

第四，关于进口强度与企业工资方面的研究。首先，从研究角度来看，以往文献主要关注出口与工资溢价的问题，较少文献关注进口（不进口）对工资的影响，鲜有文献从进口强度的不同区间范围，分析进口强度对工资的影响。我们认为进口与工资并非简单的线性关系，需要根据进口强度的大小，才能更为精确地判断进口对工资的异质性影响。其次,从研究方法来看,以往关于进口与企业员工工资之间关系的研究多数采用倾向匹配评分方法,或者倾向匹配评分与倍差法相结合的方式。这些方法往往对企业进行二元处理,不同研究可能会有不同的研究结论。导致这些研究结论的差异主要在于二元处理变量无法反映贸易强度的变化对企业工资的影响,贸易行为对企业工资的影响就可能被高估或者低估。为解决这个问题,我们采用了广义倾向匹配评分方法来构造连续处理变量,在不同的进口强度水平上来检验微观企业进口是否存在工资溢价。事实上,本书研究发现进口产生的工资溢价只是在一定进口强度区间范围内的,超出一定进口强度范围后,进口强度增加甚至会降低员工工资。另外,本研究解释变量取值范围处于0与1之间,观测值不是正态分布的,难以采用传统的线性模型进行估计。为了解决这个问题,本书基于广义倾向匹配评分方法,采用了广义线性模型估计,从而可以比较在不同进口强度下,进口企业与非进口企业的员工工资水平差异。

本书的不足之处在于数据的局限性。由于难以获得企业员工个体的数据,所以只能集中分析国际生产分割在企业层面的就业和工资方面的影响。如果可以获得企业员工个体级别的数据,本书的研究则可以进一步深入。例如,在研究国际生产分割、进出口贸易与就业波动性的时候,不同类型的员工是否会受到不同的影响以及他们如何应对这种波动。再如,由于缺乏关于按技能水平划分的高技能与低技能劳动力工资收入数据,本书只能分析行业内的工资收入差距问题。如果可以获得企业一级微观数据的话,我们可以进一步分析相同技能水平的劳动力在不同行业间的工资收入差距问题,或者进一步探讨企业自身的异质性是否对行业内的工资收入差距有影响。

此外,对于未来的研究方向,本书认为如果可以构建企业层面的全球价值链数据,深入分析企业层面参与全球价值链的程度、方式和在全球价值链中的地位,那么就可能在企业层面甚至劳动者个体层面,探讨全球价值链是如何影响不同职业、岗位和技能就业者的,那么我们就可以获得更为丰富和不同视角的研究结果。

目 录

第一章 导论 ··· 1

    第一节 选题背景 ·· 1

    第二节 选题的理论与现实意义 ··· 2

    第三节 研究对象的界定、研究思路和研究方法 ······························· 4

        一、研究对象的界定 ··· 4

        二、研究思路 ·· 6

        三、研究方法 ·· 6

    第四节 主要创新点与不足 ·· 7

        一、主要创新点 ··· 7

        二、不足之处 ·· 8

第二章 文献综述 ·· 10

    第一节 国际生产分割 ··· 10

    第二节 国际生产分割、贸易与就业波动性 ···································· 11

        一、就业波动性的测算 ·· 11

        二、就业波动性的传导因素 ··· 12

        三、贸易与就业波动性 ·· 14

        四、文献评述 ·· 16

    第三节 国际生产分割、出口目的地与工资差距 ···························· 17

        一、出口目的地选择的相关文献 ·· 17

        二、出口目的地选择与企业工资的相关文献 ···························· 18

三、出口目的地选择与技术工人的相关文献 …… 19
四、出口目的地选择与产品质量的相关文献 …… 22
五、文献评述 …… 23
第四节 国际生产分割、贸易自由化与工资 …… 24
第五节 国际生产分割、进口与工资差距 …… 27
第六节 总体评述 …… 30

第三章 国际生产分割的发展 …… 32
第一节 国际生产分割发展的现状 …… 32
第二节 促进国际生产分割发展的原因 …… 34
一、贸易和投资政策自由化 …… 34
二、通信和运输技术变革 …… 35
三、地理上的接近 …… 37
第三节 相关结论 …… 38

第四章 国际生产分割、贸易与就业波动性
——来自中国企业层面的微观证据 …… 40

第一节 引言 …… 40
一、研究背景 …… 40
二、研究目的与研究意义 …… 45
三、研究方法与内容 …… 46
四、创新点与不足 …… 48
第二节 国际生产分割与就业波动性的理论分析
——基于Bergin等（2011）模型 …… 48
一、理论模型 …… 49
二、分析结果 …… 52
三、理论模型小结 …… 54
第三节 计量模型构建 …… 55
一、模型构建 …… 55
二、核心指标测度 …… 56
三、数据说明 …… 59

第四节　实证分析 …… 60
　一、基准回归 …… 60
　二、工具变量回归 …… 61
　三、机制分析 …… 64
　四、异质性分析 …… 69
　五、稳健性检验 …… 72
第五节　本章小结 …… 73

第五章　国际生产分割、出口目的地与企业工资差距 …… 75

第一节　引言 …… 75
　一、研究背景 …… 75
　二、研究意义与目的 …… 78
　三、研究方法、思路与框架 …… 80
　四、创新点与不足之处 …… 83

第二节　国际生产分割、出口目的地与企业工资的理论分析
　　　　——基于 Brambilla 等（2016）模型 …… 84
　一、出口目的地、产品质量、工资的理论模型 …… 84
　二、建立利润函数模型 …… 84
　三、出口目的地偏好函数模型 …… 85
　四、技术条件下函数模型 …… 85

第三节　计量模型的构建 …… 88
　一、出口目的地收入水平与工资计量模型 …… 89
　二、产品质量机制计量模型构建 …… 89
　三、变量测度 …… 90
　四、相关数据说明 …… 91

第四节　出口目的地收入与工资实证分析 …… 95
　一、基准回归分析 …… 96
　二、异质性分析 …… 98
　三、稳健性检验 …… 103
　四、产品质量机制实证分析 …… 106

第五节　本章小结 …… 109

第六章 国际生产分割条件下的贸易自由化、中间产品贸易与工资差距 …… 114

第一节 引言 …… 114
第二节 国际生产分割、贸易自由化与企业工资的理论分析
——基于 Amiti 和 Davis（2011）模型 …… 115
一、最终制成品的消费 …… 115
二、公平工资约束和劳动力市场 …… 115
三、企业生产、利润和全球化模式 …… 116
四、市场均衡 …… 120

第三节 计量模型构建与相关变量定义 …… 121
一、计量模型构建 …… 122
二、相关变量定义 …… 122

第四节 数据说明与处理 …… 123
一、数据说明 …… 123
二、数据的匹配与处理 …… 124
三、描述性统计 …… 127

第五节 实证分析 …… 128
一、基准模型 …… 128
二、异质性分析 …… 130
三、稳健性检验 …… 149

第六节 本章小结 …… 152

第七章 国际生产分割、企业进口与员工工资
——基于广义倾向评分的实证研究 …… 155

第一节 引言 …… 155
第二节 计量模型与估计方法 …… 156
第三节 数据与统计描述 …… 160
一、数据说明 …… 160
二、相关变量的定义 …… 161
三、描述性统计 …… 163

第四节 实证分析的初步结果 …… 165

第五节　稳健性检验 ································· 179
　　　　一、基于贸易模式的检验 ·························· 180
　　　　二、基于企业股权性质的检验 ······················ 186
　　第六节　本章小结 ··································· 202

第八章　结论与政策建议 ································ 205
　　第一节　研究结论 ··································· 205
　　　　一、关于就业波动性 ······························ 205
　　　　二、关于出口目的地与工资差距 ···················· 206
　　　　三、关于关税下降、进出口与企业工资差距 ·········· 208
　　　　四、关于企业进口强度与企业工资差距 ·············· 210
　　第二节　政策建议 ··································· 212
　　　　一、调控就业波动性的政策建议 ···················· 212
　　　　二、调控企业工资差距扩大的政策建议 ·············· 213

参考文献 ··· 216

附　录 ··· 232

后　记 ··· 234

第一章 导论

第一节 选题背景

2010年,富士康公司由于其员工跳楼事件登上了各大媒体的头条,备受关注。人们最先关注的重点恐怕是其员工接连跳楼的数目,而后又有记者深入其企业调查发现,其高度军事化管理,虽然给企业带来极为高效的生产率、成功的企业业绩,但也造成了一种缺乏人性关怀的企业氛围。《中国经营报》记者调查发现"富士康MP3/MP4部门有一道焊接工序,共五个焊接点,科研部门会将这五个焊点总时长设计控制为13秒,并分解为4、3、2、2、2秒。稽核部门稽核该工序时也主要是看你操作的秒数[①]"。这让笔者想起卓别林的一部著名电影《摩登时代》,片中卓别林饰演的普通工人查理一辈子的工作就是拧螺丝,而且就拧特定地方的螺丝,普通人在大工业革命的时代已经被异化成一颗螺丝钉,失去了作为人而存在的意义。

一方面这个事件让人们十分痛心,这么多年轻的生命就这么悄然而逝,另一方面也促使笔者渴望了解富士康以及许许多多类似富士康这样的公司。于是笔者从富士康公开的信息查阅其发展历史,发现其出口额从1996年的1亿美元持续增长,尤其是在2001年后从24亿美元猛增到2017年的1662亿美元[②],平均年

---

① 参见中国新闻网的报道:http://www.chinanews.com.cn/it/it-itxw/news/2010/04-05/2207702.shtml。

② 数据来源于富士康公司网站:http://www.foxconn.com.cn/Milestone.html。

复合增长率高达28.3%。从出口排名来看，富士康公司连续多年位居中国出口200强榜首，而其一家公司在2018年出口总额就占中国出口总额的4.1%。

富士康的"成功"让笔者思考究竟是什么原因使这家企业的业绩这么突出，发展这么迅速。基于专业的直觉，笔者认为这背后一定有其特定的理论原因。经过收集大量资料，发现富士康的迅速发展与其"代工厂"定位相关。于是笔者进一步进行文献阅读，发现其"成功"与国际贸易理论领域中的生产分割（International Fragmentation）理论有一定联系。

第二节 选题的理论与现实意义

国际生产分割是指将生产过程分割成不同的环节，而这些环节可能发生在两个或者两个以上的国家，这已经成为世界贸易过去30年的一个决定性特征。例如，富士康公司为欧美电子类厂商进行"代工"，专注于国际生产分割片段（Fragment）中的劳动密集型环节。富士康公司仅仅是众多外商投资企业在中国的一个缩影，还有很多类似企业正成为国际生产网络（International Production Network）中的一部分。这个生产网络的特点是：日本、韩国等发达经济体出口中间产品到中国，而中国同时也从中国香港、中国台湾以及东南亚其他发展中国家或地区进口大量中间产品，最后在中国内地进行组装，完成最后制成品，而出口目的地最主要的不是日本、韩国而是美国和欧洲市场。这个国际生产网络形成和发展的过程，正是中国对外贸易进出口额迅猛增长的过程。可以说，中国对外贸易的巨大发展，在很大程度上就是不断融入这个生产网络的结果。

许多学者把国际生产分割视为国际分工的进一步细化，而分工的细化会带来生产率的极大提高，促进一国经济的快速发展。亚当·斯密在《国富论》一开篇就指出"劳动生产力上最大的增进，以及运用劳动时所表现的更大的熟练、技巧和判断力，似乎都是分工的结果。……凡是采用分工制的工艺，一经采用分工制，便相应地增进劳动的生产力。各种行业之所以各个分立，似乎也是由于分工有这种好处。一个国家的产业与劳动力的增进程度如果是极高的，则其各种行业的分工一般也都达到极高的程度。……农业上劳动生产力的增进，总跟不上制造业上劳动生产力的增进的主要原因，也许就是农业不能采用完全的分工制度。现在最富裕的国家，固然在农业和制造业上都优于邻国，但制造业方面的优越程度，必定大于农业方面的优越程度。有了分工，同数量劳动者就能完成比过去多得多的工作量。①"事实上，正是因为国际分工的细化，才使得亚洲一些最初只是发展中国家或地区，通过实施出口导向型贸易战略，迅速崛起并成功地转型为发达国家或地区（如韩国、中国台湾、新加坡等）。②

现在的国际贸易理论的发展越来越细化和深入。从亚当·斯密的绝对优势理论，到大卫·李嘉图的相对优势理论，再到赫克希尔—俄林的资源禀赋理论，研究的都是国家之间的专业分工理论。自 Krugman（1979，1980）提出新贸易理论，人们便开始关注从产业内分工的角度研究国际贸易。直到以 Melitz（2003）、Antras（2003）为代表的新新贸易理论的出现，人们才从企业、产品的角度来研究国际贸易。可以清晰地看到国际贸易理论研究经历了一个从宏观到微观的过程，最初是从国家层面，然后是产业层面，再到现在的微观企业、产品层面。③

随着生产和运输技术的进步、贸易成本的大幅下降，国际商品贸易的主要构成不再是最终制成品（Final Products）贸易，而是以零部件（Parts and Components）为代表的中间产品贸易。有学者认为过去的 30 年是继工业革命之后国际贸易发展的第二个黄金时代（Athukorala，2010）。这个说法并不夸张，目前每年世界贸易总量已经超过世界总产出量，两者的巨大差额说明存在大量的中间产品贸易（Intermediates Trade）。世界贸易组织、国际货币基金组织和世界银行等国际组织联合发布的《全球价值链发展报告 2019》统计，中间产品占整个世界贸易的 2/3④。可以说现在的国际贸易模式已经发生根本的变化。

随着国际生产分割的发展，发展中国家承接劳动密集型生产环节，加工贸易得到高速发展，这极大缓解了发展中国家的就业问题。根据 2016 年商务部统计数据，加工贸易对中国参与国际产业链分工等诸多方面都发挥了十分重要的作用，加工贸易直接吸纳的就业人数已超过四千万，间接吸纳的就业人数也超过千万。因此，研究国际生产分割、贸易及其对中国劳动力市场的影响有十分重大的现实和理论意义。

---

① 亚当·斯密. 国民财富的性质和原因的研究［M］. 郭大力，王亚南译. 北京：商务印书馆，1972：5-8.

②③ 邓军. 国际生产分割的发展及其宏观经济效应：一个文献评述［J］. 浙江社会科学，2013（6）：137-143，161.

④ 参见《全球价值链发展报告 2019》：https：//www.wto.org/english/res_e/booksp_e/gvc_dev_report_2019_e.pdf。

在实践方面，研究国际生产分割对中国就业与工资的影响机制与效应具有重要的现实意义。党的十九大报告中明确提出，要坚持就业优先战略和积极就业政策，实现更高质量和更充分就业。大规模开展职业技能培训，注重解决结构性就业矛盾，鼓励创业带动就业。坚持按劳分配原则，完善按要素分配的体制机制，促进收入分配更合理、更有序。扩大中等收入群体，增加低收入者收入，调节过高收入，取缔非法收入。坚持在经济增长的同时实现居民收入同步增长、在劳动生产率提高的同时实现劳动报酬同步提高。① 因此，本书研究成果可以为我国调控国际生产分割带来的就业波动性增强和工资收入差距持续扩大等风险和挑战，提供科学、合理的政策建议和决策服务。

在理论方面，在微观企业数据的分析基础上，探讨国际生产分割对中国就业波动性和企业间工资差距的影响机制和效应，这些内容在国内尚未得到充分研究，相关成果可以进一步拓展国际生产分割对我国劳动力市场影响的研究空间。因此，本书具有较高的理论价值。

第三节　研究对象的界定、研究思路和研究方法

一、研究对象的界定

国际生产分割并不是什么新现象，Pollard（1981）研究发现，早在第一次工业革命时期，英国由于国内劳动力短缺以及工资上涨的压力，其纺织服装业开始将劳动密集型的生产环节转移到欧洲大陆。Athukorala（2010）指出，现在的国际生产分割与过去相比，不同之处就在于生产分割涉及的产品类型广泛，而涉及的国家从发达国家扩展到发展中国家，甚至可以说遍布全球了。生产分割最新的两个特点：一是许多行业的生产分割的片段已经是标准化，可以有效地使用在不同的产品中，如手机电池最初是由电脑制造商开发的，现在被广泛使用在手机、电子记事本等产品中；芯片的使用范围已经不仅仅包括电脑，而且包括各种消费类电子产品和汽车②。二是国际零部件供应网络已经发展得很完善，发达国家的

---

① 参见 http://sh.people.com.cn/n2/2018/0313/c134768-31338145.html。
② 参见 Jones 和 Kierzkowski（2001）、Brown 等（2004）。

生产商开始将越来越多耐用消费品的最后生产环节转移到国外，以便接近终端消费者或者利用廉价劳动力。

国际生产分割（Product Fragmentation），又被称为垂直专业化（Vertical Specialization）、价值链分割（Slicing the Value Chain）、国际生产分享（International Production Sharing）、外包（Outsourcing）和产品内分工（Intra-product Specialization）。几种不同的称呼其实质都是指生产环节被进一步细分，不同的生产环节跨越了几个国家，而且后面几种称呼其实都是生产分割的不同表现形式而已，本书则主要从生产分工的角度来分析国际生产分割对中国劳动力市场的影响。

总体来说，目前国内对于国际生产分割的大多数研究集中于分析国际生产分割的决定性因素，缺乏对国际生产分割与劳动力市场相关理论的系统分析。从发展中国家，特别是中国微观企业的角度，对国际生产分割与中国劳动力市场的实证研究就更为欠缺，这也为本书的进一步研究提供了空间。

本书结合国际生产分割的三个特点，从中国企业层面考察国际生产分割对中国劳动力市场的影响。需要说明的是，国际生产分割对中国劳动力市场产生影响涉及多个方面，我们主要从国际贸易的角度展开研究。其中，有四个问题值得关注和探讨。其一，最需要关注的问题是就业波动性。在2008年金融危机期间，中国出口急剧下降的同时，众多原来从事出口商品生产的劳动力也很快处于失业的状态，企业的就业波动性很大。因此，国际生产分割、贸易和就业波动性之间的关系到底是什么？其二，由于发展中国家承接生产的产品最终出口目标市场是发达国家，现在有研究发现为了吸引发达国家消费者，发展中国家企业出口较高质量产品，为什么发展中国家可以出口高质量的产品呢？出口高质量产品对中国企业工资水平和工资差距会产生什么影响呢？其三，贸易自由化促进了国际生产分割的发展，而贸易自由化（关税下降）对中国企业工资水平和工资差距会产生什么影响？其四，国际生产分割条件下中国企业大量进口中间产品，那么不同进口强度是如何影响企业工资的呢？是否存在进口工资溢价？这种进口工资溢价是否一直存在？

上述问题的分析构成了本书的主要研究内容。具体而言，本书考察了国际生产分割对中国企业就业波动性、工资水平和工资差距三个方面的影响。为此，本书从国际生产分割理论出发，基于中国工业企业和海关企业等微观企业数据，运用面板数据模型、工具变量和广义倾向匹配评分等计量方法实证分析国际生产分割的这些特点如何影响中国劳动力市场。

二、研究思路

本书的研究思路主要从国际生产分割的三个特点分析国际生产分割对中国劳动力市场的影响,具体如图1-1所示。

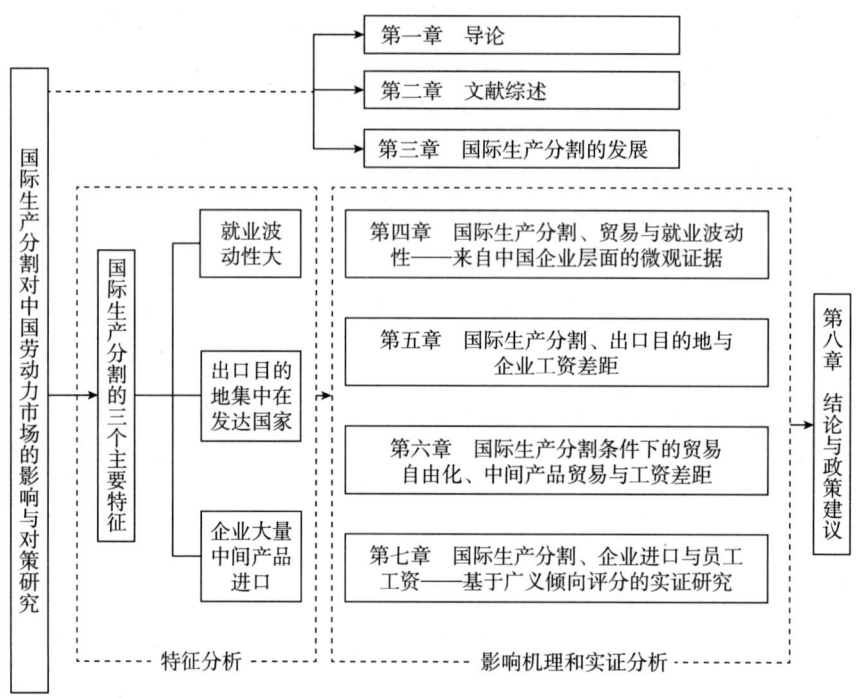

图1-1 本书研究思路

三、研究方法

本书将主要采用理论与实证相结合的方法。首先,通过文献归纳法,分析国际生产分割发展的原因。其次,在分析国际生产分割对就业波动性的影响时,将采用最新的测度方法,构建企业层面的就业波动性和国际生产分割程度指标,对国际生产分割对就业波动性的影响和机制进行实证分析,并通过工具变量来控制内生性问题。再次,在讨论出口目的地对企业工资差距影响时,将利用中国工业企业数据和海关企业数据库进行匹配,构建面板数据模型分析。同时,在分析国际生产分割条件下关税下降,进口对企业工资影响时,将采用中国工业企业数据和海关企业层面数据分析,并通过工具变量来控制内生性问题。最后,在分析国际生产分割条件下,进口强度与企业工资差距的问题时,本书采用了广义倾向匹配评分方法来构造连续处理变量,在不同的进口强度水平上来检验微观企业进口是否存在工资溢价。

第四节 主要创新点与不足

一、主要创新点

本书的创新点主要包括以下几个方面:

(1) 关于国际生产分割、贸易和就业波动性方面的研究。首先,研究视角上有所创新。目前多数研究主要关注国际生产分割对中国就业结构和工资差距的影响,但是很少有研究讨论国际生产分割对企业层面就业波动性的影响。此外,现有文献主要以发达国家为研究对象,鲜有从发展中国家的角度探讨国际生产分割、贸易与企业就业波动性之间的关系,本书的研究对象聚焦于中国,试图从发展中国家的角度探讨这个问题。其次,在研究方法上有所改进。以往研究鲜有对中国就业波动性的分析的一个重要原因是,缺乏对企业层面就业波动性进行测度的方法。基于最新测算方法,我们测度了中国企业的就业波动性;另一个研究方法的改进是,通过构造差分后滞后一期的工具变量以控制内生性问题。

(2) 关于出口目的地和出口企业工资方面的研究。首先,研究角度有所创新。分别从质量供给和质量需求两个角度,探讨为什么出口目的地收入水平越高企业工人工资也会更高。其次,研究方法有所改进。通过加权后的汇率等方式构建工具变量,以解决核心变量的内生性问题,进而证实了出口目的地收入水平与出口企业工资之间的因果关系。此外,研究的样本范围得到扩展,本书将2000~2013年工业企业数据库和海关数据库进行匹配,从而将研究样本量扩大到上千万家企业。

(3) 关于国际生产分割条件下关税下降、进出口与企业工资方面的研究。首先,研究角度有所创新。由于国际生产分割导致中间产品贸易盛行,我们从中间产品贸易的角度分析进口关税下降与企业工资的关系。另一个研究角度的创新是：基于不同的贸易方式和产品类型来详细分析关税下降对企业工资的异质性影响。其次，研究方法有所改进。考虑到构建关税时引入企业层面的投入产出情况，容易导致样本自选择问题，为了控制关税与企业工资之间的反向因果关系，我们构建的中间投入品进口和最终制成品关税都是产业层面的，而非企业层面的关税，从而控制内生性问题。

(4) 关于进口强度与企业工资方面的研究。首先，从研究角度来看，以往文献主要关注出口与工资溢价的问题，较少文献关注进口（不进口）对工资的影响，鲜有文献从进口强度的不同区间范围，分析进口强度对工资的影响。我们认为进口与工资并非简单线性关系，需要根据进口强度的大小，才能更为精确地判断进口对工资的异质性影响。其次，从研究方法来看，以往关于进口与企业员工工资之间关系的研究多数采用倾向匹配评分方法，或者倾向匹配评分与倍差法相结合的方式。这些方法往往将企业进行二元处理，不同研究可能会有不同的研究结论。导致这些研究结论的差异主要在于二元处理变量无法反映贸易强度的变化对企业工资的影响，贸易行为对企业工资的影响就可能被高估或者低估。为解决这个问题，我们采用了广义倾向匹配评分方法来构造连续处理变量，在不同的进口强度水平上来检验微观企业进口是否存在工资溢价。事实上，本书研究发现进口产生的工资溢价只是在一定进口强度区间范围内的，超出一定进口强度范围后，进口强度增加甚至会降低员工工资。另外，在经济学研究中非常常见的情况是被解释变量是百分数（例如，每周工作时间比例、出口占销售额比例、学生的毕业率等），在本书的研究中解释变量就是 $[0,1]$ 区间的情况，那么观测值的分布就不是正态分布的，难以采用传统的线性模型进行估计。为了解决这个问题，本书基于广义倾向匹配评分方法，采用了广义线性模型估计，从而可以比较在不同进口强度下，进口企业与非进口企业的员工工资水平差异。

二、不足之处

本书的不足之处在于数据的局限性。由于难以获得企业员工个体的数据，所以只能集中分析国际生产分割在企业层面的就业和工资方面的影响。如果可以获得企业员工个体级别的数据，本书的研究则可以进一步深入。例如，在研究国际生产分割、进出口贸易与就业波动性的时候，不同类型的员工是否会受到不同的影响以及他们如何应对这种波动。再如，由于缺乏关于按技能水平划分的高技能与低技能劳动力工资收入数据，本书只能分析行业内的工资收入差距问题。如果可以获得企业一级微观数据的话,我们可以进一步分析相同技能水平的劳动力在不同行业间的工资收入差距问题,或者进一步探讨企业自身的异质性是否对行业内的工资收入差距有影响。

此外,对于未来的研究方向,本书认为如果可以构建企业层面的全球价值链数据,深入分析企业层面参与全球价值链的程度、方式和在全球价值链中的地位,那么就可能在企业层面甚至劳动者个体层面,探讨全球价值链如何影响不同职业、岗位和技能就业者的,那么我们就可以获得更为丰富和不同视角的研究结果。

第二章 文献综述

第一节 国际生产分割

国际生产分割(亦被称为价值链分割、垂直专业化等,不同称呼所指内容本质上是一致的)是指将产品生产过程分割成不同的环节,而这些环节可能发生在两个或两个以上的国家,这已经成为世界贸易过去 30 年的一个决定性特征(Athukorala and Menon,2010)。随着生产和运输技术的进步、贸易成本的大幅下降,国际贸易的主要构成不再是最终制成品贸易,而是以零部件为代表的中间产品贸易,可以说现在的国际贸易模式已经发生了根本的变化。以往关于国际生产分割对劳动力市场影响的研究主要集中在发达国家。因为发达国家普遍担心国际生产分割导致企业将生产制造环节转移到发展中国家,从而降低了发达国家低技能劳动力的相对工资水平或者就业率(Feenstra and Hanson,1995;Grossman and Rossi-Hansberg,2008)。现在越来越多的学者开始从国际生产分割的特点出发,研究国际生产分割对发展中国家劳动力市场的影响。国际生产分割有三个突出特点:发展中国家承接劳动密集型生产环节;发展中国家企业生产中进口大量中间投入品;发达国家的经济波动对发展中国家就业市场冲击很大。下面将结合国际生产分割的特点,对相关文献进行回顾。①

---

① 邓军. 国际生产分割的发展及其宏观经济效应:一个文献评述 [J]. 浙江社会科学,2013 (6):137-143,161.

第二节 国际生产分割、贸易与就业波动性

经济全球化促使跨国资本快速流动,改变了劳动者与资方的谈判地位,国际生产分割使得企业对劳动力的需求弹性变得更大(Slaughter,2001)。国际生产分割使得承接生产环节的企业可以通过调整出口产品种类和数量,同时调整员工数目来应对外部经济冲击,从而出口企业中的就业波动性明显大于非出口企业(Feenstra,2008;Bergin et al.,2009)。还有研究发现国际生产分割导致国际劳动力市场一体化程度加深,这使得企业更容易找到所需要的劳动力,加剧了劳动力工资收入的波动性(Karabay and Mclaren,2010;Cuñat and Melitz,2010;Harrison,2011)。

一、就业波动性的测算

测算就业波动性的相关文献数量较少,本书主要参考已有研究,并整理了以下几种典型的测算方法:

最早的是 Davis 等(1996)提出的就业增长率的计算方法,这种方法将出生人数和死亡人数也纳入研究分析中。Buch 和 Schlotter(2013)利用 1970~2005 年德国企业员工年平均就业数据进行就业波动测算。在计算就业增长率时,涉及就业的周期性演变,故采用 Hodrick - Prescott - Filter 将周期性与就业增长率相分割,就业增长率和周期性循环分量的相对重要性取决于平滑参数 λ。Ravn 和 Uhlig(2002)将平滑参数 λ 设为 6.25,利用就业数量的周期性增长,以五年为时间窗口计算滚动标准差作为衡量无条件的就业波动水平。

Ozcan 等(2014)在研究波动率随时间推移而变化的情况时,由于时间序列维数非常有限,因此无法构建常规标准差的滚动窗口,而是遵循 Morgan 等(2004)的方法构建可用于面板数据的逐年波动性测算方法。具体操作如下:在控制企业效应和年份效应之后对产出增长率进行回归,得到所需要的残差值。对于每家企业,将残差的绝对值作为随着时间推移而变化的波动性。显然,波动性数值大小等同于计算一年的标准差。

Kurz 和 Senses(2016)采用了有条件的就业增长率的方法,计算就业数的对

数之差作为企业就业增长率。在计算企业就业波动性时,他们提到了两种不同的衡量方法:第一种为残差法,即控制企业固定效应、部门—年份固定效应后得到就业增长率的回归估计残差,利用估计残差再计算就业波动性。这个方法与Vannoorenberghe(2012)类似,但后者是由市场销售对数增长率的回归残差给出。为保证研究结果的稳健性,第二种方法主要利用企业就业增长率的标准差来得到就业波动性。

二、就业波动性的传导因素

下面从就业创造与就业破坏、就业需求弹性、就业风险以及就业结构方面阐述就业波动性的间接传导因素。

(一)就业创造与就业破坏

进口贸易促进企业吸纳就业的能力(向鹏飞,2015),中间品贸易自由化对高生产率企业提供了就业创造的机会,但是也促进了低生产率企业退出市场(毛其淋、许家云,2016)。在研究进口投入品对中国企业就业变动的影响时,魏浩和李晓庆(2018)发现进口投入品对出口行为的进口企业(对比其他类型企业)就业创造最多,就业破坏最少,就业增长稳定性也是最好的,而对纯进口企业没有显著影响①。日本终身就业制度下的就业有助于缓解就业破坏,但也阻碍了就业机会的创造,而后者的影响主导着整体就业增长的减少(Liu,2018)。

(二)就业需求弹性

劳动需求弹性会提高员工就业的不安全因素,增大就业波动水平(Fabbri et al.,2003;Bertrand,2004)。通过计算中国不同地区的对外贸易就业弹性,张江雪(2005)发现东部地区呈现的结果最好,中部地区次之,西部地区最差②。以贸易自由化为切入点,周申(2006)利用中国工业行业面板数据,研究发现贸易自由化对我国就业的直接影响不明显,但是仍会通过提高劳动需求弹性对我国工业部门劳动者产生较大的压力,进口自由化导致了工业劳动需求弹性的上升③。就业市场会随着劳动需求弹性的上升而不断波动,进一步影响企业与劳动者的雇佣关系(盛斌、牛蕊,2009),无论短期还是长期,生产工人的条件需求弹性与外

---

① 魏浩,李晓庆. 进口投入品与中国企业的就业变动[J]. 统计研究,2018,35(1):44-52.
② 张江雪. 我国三大经济地带就业弹性的比较——基于面板数据模型的实证研究[J]. 数量经济技术经济研究,2005(10):100-110.
③ 周申. 贸易自由化对中国工业劳动需求弹性影响的经验研究[J]. 世界经济,2006(2):2-18.

包增加呈正相关关系（Senses，2010），而贸易开放将使中国劳动需求更富有弹性，从而加剧就业市场波动（李娟、万璐，2014），制造业外包水平的提高显著增加了劳动力自身需求弹性和交叉需求弹性（史青、张莉，2017）①。

（三）就业风险

Anderson 和 Gascon（2007）发现经济不安全主要源于劳动力市场的工资和就业波动，易受外包影响的行业和职业的工人失业可能性大约高出30%。外包成本与失业之间存在非单调关系，降低外包成本将减少瑞典的失业率（Ranjan，2013），与全球产品市场的融合使得哥伦比亚失业率不断上升（Cosar et al.，2016）。

国际外包大大降低了个人就业保障，有趣的是，这种影响在高中低技术工人之间没有差异，只是随着工作时间的不同而变化（Geishecker，2008），但是也有学者认为技能水平的高低对就业波动性的影响存在显著差异，20世纪80年代中期以后，中等技能群体的就业波动性下降幅度最大（Shim and Yang，2016），外包增加了丹麦制造业低技能工人的失业风险（Munch，2010）。贸易可以通过就业风险对就业市场造成波动，整体而言，出口增加了就业风险（史青等，2014）。在出口企业的规模上，Vannoorenberghe等（2016）发现在小规模出口商中，向多元化国家出口的企业，其出口波动更大，增大就业者就业的不确定风险，而大型出口企业则正好相反。然而，聂一欣（2017）发现整体上企业出口会降低就业风险，但对于不同行业该结果是非均衡的，因此可以通过稳定工资政策来减少就业者风险（Lichter et al.，2017）。

（四）就业结构

基于中国工业行业数据，蔡宏波和陈昊（2012）研究发现外包能够不断优化劳动力总体结构，来自OECD等发达国家的中间品进口比重的上升将有助于显著提高中国制造业的高技能劳动力的雇佣比重，一般贸易企业出口比例的提升显著加强了垂直专业化份额，并与高技能工人就业比例呈正相关②（唐东波，2012），但也有学者发现企业出口强度的提升不利于就业结构的升级（史青、李平，2014）。

---

① 史青，张莉. 中国制造业外包对劳动力需求弹性及就业的影响［J］. 数量经济技术经济研究，2017（9）：128-144.

② 唐东波. 垂直专业化贸易如何影响了中国的就业结构？［J］. 经济研究，2012，47（8）：118-131.

Wright（2014）发现外包使非生产性工人的就业增加了约 1%，结合低技能和高技能工人的估计结果得到，中国在加入 WTO 期间，外包到中国导致所有工人总就业增加 2.6%，出口扩张是就业增加的主要驱动因素（卫瑞、庄宗明，2015）。

三、贸易与就业波动性

关于制造业贸易与就业波动性之间关系的文献主要参考国外学者的研究成果。最早 Feenstra（1998）发现，由于全球贸易的作用，世界市场的日益一体化带来了生产过程的解体，全球化贸易确实对低技术工人的就业和工资产生负向影响。之后，学者们开始关注贸易和就业市场两者之间的关系，尤其是就业波动性。

企业进出口贸易对就业波动性的影响存在明显差异，并且不同学者的研究结论存在各种分歧。Baldwin 和 Brown（2004）利用加拿大各地区的制造业数据，研究发现工厂规模越大，出口强度越高，对应的就业波动水平越趋于稳定。差异分析表明，对于较大地区而言，多样性和出口强度的增加与就业波动性下降有关。出口贸易会导致英国制造业劳动力就业率上升，而进口贸易因竞争加剧却对就业产生了负面影响（Hine and Wright，1998；Greenaway，1999）。菲律宾对外出口倾向的增加也带动了当地劳动力就业，但进口对劳动力需求的影响不确定（Orbeta，2002），也有学者发现出口和进口都会增加突尼斯技术工人的就业波动（Salha，2013）。在灵活汇率制度下，企业不断进入国际市场会增加业务创造和出口工厂数量的波动性，但是对就业波动性的影响并不是很显著（Cacciatore et al.，2016）。

从不发达国家的角度出发，Sen（2001）对孟加拉国和肯尼亚进行了研究，结果发现孟加拉国的对外开放有效促进了制造业就业，但进口竞争行业的纺织部门存在显著的就业损失；而在肯尼亚，出口部门的就业无明显增长，进口竞争对进口部门的就业产生了负面作用。Ogunrinola 等（2010）认为制造业是非常重要的，因为它将成为吸收农业剩余劳动力的关键部门之一，因此学者们进一步探讨了全球化对尼日利亚制造业就业水平的影响。

大部分国外文献主要集中在美国的制造业贸易，Kaplan 等（2012）利用墨西哥北部劳动力市场的数据研究认为，短期贸易冲击不仅会对行业内就业水平产生重大影响，而且会对就业劳动力的构成产生重大影响。比较墨西哥和美国的就业波动性可以进一步得到较为深刻的思考,墨西哥(美国外包)的美墨联营工厂在就业方面具有一定幅度的波动,而且其波动大小是美国与之相关行业的两倍。解释这一发现的关键在于外包的扩展边际对内需冲击做出反应并以放大的方式将这些冲击转移到边境(Bergin et al. , 2009, 2011)。Kurz 和 Senese (2016) 收集了美国制造业企业进出口贸易数据来验证就业波动性和企业在不同贸易行为下两者之间的关系。研究结果显示,对比不参与贸易的企业,那些只进行出口贸易的企业和混合企业具有较小的就业波动,而只参与进口贸易的企业就业波动性很大。其中,平均进口强度水平的进口商将经历 7% 的高就业波动,混合企业则为 4%,而只进行出口贸易的企业将经历 2% 甚至更低的就业波动。Yoshio 等 (2016) 利用日本制造业数据得到了与 Kurz 和 Senese (2016) 相同的研究结果。

Bas 等 (2017) 利用 1996~2007 年法国企业数据研究出口强度对不同技能就业波动性的影响,研究结果表明,相比非熟练工人,出口水平高的企业在面临国外需求冲击时,熟练工人的就业波动水平较低。尽管出口本身是一种冒险活动,但相比服务于本土市场的企业,出口到众多不同国家的企业可能会经历不同的商业周期,可以更好地分散风险并抵御国内市场的就业波动(Senses, 2017)。为填补企业贸易行为与就业波动性之间关系的理论空白,Senses 等 (2017) 利用动态随机一般均衡模型探索两者之间的关系。

国内从企业层面对就业波动性的研究文献相对较少,多数文献是从宏观经济角度进行分析的。贸易自由化很可能增强了给定外生冲击下的工业劳动者就业波动性(周申等,2007)。从行业层面出发,胡昭玲和刘旭(2007)利用中国 32 个工业行业面板数据对工业品贸易的就业系数进行了实证研究。结果表明,出口对就业有正向拉动作用,进口对就业的总体影响是不确定的①。工业品进口会部分替代国内的工业品生产,从而减少对劳动力的需求,而出口会扩大生产规模,促进就业(喻美辞,2008)。从企业所在的地理位置出发,梁平等(2008)利用省级面板数据将中国划分为东中西三大区域来分别考察对外贸易的就业系数影响。结果表明,出口对国内就业具有显著的正向影响,进口除了东部以外,其他地区都对就业产生不良的影响②。从企业不同的贸易方式出发,王有鑫等

---

① 胡昭玲,刘旭. 中国工业品贸易的就业效应——基于 32 个行业面板数据的实证分析[J]. 财贸经济,2007 (8): 88-93.

② 梁平,梁彭勇,黄金. 我国对外贸易就业效应的区域差异分析——基于省级面板数据的检验[J]. 世界经济研究,2008 (1): 48-52.

(2013)认为一般贸易出口结构变化带动了国内就业,而加工贸易却降低了国内就业,整体上制造业企业出口拉动了就业者就业,但男性就业的促进作用比女性要大[①],席艳乐等(2014)也提到了贸易自由化对男女性别就业的差异。

四、文献评述

综合上述文献可以发现,以往学者对企业进出口贸易与就业波动性之间的关系有一定的探讨,为本书后续的研究提供了方向和指导。通过对以上国内外文献的梳理和总结,发现现有文献仍存在以下不足:

第一,从研究内容看,国内外文献对就业市场的研究很丰富,包括就业风险、就业创造和就业需求弹性等,但是对就业波动性的直接研究却很少,而国外文献存在较为丰富的研究成果。究其原因,从就业增长率以及就业波动性测算的相关文献中可以发现,国外学者对这一部分的研究很早便开始了,而且对就业波动性的测算方法存在多元化,而国内文献关于就业波动性测算的相关研究存在明显的不足。

第二,从研究视角看,文献中研究对象主要集中在以美国为代表的发达国家,从发展中国家的角度来具体探讨进出口贸易和就业波动性之间关系的文献却很少。从数据视角层面看,国内大多数文献主要基于行业或省级数据进行研究,鲜有文献从微观企业层面实证探讨中国制造业企业进出口贸易和就业波动之间的关系,数据上需要不断创新与改进。

第三,无论企业进口或者出口是直接对就业波动产生影响还是通过就业风险、就业需求弹性等间接传导进而影响就业波动水平,不同学者得出的研究结论存在显著分歧。

基于此,我们将结合中国工业企业数据和中国海关数据,以发展中国家的制造业企业为研究对象,从微观层面实证研究中国制造业企业进出口贸易对就业波动性的影响。

---

① 王有鑫,赵雅婧,金丽丽.中国工业品贸易结构变化与国内就业波动——基于一般贸易和加工贸易的研究视角[J].中国人口科学,2013(2):78-88.

第三节 国际生产分割、出口目的地与工资差距

由于发展中国家承接生产的产品最终出口目标市场是发达国家,现在有学者开始从生产分割和出口目的地角度,研究贸易对工资差距的影响。Ebenstein 等(2011)研究发现美国跨国公司在高收入国家的生产分割活动会提高美国本国劳动者工资,而在低收入国家的生产分割活动则会降低美国劳动者工资。还有研究发现质量提升(Quality Upgrading)会对发展中国家的工资差距产生影响。为了吸引发达国家消费者,发展中国家生产率高的企业出口较高质量产品,同时支付较高的工资以维持高技能的劳动力供应,而生产率低的企业则只能供应本国市场并支付较低的工资,从而扩大了行业内的工资差距(Verhoogen,2008;Brambilla et al.,2012;Baldwin,2012)。

一、出口目的地选择的相关文献

出口目的地选择理论认为出口企业并不是因为企业的内在优势而选择出口,而是受出口目的地国家所具有的内在特性影响,比如出口目的地国家收入水平即GDP、出口目的地国家对产品质量的要求、出口目的地国家与出口国之间的距离、运输成本等影响企业的出口行为。Bastos 和 Silva(2010)、Görg 等(2016)、Manova 和 Zhang(2012)、Bernard 等(2011)、Melitz 和 Redding(2014)、Verhoogen(2008)等都证实出口目的地所具有的某种特性决定了企业的出口行为。

Bastos 和 Silva(2010)利用葡萄牙公司层面的产品和目的地市场出口数据,证明了出口到高收入目的地的出口量更大,产品价值也更高,企业的生产率也会更高,生产率较高的公司倾向于以更高的价格向特定市场出口更多的产品,企业生产率往往会放大距离对产品内单位价值的积极影响,这表明高生产率、高质量的企业更能够为困难的市场服务。Pan 和 Nguyen(2018)从出口目的地与经济增长之间的联系,分析出口对东南亚国家联盟(ASEAN)经济增长的影响,并进一步探讨了哪些出口目的地在促进经济增长方面最为可取。调查结果显示,为了促进经济增长,东盟国家最有利的是向西方工业国家出口,然后出口到日本、韩国和中国。出口到世界其他国家和地区似乎不会对经济增长产生显著的积极影

响。该调查结果对东盟进一步发展贸易政策具有重要的政策意义。

出口目的地的研究在国际贸易领域一点也不陌生，Brambilla 等（2012）通过分析阿根廷企业出口到高收入目的地国家需要更多的技术劳动力，证明并不是出口本身影响出口企业的行为，而是出口目的地的收入水平影响出口企业的相关行为。Ousmanou（2017）用撒哈拉以南非洲的企业数据证实撒哈拉以南非洲国家与出口市场目的地之间的联系。得出结论：向中国出口可以提高全要素生产率；向印度出口提高了工资率、劳动生产率和 TFP，而向南非出口则降低了资本密集度。出口目的地的选择在国际贸易研究中的地位越来越重要（Hallak and Schott, 2011；Feenstra and Romalis, 2012）。

二、出口目的地选择与企业工资的相关文献

（一）出口对企业工资的影响

关于出口对企业工资的影响的研究早就开始，Bernard 和 Jensen（1995）建立了出口和工资溢价之间的回归模型，证明出口带来了企业工资水平的上涨，在这之后众多学者遵循类似方法和思路，证实了出口工资溢价的存在（Meller, 1995；Aw and Batra, 1999；Liu et al., 1999；Isgut, 2001；Tsou et al., 2002；Zhou, 2003；Bernard and Jensen, 2004；Greenaway and Yu, 2004；Hahn, 2004；Hansson and Lundin, 2004；Alvarez and Lopez, 2005；Arnold and Hussinger, 2005；Van Biesebroeck, 2005；De Loecker, 2007；Sinani and Hobdari, 2010）。

但是随着对出口目的地研究的深入，有人发现并不是由于企业出口带来了工资的上涨，而是由于出口目的地收入水平的差异导致了出口企业工资水平的上涨，出口不是影响出口企业工资水平上涨的原因，出口目的地收入水平才是决定出口企业工资水平上涨的原因。

（二）出口目的地选择对企业工资的影响

Brambilla（2015）使用公司和行业层面的数据研究发展中国家的出口，就业和工资之间的关系。公司层面的数据显示，出口商平均比非出口商支付高出31%的工资。出口企业的平均就业人数要比非出口商大得多。通过技术劳动力、技术复杂性、进口投入使用和生产力要素等机制建立模型，研究解释出口溢价的主要机制。在所有机制的基础上，研究发现工资出口溢价完全消失。通过智利的企业面板数据和工具变量来解释其内在的因果关系。最终得出结论，即出口本身不一定会导致雇佣更多的技术工人，而是出口目的地的选择导致企业雇佣更多的

技术工人。研究发现，在全球范围内，向高收入目的地运送产品的行业确实支付更高的平均工资。我们还发现，向高收入目的地运送产品的行业出口质量较高的商品，质量供应成本高，需要更多地使用高薪技术劳动力。

李方静（2015）采用中国制造业企业微观层面数据，研究企业自身特征和出口目的地市场特征与企业选择出口目的地和出口贸易额之间的相关关系，研究发现人均工资水平与企业出口目的地选择和出口贸易额呈显著正相关关系①。李方静（2014）利用中国的数据证明出口不会对出口企业工资水平提升有很大促进作用，出口到高收入目的地对企业工资水平的促进作用更为明显②。Amiti 和 Davis（2011）用印度尼西亚的数据对工资的利润分配进行实证分析，解释企业为什么支付更高的工资。因为出口高质量的产品所用生产技术的选择与使用这些技术所需的熟练技术工人之间具有互补性。Egger 和 Kreickemeier（2009，2010，2012）从理论上对工资的利润分配进行了分析，发现出口商通过绩效工资获取了更多的利润，公司将部分利润分配给了工人。

Rankin 和 Schöer（2013）通过南非的数据发现出口公司支付更高的工资。这种工资差异很大程度上可以通过不同类型的出口商为技能支付的溢价来解释。这些研究表明出口目的地收入水平与产品质量有关，而产品质量又与工人质量和工资有关。出口商支付更高的工资的关键原因是需要熟练的劳动力，因为出口需要质量升级（Verhoogen，2008）或出口行为涉及运营服务（Matsuyama，2007）。提供高质量产品和出口服务的生产都是技术密集型活动。因此选择出口的企业需要按比例雇用更多熟练劳动力，并向高技能工人支付工资溢价。出口商可以这样做是因为出口目的地市场反过来可以向其支付出口产品的溢价。在理论研究方面，Yeaple（2005）构建了一个一般均衡模型，在该模型中异质性企业可以自行选择有竞争性的生产技术和不同技能水平的劳动者，研究认为出口企业比一般企业规模更大、高技能劳动力更多、工资和生产效率更高。

三、出口目的地选择与技术工人的相关文献

（一）出口对技术工人的影响

关于出口对技能结构的影响，国内外学者已经做了很多研究，Bernard 和

---

① 李方静. 企业出口目的地选择与出口贸易额——来自中国制造业企业的微观证据 [J]. 国际商务（对外经济贸易大学学报），2015（4）：27-35.

② 李方静. 出口、出口目的地与工资水平——来自中国制造业企业微观层面证据 [J]. 国际经贸探索，2014，30（8）：4-17.

Jensen(1997)、Edwards(2001)、Orbeta(2002)以及Bustos(2007)分别对美国、南非、菲律宾以及阿根廷的出口企业进行了研究,发现出口确实促进了这几个国家技能劳动的相对需求。对中国的研究主要有:唐东波(2011)研究表明,进口和出口贸易的扩张并没有提高中国高技能劳动力的相对就业,进口对国内技能结构的负向影响主要表现为中间产品的进口替代了本国的高技能劳动力,而出口对就业结构的不利影响则主要发生在劳动密集型行业①;唐宜红和马风涛(2009)以及臧旭恒和赵明亮(2011)对垂直专业化对技能结构的影响进行了研究,得出了相似的结论,即垂直专业化降低了中国工业部门的技能结构需求。

另一些学者对发展中国家的出口需要采用更多高水平技术提出了自己的解释。Verhoogen(2008)在他的理论模型中提出了一个质量升级机制,认为企业向高收入国家出口促进了产品质量升级,使得企业需要雇用更多熟练技术工人,出口本身却并没有导致产品质量升级。高收入国家更偏好高质量产品,因此向高收入国家出口比向中收入国家出口需要采用更多高水平技术,支付更高的工资。Matsuyama(2007)则从出口目的地的角度,提出了出口目的地特定服务机制。他认为由于出口目的地与出口国之间存在诸多文化、语言、商业模式上的差异,因此企业为了提升出口技术服务,需要雇用更多国际商务类、外国语言类的专业化员工。Matsuyama(2007)的模型假设企业技术服务水平高低取决于企业是在国内还是国外销售。Brambilla等(2012)进一步拓展了这一假设,假设企业技术服务水平高低取决于出口目的地,并以发展中国家的出口为例,研究发现向高收入国家出口比向中低收入国家出口需要雇用更多熟练技术工人。

(二)出口目的地选择对技术工人的影响

Maurin等(2002)研究发现,法国对OECD成员或者OECD之外较不发达成员的出口都会促进企业的技能结构升级。Brambilla等(2012)基于阿根廷出口的数据,证实了对高收入国家的出口确实提升了阿根廷企业的技能结构和平均工资,而对世界的出口总体上却没有显著影响。从进口角度来看主要有:Bernard等(2006)研究了从低收入国家的进口对美国制造业企业就业的影响,发现其降低了美国就业水平,并促进了企业向更高技能劳动和高资本行业的转型。魏浩等(2019)研究发现中国出口虽然降低了出口目的地企业的就业规模,但是促进了出口目的地企业就业技能结构的优化。中国出口对中低收入国家、非OECD成

---

① 唐东波. 全球化对中国就业结构的影响[J]. 世界经济, 2011, 34(9): 95–117.

员、非"一带一路"沿线国家企业就业技能结构的优化作用更大,对规模较小、无国际质量认证企业的作用更大。中国中间品出口对目的地企业就业技能结构的优化作用大于资本品和消费品。从企业的创新方式看,与产品引进、流程引进不同,中低收入水平出口目的地企业的研发投入行为强化了中国出口对企业就业技能结构的优化作用①。

高越和王学真(2012)基于中国工业部门数据的经验研究表明,中国与发达国家之间进行的生产分割和与发展中国家之间进行的生产分割相比,前者对高技能劳动相对需求的影响要更大一些;发生在低技能行业的生产分割的外延型发展会提高对低技能劳动的相对需求。从劳动力需求角度看,中国近年来出现的"用工荒"现象在一定程度上与国际生产分割的外延型发展有关。发展中国家与发达国家之间的生产分割,会对高技能水平的劳动力产生更大的需求。②

周申等(2015)从理论上分析了出口到高收入国家对于企业技能结构升级的促进作用,并分析了影响的两个渠道:第一,由于高收入国家收入的边际效用更低从而相对偏好于更高质量的产品,于是对高收入国家出口的企业需要多雇用熟练劳动力来生产高质量的产品;第二,出口过程中所需要的销售调研、运输配送等"必要服务"是高技能劳动密集型的,高收入国家由于地理位置、语言文化等与中国差异较大,从而企业对高收入国家的出口需要更高水平的"必要服务",相应地对高技能劳动的相对需求就会增加。实证分析得出总体出口显著地抑制了企业技能结构的优化,但对高收入国家的出口却显著促进了技能结构的优化,并且影响的两个渠道确实存在。③

唐东波(2012)研究发现,来自发达国家的中间品进口份额上升有助于中国制造业技能结构的优化,而来自低收入国家的中间品份额的增加将抑制技能结构的优化④。程盈莹和逯建(2013)考察了国际垂直专业化总体、不同伙伴国、不同技术密集度的行业对中国就业技能结构的影响,研究结果与唐东波(2012)的较为一致,承接OECD成员的生产环节转移能够促进熟练劳动力的相对就业,承

---

① 魏浩,张宇鹏,连慧君.中国出口对目的地企业就业技能结构的影响——基于出口目的地企业样本的分析[J].中国人口科学,2019(1):16-32,126.

② 高越,王学真.国际生产分割对中国劳动力需求的影响——基于工业部门数据的经验研究[J].国际经贸探索,2012,28(12):39-49.

③ 周申,王奎倩,李可爱.出口、出口目的地和技能需求结构[J].世界经济研究,2015(7):63-73,128.

④ 唐东波.垂直专业化贸易如何影响了中国的就业结构?[J].经济研究,2012,47(8):118-131.

接非 OECD 国家的生产环节转移降低了熟练劳动力的相对就业,承接高技术密集型行业的生产环节转移能够显著促进高技能劳动力的相对就业①。

四、出口目的地选择与产品质量的相关文献

(一)单位产品价值衡量产品质量

在研究出口目的地产品质量的问题上,存在以单位产品价值来衡量产品质量的方式。Manova 和 Zhang(2012)、Bastos 和 Silva(2010)使用微观企业数据,用产品金额除以产品数量得到产品单位价值,以表示产品质量;在目的地的质量消费方面,一些学者采用产业和产品层面数据的实证研究发现,目的地质量消费与人均收入呈强烈正相关关系。其中,Crinò 和 Epifani(2012)采用意大利制造业企业微观层面数据的实证研究发现,高收入国家对高质量产品具有更强的偏好。Crinò 和 Epifani(2012)的理论模型对企业生产率、产品质量与出口目的地之间的关系进行了详细的分析和阐述。李方静(2014)研究得出在企业产品质量异质和目的地收入水平决定质量消费的前提下,高生产率的企业由于能生产出高质量产品,更倾向于向高收入国家出口,满足高收入国家对高质量产品的偏好需求。产品质量与目的地人均收入的交互项系数值显著为正,说明收入水平越高的目的地对高质量产品的强烈偏好能促进企业提升产品质量。实证研究结论潜在表明企业的出口行为与它们的出口目的地个体特征存在密切关联②。

最早的研究有 Hummels 和 Klenow(2005)在用单位产品价值量来衡量产品质量差异的前提下得出产品单位价值量与出口目的地国家人均资本收入正相关,发现富裕国家对给定市场出口的产品的质量和数量要求都很高。Hallak(2006)也用出口单位价值与目的地国家收入建立方程,证实出口产品单位价值和出口目的地国家收入之间存在正相关关系。

(二)出口目的地选择对产品质量的影响

Verhoogen(2008)和 Brambilla 等(2012)提供了对质量评估和质量机制的支持。Verhoogen(2008)介绍了一种将出口、质量和工资联系起来的模型,并且用墨西哥的数据证实了这一结论,出口目的地收入水平越高进口的产品质量也

---

① 程盈莹,逯建. 国际垂直专业化对劳动力就业结构的影响——基于中国工业行业数据的实证检验[J]. 国际商务(对外经济贸易大学学报),2013(6):73-83.

② 李方静. 出口、出口目的地与工资水平——来自中国制造业企业微观层面证据[J]. 国际经贸探索,2014,30(8):4-17.

会越高。Brambilla 等（2012）详细阐述了这个想法，并建立了高收入目的地、质量和工资之间的联系，证实出口目的地收入水平越高，其进口的产品质量也会越高，研究发现向高收入出口目的地出口比向中低收入国家出口需要雇用更多熟练技术工人。Manova 和 Zhang（2012）使用中国公司层面的数据表明，中国出口公司确实在较富裕的市场中收取较高的价格。Bastos 和 Silva（2010）通过葡萄牙出口商的案例也得出了相同的结论，证实葡萄牙的出口商在高收入出口目的地市场价格更高，以及 Görg 等（2016）就匈牙利出口商而言也得出相关结论。Hallak 和 Schott（2011）证实出口产品单位价值量与出口目的地国家收入水平有着正向关联，Feenstra 和 Romalis（2012）再一次证实了出口产品单位价值量与出口目的地国家收入水平有着正向关联。De Lucio 等（2016）通过研究西班牙制造企业内外出口价格的变化，发现企业在较远的市场和人均 GDP 较高的目的地以及大型低竞争市场的出口价格较低的情况下设定了较高的出口价格。Baldwin 和 Harrigan（2011）、Johnson（2012）探讨了出口单位产品价值与目的地国家收入之间的正相关关系，说明出口目的地收入水平越高，其进口的产品单价相应地也会升高。

五、文献评述

通过对上述文献的梳理，本书发现大多数文献都只是在单独地研究出口目的地收入水平与工资、产品质量、技术工人之间不同的影响，缺少把这些影响因素放在一起研究的内容，其实彼此之间都会相互影响，存在两种机制来解释为什么企业出口到收入水平更高的出口目的地会支付工人更高的工资。

出口目的地收入水平对工资的影响主要通过两种机制在起作用。第一种是产品质量评估机制：质量评估机制表明，高收入国家要求更高的质量，因为消费者重视质量并且有更高的支付意愿。第二种是产品质量供给机制：质量供给机制表明，高质量的生产需要更高质量的投入，特别是更高技能的劳动力，这些劳动力更昂贵，要求更高的工资。也就是说企业出口到高收入目的地国家的产品质量高，是因为在高收入出口目的地国家的需求推动下，优质出口产品的生产需求导致对技术劳动力的需求，从而导致技术工人工资也就更高。

为了验证产品质量机制的存在，本书选择出口单位产品价格来代表产品质量，建立出口产品质量与出口目的地收入、产品质量、工资之间的理论模型。不管是实证分析的目的还是政策建议的目的，探讨出口产品质量与出口目的地之间，出口产品质量与就业、工资之间的运行机制都是相当重要的。本书可以根据机制分析对中国出口企业提出合理的建议，为中国制定出口策略提供思路。为探索该问题本书从理论和实证两方面对主要机制进行探讨。

第四节　国际生产分割、贸易自由化与工资

国际生产分割的发展使得目前国际贸易的主要构成是中间产品贸易，而中间产品进口会直接影响企业投入品的结构和产出效率，最终影响企业的工资水平。有研究发现最终产品与中间产品的进口关税降低会对企业工资产生不同影响。最终产品进口关税会降低进口竞争性企业的工资，但却会提高出口企业的工资。中间投入品进口关税降低会提高使用进口中间投入品的企业工资，但却会降低不使用进口中间投入品的企业工资。关税降低会使得同时进口并出口企业的工资增加幅度最大（Amiti and Davis，2011；Helpman et al.，2012）。

目前国内学者主要从行业层面探讨国际生产分割对中国就业结构和工资差距的影响，发现国际生产分割促进了中国工业部门非熟练劳动力的相对就业，降低了熟练劳动力的相对就业（高越、王学真，2012；盛斌、马涛，2008），高技能劳动力与低技能劳动力之间工资差距变大（姚博、魏玮，2012；唐宜红、马风涛，2009；王中华等，2009）。部分学者开始从微观企业层面探讨出口对企业员工收入与就业的影响，发现出口对企业员工收入与就业影响不显著（包群等，2011；邵敏、包群，2011）。

随着新新贸易理论的发展，以 Melitz 和 Antras 为代表的学者对国际贸易的研究越来越专注于微观企业的层面。同时，各国微观企业数据的可获得性越来越高，学者对贸易自由化对就业和工资影响的研究开始转向微观企业内部，并试图探讨贸易自由化对企业间以及企业内员工就业与工资的影响。

其中，关于贸易自由化对企业员工工资的影响方面最具代表性的文献是 Amiti 和 Davis（2011）。该文献基于印度尼西亚高度细化的制造业普查数据，研究了最终制成品与中间品关税下降是如何影响企业员工工资的。研究发现最终产品与中间产品的中间投入品关税降低会对企业工资产生不同影响。最终产品关税下降会降低进口竞争型企业的工资，但却会提高出口企业的工资。中间投入品关税下降会提高使用进口中间投入品的企业工资，但却会降低不使用进口中间投入品的

企业工资。关税下降会使得同时进口并出口企业的工资增加幅度最大[1]。Amiti 和 Cameron（2012）则进一步分析了进口投入品和最终制成品关税下降对企业内的工资技术溢价的影响。他们发现在拥有众多非熟练劳动力的印度尼西亚，降低进口投入品关税会降低中间投入品进口企业的工资技术溢价，不过却没有发现最终制成品中间投入品关税下降对企业员工工资技术溢价有明显影响。此外，他们还发现，随着进口投入品关税的下降，企业非生产性工人工资相对生产性工人的工资是下降的。Fan 等（2018）则基于中国企业与产品层面数据研究发现，中间投入品关税下降会导致在位的进口和出口企业提高企业产品加成。他们还进一步分析了相关机制，发现进口投入品关税下降降低了企业边际成本，对成本加成的影响主要体现在进口依赖度高的企业。此外，他们还对中国加工贸易（企业不必缴纳进口关税）和一般贸易（企业需要缴纳进口关税）两种不同贸易方式进行了比较。他们指出中间产品关税下降对企业产品加成的影响仅仅适用于一般贸易。单希彦（2014）通过行业层面数据分析了中间产品进口对企业工资差距的影响，并发现中间产品进口会加剧熟练劳动力与非熟练劳动力的工资差距[2]。王苍峰和王恬（2010）采用中国"入世"前后 1999～2004 年制造业 28 个行业数据检验了中美双边关税减让对中国制造业行业就业的影响。结果发现，中美双边关税减让提高了中国制造业行业的就业率，并且这一正面影响在低技术行业更为明显。国内外贸易保护程度加大会减少中国就业率，而贸易自由化则会增加中国就业率[3]。段志民（2018）利用中国家庭营养和健康调查数据进行研究，发现进口贸易主要促进高技能职业就业，而出口贸易则更有利于低技能职业就业[4]。喻美辞和喻春娇（2016）基于中国城镇家庭调查数据，研究发现进口贸易不仅有利于提高高技能劳动力的工资收入，而且通过技术偏向的技术创新效应扩大了技能工资差距[5]。

---

[1] Amiti M., Davis D. R.. Trade, firms, and wages: Theory and evidence [J]. The Review of economic studies, 2011, 79 (1): 1-36.

[2] 单希彦. 中间产品进口与工资差距——以进口关税为工具变量的实证分析 [J]. 国际贸易问题, 2014 (10): 155-165.

[3] 王苍峰, 王恬. 关税减让对就业的影响：理论分析及对中国数据的实证检验 [J]. 经济评论, 2010 (3): 83-91.

[4] 段志民. 国际贸易、技能调整与职业选择——来自中国的经验证据 [J]. 经济评论, 2018 (2): 44-58.

[5] 喻美辞, 喻春娇. 国际贸易、技术创新与中国城镇劳动力的技能工资差距：基于劳动力个体微观数据的实证研究 [J]. 国际贸易问题, 2016 (5): 16-27.

此外，本书的研究主题还涉及贸易自由化对企业绩效的影响方面的文献。事实上，企业员工工资也是衡量企业经营绩效的一个指标，因此，贸易自由化影响企业绩效，必然也会影响到企业员工工资。关于贸易自由化对中国制造业企业绩效的影响，最具有代表性的文献是 Amiti 和 Konings（2007），基于印度尼西亚 1991~2001 年企业层面数据，他们研究了最终制成品关税下降和中间投入品关税下降带来的生产率提升。他们发现降低制成品关税可以通过引入更激烈的竞争来提高企业生产率；相反，由于中间投入品关税下降带来便宜的中间投入品，则可以通过学习效应、多样化效应和质量提升效应提高生产率。另一篇具有代表性的文献是 Brandt 等（2017），他们研究了中国加入以 WTO 为代表的贸易自由化对中国制造业企业加成和生产率等绩效的影响。他们发现降低最终制成品关税会降低企业加成，但是会提高企业生产率；促进竞争的效应主要存在于在位企业，而效率的提升主要源于新进入企业。降低中间投入品关税可以提高企业加成并提高劳动生产率①。

还有部分文献探讨了中间产品自由化与制造业就业的关系，比如毛其淋和许家云（2016），他们将中国加入 WTO 视为一个准自然实验，并采用双重差分方法分析中间产品贸易自由化对中国制造业就业变动的影响，发现中间产品自由化通过"提高就业创造"和"降低就业破坏"两个机制显著促进了企业的就业净增长，贸易自由化会促进高生产率企业的就业创造，但会促进低生产率企业的就业破坏，同时增加了低生产率企业退出市场的可能性②。魏浩和李晓庆（2017）对进口贸易对劳动力市场的影响进行相关文献回顾，并将相关文献分为进口贸易对企业的冲击，进口贸易冲击后的当地劳动力市场的均衡，以及进口贸易如何影响劳动者的教育投资决策，并指出从中国的实际出发，测度进口贸易对企业就业和工资的影响值得深入研究，特别是结合企业雇员个体数据的研究比较缺乏③。

综上所述，现有文献中关于贸易自由化对企业绩效的影响的研究有了很多进展，分别从贸易自由化对企业工资、就业变动等方面开展了研究，不过现有文献中关于从中国企业层面分析贸易自由化对企业员工工资的影响的研究较少，本书则将从中间产品贸易的角度，分析进口关税的变动与企业工资的关系。本书的边

---

① Brandt L., Van Biesebroeck J., Wang L., et al.. WTO accession and performance of Chinese manufacturing firms [J]. American Economic Review, 2017, 107 (9): 2784–2820.

② 毛其淋, 许家云. 中间品贸易自由化与制造业就业变动——来自中国加入 WTO 的微观证据 [J]. 经济研究, 2016 (1): 69–83.

③ 魏浩, 李晓庆. 进口贸易对劳动力市场影响研究进展 [J]. 经济学动态, 2017 (4): 133–141.

际贡献在于：研究角度有所不同，本书主要基于中国不同的贸易方式、产品类型来详细分析中间投入品关税和最终制成品关税下降对企业工资的异质性影响；另外，考虑到构建关税时引入企业层面的投入产出情况，容易导致样本自选择和内生性问题，同时为了控制关税与企业工资之间的反向因果关系，本书构建中间投入品进口和最终制成品关税都是产业层面的，而非企业层面的关税。

第五节　国际生产分割、进口与工资差距

从 20 世纪 90 年代开始，一方面随着国际分工的不断细化，企业内贸易、产品内贸易不断发展，促使学者们对国家贸易实践的关注从国家、产业层面开始转向企业、产品层面。另一方面随着微观数据的可获得性不断增强，学者们开始使用企业层面微观数据来分析企业在国际贸易中的角色和作用。在国际贸易理论和实践不断发展的过程中，逐渐诞生了许多从微观角度研究国际贸易问题的文献，特别是在 Bernard 和 Jensen（1995）这篇开拓性文献之后，数以百计的研究开始聚焦不同国家企业层面的微观数据，用于研究"谁进行了贸易"以及"贸易了多少"之类的问题。早期的微观企业贸易研究集中于探讨"什么样的企业出口""出口企业与非出口企业的不同之处""企业出口与企业绩效的关系"，例如，企业出口与企业生产率之间的关系。这些研究也催生了诸如 Melitz（2003）、Antras（2003）等异质性贸易（新新贸易理论）的产生，国际贸易理论研究的关注点也开始从国家、产业层面正式转向企业层面，这标志着国际贸易理论的重大突破。

实际上，新新贸易理论仍然处于一个发展的过程中，学者们逐步对微观企业贸易行为相关的典型事实有了不断深入的了解，研究角度和方法推陈出新。其中一个重要的研究视角就是，随着研究的深入，学者的关注点开始从出口转向企业进口，试图回答"什么样的企业进口""进口企业与非进口企业的区别""进口与企业绩效（生产率）之间的关系""进口与企业的盈利能力、员工工资和企业存活率之间的关系"等问题。不过，就目前的研究而言，多数研究仍然重点关注企业的出口，而较少研究关注企业的进口。

目前的研究主要关注出口与企业生产率（以及其他企业的特征，比如企业规模、员工工资）之间的关系，很少研究进口与企业生产率（以及其他企业的特

征）的关系。其原因主要是缺少相应的数据。随着越来越多国家企业层面的进口贸易数据变得可以获得，这种情况正在发生迅速的变化。近年来，越来越多的研究开始从微观企业、微观个体劳动者层面关注进口贸易对劳动力市场的影响（史青，2013；魏浩、李晓庆，2017）。

赵春燕和王世平（2014）利用2000~2006年中国工业企业数据库和海关数据库的匹配数据，研究进口企业是否存在工资溢价的情况，研究表明基于倾向匹配评分方法，在控制了其他影响因素后，进口企业的工资要高于非进口企业的工资，进口会导致工资溢价①。席艳乐和贺莉芳（2015）利用2000~2006年中国工业企业数据库和海关数据库的匹配数据，运用倾向匹配评分和倍差法，从进入和退出两个角度考察了中间品进口对企业劳动力需求的影响。研究结果表明：企业退出中间产品进口市场对其劳动力需求的影响表现为显著的滞后一年的负效应，与之相反的是，进入行为对企业劳动力需求的影响则表现为显著正效应②。

越来越多的学者采用广义倾向匹配评分方法研究企业贸易行为与企业绩效的关系。最有代表性的文献是Fryges和Wagner（2008），他们认为以往的实证研究表明出口并不一定会带来生产率的提升，一个可能的原因是以往多数研究仅仅局限于分析企业出口状态（是否出口）与劳动生产率增长的关系，这里企业出口状态是一个二元处理变量，并以此比较出口和非出口企业的绩效。本研究则运用最新开发的广义倾向匹配评分方法，可以将企业出口强度作为连续的处理变量，来考察企业不同的出口强度与生产率之间的关系。基于广义倾向匹配评分方法和德国制造业企业数据，研究表明企业的出口行为与生产率之间存在因果关系。不过，出口促进生产率增长的情况仅仅存在于企业出口强度的部分区间内。

国内学者开始运用广义倾向匹配评分方法研究中国企业贸易行为与企业绩效的关系。例如，包群等（2011）基于中国工业企业数据库，运用倾向匹配评分方法为新出口企业挑选出可供比较的非出口企业作为参照组，在控制了企业规模、经营年限、地理位置以及企业所有制性质等因素之后，没有充分证据表明企业出口行为显著提高了员工收入③。陈梅和周申（2017）也是采用2000~2006年中国工业企业数据库和海关数据库，研究了进口中间产品质量与企业生产率之间的

---

① 赵春燕，王世平. 进口企业存在工资溢价吗？——基于倾向评分匹配估计的经验研究［J］. 中南财经政法大学学报，2014（1）：96-103，160.
② 席艳乐，贺莉芳. 嵌入全球价值链是企业提高生产率的更好选择吗——基于倾向评分匹配的实证研究［J］. 国际贸易问题，2015（12）：39-50.
③ 包群，邵敏，侯维忠. 出口改善了员工收入吗？［J］. 经济研究，2011，46（9）：41-54.

关系。运用广义倾向匹配评分方法,研究结果表明进口中间产品质量和生产率之间存在 U 形关系,即两者之间并非简单的线性关系①。史青(2013)将采用广义倾向评分方法,从不同出口强度上考察了中国企业出口后对其员工工资的影响,研究表明:企业出口确实能显著提高员工工资,然而这种关系只在企业出口强度的某些子区间成立。此外,企业出口后,出口强度与员工工资呈现倒 U 形关系,出口对员工工资的改善作用随出口强度的增加先上升后下降②。陈勇兵等(2014)利用 2000~2007 年中国工业企业数据库企业层面数据,采用广义倾向匹配评分方法分析出口强度与企业生产率之间的关系,研究结果表明:出口强度与生产率之间存在倒 U 形关系,企业生产率随着出口强度的增加先上升后下降③。

综上所述,从研究角度来看,以往文献主要关注出口与工资溢价的问题(史青,2013;陈勇兵等,2014),较少文献关注进口(不进口)对工资的影响,鲜有文献从进口强度的不同区间范围,分析进口强度对工资的影响。本书则认为进口与工资并非呈简单线性关系,需要根据进口强度的大小,才能更为精确地判断进口对工资的异质性影响。从研究方法来看,以往关于进口与企业员工工资之间关系的研究(赵春燕、王世平,2014;陈梅、周申,2017)多数采用倾向匹配评分方法,或者倾向匹配评分与倍差法相结合的方式,研究贸易(进出口)对企业绩效(工资溢价、生产率)的影响。采用传统的倾向匹配评分方法研究分析企业进口行为时,往往将企业进行二元处理,不同研究可能会有不同的研究结论。比如,包群等(2011)认为出口不存在工资溢价,而 Amiti 和 Cameron(2012)认为出口存在工资溢价。导致这些研究结论的差异主要在于二元处理变量无法反映贸易强度的变化对企业绩效(生产率、工资溢价等)的影响,贸易行为对企业绩效的影响就可能被高估或者低估。为解决这个问题,我们采用了广义倾向匹配评分方法来构造连续处理变量,在不同的进口强度水平上来检验微观企业进口是否存在工资溢价。事实上,本书研究发现进口产生的工资溢价只是在一定进口强度区间范围内的,超出一定进口强度范围后,进口强度增加甚至会降低员工工资。Guardabascio 和 Ventura(2013)指出在经济学研究中非常常见的情

---

① 陈梅,周申. 进口中间产品质量与企业生产率——基于广义倾向得分匹配的经验分析 [J]. 经济经纬, 2017, 34(4): 62-67.

② 史青. 企业出口对员工工资影响的再分析——基于广义倾向得分法的经验研究 [J]. 数量经济技术经济研究, 2013, 30(3): 3-21.

③ 陈勇兵,王晓伟,符大海,李冬阳. 出口真的是多多益善吗?——基于广义倾向得分匹配的再估计 [J]. 财经研究, 2014, 40(5): 100-111.

况是被解释变量是百分数（例如，每周工作时间比例，出口占销售额比率，学生的毕业率等）。在本书的研究中解释变量就是[0,1]的情况，那么观测值的分布就不是正态分布的，难以采用传统的线性模型进行估计。为了解决这个问题，本书借助于广义倾向匹配评分方法，采用了广义线性模型估计（General Linear Models, GLM），从而可以比较在不同进口强度下，进口企业与非进口企业的员工工资水平差异。

第六节　总体评述

综上所述，国内外学者对国际生产分割对劳动力市场的影响进行了卓有成效的探索，并取得了一定的成果。但总体而言，较少有学者从国际生产分割的特点，综合研究国际生产分割对中国劳动力市场的影响，具体而言，还有下述问题需要研究：

第一，国内文献对就业市场的研究较为丰富，包括就业风险、就业创造或者就业需求弹性等，但是对就业波动性的直接研究却很少；相反，国外文献这方面的研究已有不少进展，究其原因，在于国内就业波动性测算方法研究不足。此外，以往研究对象主要集中在以美国为代表的发达国家，从发展中国家的角度来具体探讨进出口贸易和就业波动性之间关系的文献却很少。从数据视角层面看，国内大多数文献主要基于行业或省级数据进行研究，鲜有文献从微观企业层面实证探讨中国制造业企业进出口贸易和就业波动性之间的关系。最后，无论企业进口或者出口是直接对就业波动产生影响还是通过就业风险、就业需求弹性等间接传导进而影响就业波动水平，不同学者得出的研究结论存在显著分歧。基于此，我们将结合中国工业企业数据和中国海关数据，以发展中国家的制造业企业为研究对象，从微观层面实证研究中国制造业企业进出口贸易对就业波动性的影响。

第二，中国企业出口目的地集中于发达国家，并进口大量中间产品用于出口生产，这导致企业间工资差距扩大。一方面，目前关于国际生产分割对中国劳动力市场影响的研究主要集中在行业层面，而从微观企业层面进行的研究较少。另一方面，通过对上述文献的梳理，发现大多数文献都只是在单独地研究出口目的地收入水平与工资、产品质量、技术工人之间不同的影响，缺少把这些影响因素放在一起研究的内容,其实彼此之间都会相互影响,存在两种机制来解释为什么企业出口到收入水平更高的出口目的地会支付工人更高的工资。为此,本书将利用中国工业企业数据库与海关产品进出口数据库,研究国际生产分割与出口目的地对企业间工资差距,以及中间产品进口对企业间工资差距的影响机理和效应。

第三,现有文献中关于贸易自由化对企业绩效影响的研究有了很多进展,分别从贸易自由化对企业工资、就业变动等方面开展了研究,不过现有文献中从国际生产分割的角度,分析贸易自由化对企业员工工资影响的研究较少。本书则将从中间产品贸易的角度,分析进口关税的变动与企业工资的关系。本书研究角度有所不同,主要基于中国不同的贸易方式、产品类型来详细分析中间投入品关税和最终制成品关税下降对企业工资的异质性影响;另外,考虑到构建关税时引入企业层面的投入产出情况,容易导致样本自选择和内生性问题,同时为了控制关税与企业工资之间的反向因果关系,本书构建中间投入品进口和最终制成品关税都是产业层面的,而非企业层面的关税。

第四,以往文献主要关注出口与工资溢价的问题,较少有文献关注进口(不进口)对工资的影响,鲜有文献从进口强度的不同区间范围,分析进口强度对工资的影响。本书则认为进口与工资并非呈简单线性关系,需要根据进口强度的大小,才能更为精确地判断进口对工资的异质性影响。从研究方法来看,首先,以往关于进口与企业员工工资之间的关系的研究多数采用倾向匹配评分方法,或者倾向匹配评分与倍差法相结合的方式,研究贸易(进出口)对企业绩效(工资溢价、生产率)的影响。采用传统的倾向匹配评分方法研究分析企业进口行为时,往往将企业进行二元处理,不同研究可能会有不同的研究结论。导致这些研究结论的差异主要在于二元处理变量无法反映贸易强度的变化对企业绩效(生产率、工资溢价等)的影响,贸易行为对企业绩效的影响就可能被高估或者低估。为解决这个问题,我们可以采用广义倾向匹配评分方法来构造连续处理变量,在不同的进口强度水平上来检验微观企业进口是否存在工资溢价。其次,在本书的研究中解释变量就是[0,1]的情况,那么观测值的分布就不是正态分布的,难以采用传统的线性模型进行估计。为了解决这个问题,本书计划采用广义线性模型估计,从而可以比较在不同进口强度下,进口企业与非进口企业的员工工资水平差异。

第三章 国际生产分割的发展

第一节 国际生产分割发展的现状

国际生产分割在最近30年得到了飞速发展,涉及的区域遍布世界,其中,在亚洲的发展尤为突出。目前,很多亚洲企业正成为国际生产网络中的一部分。这个生产网络的特点是:日本、韩国等发达经济体出口中间产品到亚洲其他发展中国家,然后在发展中国家进行组装、完成最终制成品并出口,而出口目的地最主要的不是日本、韩国而是美国和欧洲市场。这个国际生产网络在形成和发展的过程中,亚洲各国的国际贸易同时也得到了快速的发展。

以硬盘行业为例,Hiratsuka(2006)通过对日本 Hitachi Global Storage 公司在泰国的子公司的调查发现,其硬盘的生产过程需要来自多个不同国家和地区的各种零配件,这些零配件的来源途径如表3-1所示。这些零配件涉及亚太地区11个国家和地区,不同国家和地区生产的零配件有些是互补品,有些则是替代品,并在泰国组装,然后出口到其他国家。

表3-1 日本 Hitachi Global Storage 公司生产硬盘的零配件来源地分布

来源地	零配件
中国	印刷电路板、HGA、底托、磁头悬挂组件
中国香港	空气过滤器盖
中国台湾	顶轴毂

续表

来源地	零配件
泰国	主轴马达、底托、架体、排线、轴承、封口纸、音圈马达、顶盖、印刷电路板组件、HGA、HAS
美国	盘片、磁头悬挂组件
墨西哥	磁头
日本	顶盖、盘片、螺丝、封口纸、磁头坡道、顶轴毂、弹簧锁、底托壳、条码标签、过滤印刷电路板、悬挂组件
菲律宾	阻尼板、线圈支架、印刷电路板
印度尼西亚	悬挂组件、音圈马达、印刷电路板
新加坡	盖子、螺丝、轴、连接器、盘片
马来西亚	底托、轴承、垫片、音圈马达、底托、顶轴毂、盘片

资料来源：Hiratsuka D.. Outward FDI from and intraregional FDI in ASEAN: Trends and drivers [Z]. IDE Discussion Papers No. 77, 2006.

有学者认为过去的30年是继工业革命之后国际贸易发展的第二个黄金时代。这个说法毫不夸张，从图3-1可以看到目前每年世界总出口量已经超过世界总产出量，两者巨大的差额说明存在大量的中间产品贸易（Intermediates Trade）。根据世界贸易组织等发布的《全球价值链研究报告2019》统计，中间产品占整个世界贸易的2/3，可以说现在的国际贸易模式已经发生了根本性的变化①。那么，为什么国际生产分割会在最近30年得到飞速发展呢？本章第二节将对此进行详细分析。

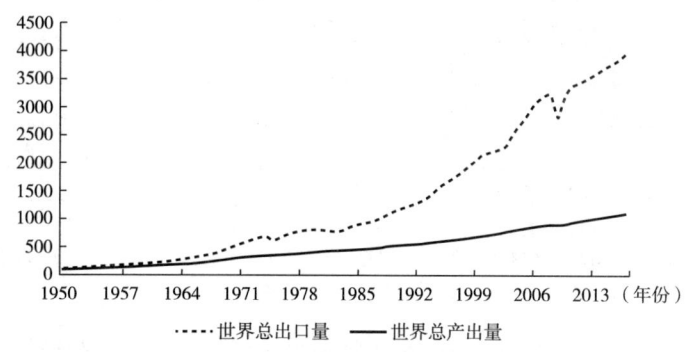

图3-1 1950~2013年世界总出口量与总产出量

注：指数1950年=100。

资料来源：世界贸易组织（WTO）发布的2018年世界贸易统计（*World Trade Statistics* 2018）。

---

① 参见《全球价值链发展报告2019》：https：//www.wto.org/english/res_ e/booksp_ e/gvc_ dev_ report_ 2019_ e.pdf。

第二节 促进国际生产分割发展的原因

一、贸易和投资政策自由化

(一) 关税的下降

在第二次世界大战以后,随着各国经济的快速增长,越来越多的国家参加关贸总协定(GATT)以及世界贸易组织(WTO),世界范围内主要国家的工业制成品的平均关税税率持续下降,如表 3-2 所示:

表 3-2 工业制成品按价值百分比计算的平均关税税率 单位:%

国家	1913 年	1950 年	1990 年	2014 年
法国	21	18	5.9	1.5
德国	20	26	5.9	1.5
意大利	18	25	5.9	1.5
日本	30	—	5.3	1.3
荷兰	5	11	5.9	1.5
瑞典	20	9	4.4	1.5
英国	—	23	5.9	1.5
美国	44	14	4.8	1.5
中国	—	—	44*	4.8

资料来源:1913~1990 年数据来自"Who wants to be a giant?" the Economist: A Survey of the Multinationals, June 24, 1995, pp. 3-4。*表示中国 1990 年的关税数据无法获得,以 1992 年数据替代,数据来源于世界银行 WDI 数据库。2014 年数据来自世界贸易组织发布的 2015 年世界贸易报告(*World Trade Report*)。

Yi (2003) 指出从 20 世纪 60 年代起,经过肯尼迪、东京和乌拉圭回合的关贸总协定(GATT)多轮谈判,世界范围的工业制成品关税税率下降了 11% 左右。相同时期内,世界贸易量却是世界产出的 3.4 倍。如果采用传统的贸易模型来解释这个现象,只能假设商品之间的替代弹性高达 20(然而这样高的替代弹性是违背事实的),这样才能导致关税的小幅度下降,带来贸易的大幅增长。Yi (2003) 认为产生这个矛盾的原因在于国际生产分割的发展。国际生产分工的进一步细化，使得很多工业制成品的生产被分割成不同生产环节，而且不同环节可能分别在不同国家进行，每一个国家专门从事某个环节的生产，这些不同的环节通过国际贸易连接起来。那么，这些产品在生产过程中要多次通过不同国家的海关，而每通过一次海关就要被征收关税。因此，世界范围内的关税下降就会导致这类产品生产成本的大幅度削减。换言之，在国际生产分割的条件下，关税下降放大了成本削减的效应。举例来说，假设某种商品的生产需要经过 N 个环节，而每个环节分别在不同的国家进行。如果世界范围的关税下降 1%，那么生产这种商品的成本就会下降 N%，因而成本削减的效应被成倍地放大，这极大促进了中间产品贸易的增长。此外，由于关税削减，那么将过去在一个国家进行的各个生产环节分别安排在不同国家进行也变得有利可图，这也将导致国际贸易的增长。因此，涉及生产分割的产品的出口增长远远快于传统产品的出口增长，而这种贸易的增长也是传统贸易模型所无法解释的。同时，国际生产分割还会导致关税税率对国际贸易产生非线性影响。如果关税税率最初处于较高的水平，这时国际生产分割就不太可能出现，国际贸易按照传统的模型方式增长；而当关税税率下降到一定程度（临界点税率）的时候，国际生产分割就出现了，贸易就以一种非线性的方式大幅度增加。因此，最近几十年各国关税的下降对于国际生产分割的发展起到了极大的促进作用。

（二）对外直接投资的发展

随着全球化的发展，各国政府普遍认识到吸引外商直接投资对本国经济发展的促进作用，纷纷改变对外资的限制性政策，取消了各种歧视性政策，同时制定各种鼓励性政策，并将吸引外商直接投资作为其主要政策目标之一。根据联合国的统计，在 2000 年至 2013 年，世界上 1440 项关于对外直接投资监管立法的改变中，有 80% 都为对外直接投资创造了更有利的环境。这些对外直接投资的鼓励政策吸引了大量跨国公司在东道国投资，而跨国公司则充分利用各国的比较优势，在世界范围内组织产品的生产，这有力地促进了国际生产分割的形成和发展。中国 40 多年的对外开放政策，也正适应了这个国际大趋势，大量的外商直接投资使得中国迅速地融入国际生产网络，成为国际生产进一步分工的一个节点，并发展成为现在的"世界工厂"。

二、通信和运输技术变革

国际贸易与投资的自由化趋势促进了生产的全球化，但是跨国公司要实现在世界范围内组织生产和经营活动还需要技术的支持。Jones 和 Kizerkowski（1990）指出一个国际生产分割的特点是一系列生产环节（Rroduction Blocks）通过各种服务链（Service Links）连接，把这些生产环节连接的技术在最近30年取得了革命性的进步，这使得全球化的生产成为可能。

（一）通信技术变革与互联网的应用

最近20~30年通信技术取得了飞跃性的发展，各种通信技术以及互联网在世界范围内得到了广泛的普及和应用。根据国际电信协会（International Telecommunication Union）的统计数据，截至2017年底，全球网民数量超过41.6亿人，占世界总人口的54.4%，其中2/3的网民来自发展中国家；移动网络覆盖了世界90%的人口。根据中国互联网信息中心（CNNIC）第43次《中国互联网络发展状况统计报告》，截至2018年12月，中国网民规模达到8.29亿人，互联网普及率攀升至59.6%。通信技术和互联网技术的广泛应用给世界经济带来了革命性的冲击。

首先，通信技术的发展大幅降低了通信的成本，国际生产网络的形成得益于通信网络，更便捷的通信将地理上分散的各个生产环节连接起来。同时，通信技术的进步还使得全球通信的成本迅速下降。Frankel（2000）指出1920~1990年，纽约和伦敦之间三分钟的国际长途费用从244.65美元下降到3.22美元。现在通过互联网拨打国际长途电话的费用已经可以降低到几美分的程度。

其次，计算机的广泛应用与互联网的发展显著地降低了交易成本。计算机对数据的处理速度和能力，极大地提高了企业生产和经营效率。互联网的发展，使得企业可以利用网络将各个生产环节更为高效地连接起来，而且成本更低。一个典型的例子就是戴尔公司，该公司充分利用信息技术与互联网，来协调与管理分散在全球各地的生产系统。通常消费者在其网站上根据自身需求订购后，相应的订单信息就会通过网络传递给世界各地的供应商。这些供应商则根据戴尔的订单，进行零配件的生产与供应，然后在戴尔的装配工厂组装，并同时将配送信息传递给物流公司，物流公司则根据消费者订单信息最终将产品送达消费者。基于信息技术的全球化生产和销售，大幅度降低了戴尔公司生产计算机的成本，使得戴尔公司获得强大的竞争优势，并迅速成为全球计算机市场的主要生产商之一。

（二）运输技术的变革

20世纪50年代以后，运输技术领域也发生了革命性的变化。首先，大型商业喷气式客机，将世界各地连接起来，从事国际贸易的商人可以便捷地往来于世界各地，在一天内跨越不同国家，甚至不同大洲成为可能。根据国际航空运输协会（IATA）统计，截至2017年底，全球有40亿人次乘坐飞机旅行，航空公司将世界上的各个城市连接起来，为全球20000多个城市提供了定期航班，相当于1995年的两倍。同时，航空货物运输也获得了巨大发展。现在国际货物也不再局限于陆地和海运，通过航空运输，各种货物也可以在世界范围内迅速移动，同时航空运输还使得以往无法贸易的商品变得可以贸易，现在鲜花、蔬菜、活的大龙虾甚至冰激凌都可以跨越几大洲，这极大地促进了国际贸易的发展。

其次，集装化（Containerization）运输可以称作运输史上革命性的进步，直接推进了国际贸易的发展，同时也使得运输成本大幅度降低。集装箱化运输在节约运输成本上有明显的优势：第一，与传统的手工作业相比，集装箱的装卸主要采用专业的机械设备进行装卸，很少受到气候的影响，大大提高了货物装卸的效率，缩短运输时间，节约运输成本。第二，由于集装箱本身是金属制造的，具有坚固和密封的特点，这样一方面可以简化货物包装，甚至无须包装，大大节约包装费用，另一方面由于集装箱是密封的，即使经过长途运输或多次换装，箱内货物仍然可以保持完整的状态，同时还可以减少由被盗、潮湿、污损等引起货物损失的风险。集装箱化运输可以实现货物的国际多式联运，将海陆空各种不同运输方式结合起来，真正实现货物"门到门"的物流配送，大大提高了货物运输的速度，减少企业库存，节约企业仓储和运输成本。Frankel（2000）指出1920~1990年，美国进出口每吨货物平均海运与入港费从95美元下降到29美元（以1990年美元计）。据统计，到2012年，从亚洲到欧洲，运输价值700美元的电视成本低至10美元，而运输价值150美元的吸尘器则更是低至1美元。

三、地理上的接近

考虑到国际生产分割所涉及的产品往往多次进出口不同国家，地理上的接近可以节约大量成本，从而使得跨国公司将产品的不同生产环节安排在不同国家，以便利用各国相对廉价的生产要素。因而，有学者指出促进国际生产分割的发展另一个重要因素就是国际生产网络中的国家地理空间上的接近。

Hayakawa等（2009）指出在东亚形成的国际生产分工网络，与东亚各国（地区）在区域内从事的是垂直型产业内贸易，而欧洲各国在区域内从事的是水平型产业内贸易。基于这两种不同贸易模式，他们对东亚各国（地区）之间的生产分割现象与空间相关性进行了研究，发现东亚各国（地区）之间在电子机械类产品存在空间相关性,而欧洲各国之间不存在空间相关性。

邓军(2011)利用空间面板数据模型考察了中国与东亚九国(地区)制造业,发现东亚各国(地区)间存在正向空间相关性,一国的制造业发展会对东亚邻近国家(地区)的制造业发展产生促进作用。这是因为东亚各国(地区)经济发展水平存在巨大的差异,其中较为发达国家(地区)的跨国公司为利用相对低廉的生产要素(劳动力),将许多生产环节进行分割并投资于周边的发展中国家(地区),同时从母国(地区)及其他邻近国家(地区)大量进口中间产品用于生产,并将大部分最终产品出口到发达国家(地区)。随着中国加入世界贸易组织和东盟自由贸易区的形成,贸易成本持续下降,促进了生产分割的发展。信息技术的广泛应用也有效地降低了跨国公司协调不同国家子公司之间不同生产环节的成本,这进一步促进了生产分割的发展。此外,生产技术的进步使得不同的生产环节可以在不同地点进行成为可能,这也推动了生产分割的发展。东亚的国际生产网络已经使得东亚各国(地区)之间的制造业形成相互连接、相互依存关系,这个国际生产网络的形成极大地促进了东亚各国(地区)制造业的发展。这说明中国成为"世界工厂"的同时"抢走"了周边其他国家(地区)制造业的"中国威胁论"是不成立的,恰恰相反生产分割导致的国际生产分工有效地促进了各国(地区)制造业的发展。更为准确地说,中国制造业的发展推动了邻近国家(地区)制造业的发展,而中国制造业的发展也受益于邻近国家(地区)制造业的发展。①

本章认为不仅在亚洲,在欧洲内部不同经济发展水平的国家之间也应该存在广泛的生产分割现象,各国之间地理距离的相近应该会促进各国企业专注于不同的生产环节,发挥自身的比较优势,进而使得各国的相关产业同步发展。

第三节 相关结论

本章阐释了国际生产分割在最近20~30年得到快速发展的原因。国际生产分割的发展得益于几个方面的因素。一是贸易与投资的自由化。"二战"以后越

---

① 邓军. 生产分割、空间异质性与空间依存关系——对东亚生产网络的考察 [J]. 财贸经济, 2011 (3): 61-66, 137.

来越多的国家采取削减关税、鼓励外商直接投资等自由化贸易与投资政策，这促使发达跨国公司将生产转移到劳动力相对廉价的发展中国家和地区。所涉及的产品在生产过程中要进出不同国家的海关很多次，而每通过一次海关就要被征收关税。因此，世界范围内的关税下降就会导致这类产品生产成本的大幅度削减。在国际生产分割的条件下，关税下降放大了成本削减的效应。二是通信与运输技术的变革。跨国公司要实现在世界范围内组织生产和经营活动还需要技术的支持。特别是通信技术、互联网的广泛应用以及集装化运输方式，大幅度降低了生产与运输的成本。这些把不同生产环节连接的通信与运输技术在最近二三十年取得了革命性的进步，使生产的全球化成为可能。三是空间地理上的接近。跨国公司组织产品的生产涉及国家众多，如果这些国家地理上相互接近就可以节省大量的运输费用，东亚地区国际生产网络就是在这样的背景下产生的。研究发现东亚各国（地区）制造业的发展存在明显的正向空间相互依存关系。生产分割导致的国际生产分工有效地促进了东亚各国（地区）制造业的同步发展。

第四章 国际生产分割、贸易与就业波动性

——来自中国企业层面的微观证据

第一节 引言

一、研究背景

随着世界经济的不断发展与繁荣,各国之间的联系变得越来越不可分割。对外贸易加剧了各国之间的紧密联系与交流,进而导致贸易一体化与生产解体(Feenstra,1998)。近年来,制造业的发展愈发得到各个国家的关注与重视。2011年,美国颁布了先进制造伙伴计划。前任总统奥巴马曾一再推行"再工业化"以及"制造业回归",其目的不仅为了让美国获得新一轮的产业升级,更是为了能够在全球市场中继续保持领先地位,抢占国际产业竞争制高点。现任总统特朗普也发声要振兴制造业,希望美国公司回流本国,带动国内更多的就业。

随着工业化进程的快速推进,我国制造业规模不断扩大,已成为名副其实的世界工厂。2010年,中国超越美国成为了全球制造业第一大国。中国虽然拥有庞大的制造业产业体系,但是制造质量和技术水平主要依赖国外科学技术,大而不强、发展质量不够高的问题十分突出,许多制造业企业仍然保持固定古老的生产销售模式,墨守成规地沉浸在传统的商业模式中,这严重阻碍了未来制造业的发展和"制造强国"的建设。"中兴制裁"事件在一定程度上也体现了制造业自主创新能力的重要性和必要性。2019年3月,李克强总理在两会中强调中国高质

第四章 国际生产分割、贸易与就业波动性

量发展制造业的重要性,鼓励企业提高科技创新能力,不断推动制造业产业转型升级。制造业作为我国国民经济的主体和支柱性产业,应当清醒地认识到中国制造标准与国际标准仍然存在很大的差距。中国企业应紧抓对外开放政策带来的种种机遇,积极融入全球价值链分工体系中,加快制造业对外开放的步伐,从而形成制造业全面对外开放新格局,不断推动制造标准与国际先进水平对接,把我国建设成为一个真正的制造强国。

改革开放以来,中国制造业企业积极加入全球贸易行列(见表4-1),参与全球经贸的发展并不断向制造强国迈步。通过增加值估计发现,2003~2006年中国出口的国内含量从53%增加到约60%(Upward et al.,2013)。需要注意的是,制造业企业在参与全球化贸易中是异质的。有些企业只服务于本国市场,不进行对外贸易;越来越多的企业开始参与全球化市场进行对外贸易,有进口(见图4-1)也有出口(见图4-2),企业不断面临进入国内市场的沉没成本以及出口外包的额外固定成本(Zlate,2016)。20世纪90年代后期,中国出现了一种新型的贸易方式——加工贸易(见表4-2),其贸易性质有别于一般贸易,是中国对外贸易的一个重要特色:企业从国外进口(见图4-3)原材料或中间品是为了再出口(见图4-4),主要将加工后的最终产品出口到国外市场(田巍、余淼杰,2013)。加工贸易的实质就是国际生产分割,即外包。本章认为,不同外包企业所面临的各种进出口不确定风险可能存在差异,而这些不同企业所雇用的员工也会受到不同程度的风险冲击,其经历的风险程度显然也是不同的,那么就会对中国劳动力市场造成就业波动(见图4-5)。因此,制造业企业在国际生产分割中对就业波动的影响可能会存在显著差异,而外包企业和非外包企业对劳动力市场造成的波动水平也是非均衡的。

表4-1 2000~2017年进出口货物分类 单位:亿美元

年份	进口货物分类金额		出口货物分类金额	
	初级产品①	工业制成品②	初级产品	工业制成品
2000	467.39	1783.55	254.58	2237.43
2001	457.43	1978.10	263.38	2397.60

---

① 根据《中国统计年鉴》,初级产品包括食品及主要供食用的活动物,饮料及烟类,非食用原料,矿物燃料、润滑油及有关原料,动、植物油脂及蜡。

② 根据《中国统计年鉴》,工业制成品包括化学品及有关产品、轻纺产品、橡胶制品、矿冶产品及其制品,机械及运输设备,杂项制品,未分类的其他商品。

续表

年份	进口货物分类金额		出口货物分类金额	
	初级产品	工业制成品	初级产品	工业制成品
2002	492.71	2458.99	285.40	2970.56
2003	727.63	3399.96	348.12	4034.16
2004	1172.67	4439.62	405.49	5527.77
2005	1477.14	5122.39	490.37	7129.16
2006	1871.29	6043.32	529.19	9160.17
2007	2430.85	7128.65	615.09	11562.67
2008	3623.95	7701.67	779.57	13527.36
2009	2898.04	7161.19	631.12	11384.83
2010	4325.56	9622.72	817.16	14962.15
2011	6042.69	11392.15	1005.45	17978.36
2012	6349.34	11834.71	1005.58	19481.56
2013	6580.81	12919.09	1072.68	21017.36
2014	6469.40	13122.95	1126.92	22296.01
2015	4720.57	12075.07	1039.27	21695.41
2016	4410.55	11468.71	1051.87	19924.44
2017	5796.38	12641.55	1177.33	21456.38

资料来源：中经网统计数据库。

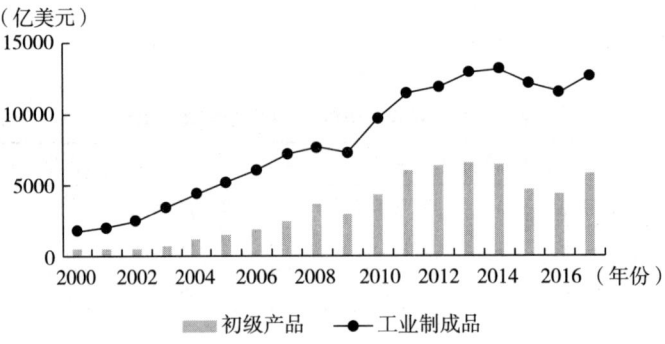

图4-1 2000~2017年进口货物分类金额

第四章 国际生产分割、贸易与就业波动性

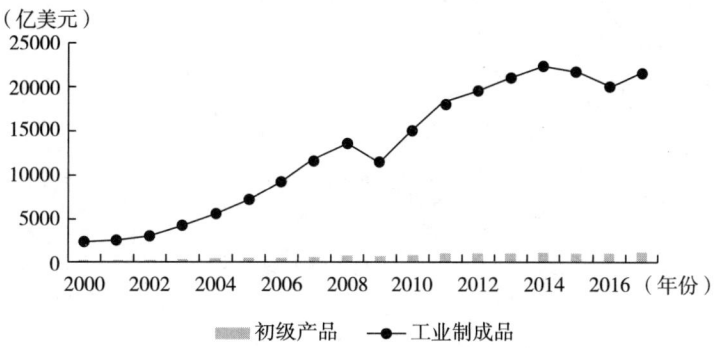

图 4-2　2000~2017 年出口货物分类金额

表 4-2　不同贸易方式的货物进出口总额　　　　单位：亿美元

年份	一般贸易		加工贸易	
	出口	进口	出口	进口
2000	1051.81	1000.79	1376.52	925.58
2001	1118.81	1134.56	1474.33	939.74
2002	1361.87	1291.11	1799.28	1222.01
2003	1820.34	1876.51	2418.51	1629.04
2004	2436.06	2481.45	3279.71	2216.94
2005	3150.63	2796.33	4164.67	2740.12
2006	4162.00	3330.74	5103.55	3214.72

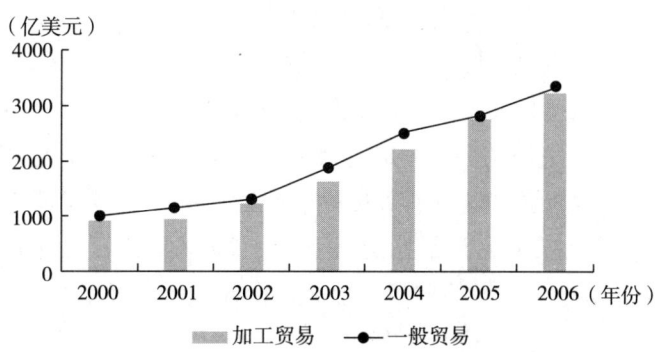

图 4-3　2000~2006 年一般贸易和加工贸易的进口总额

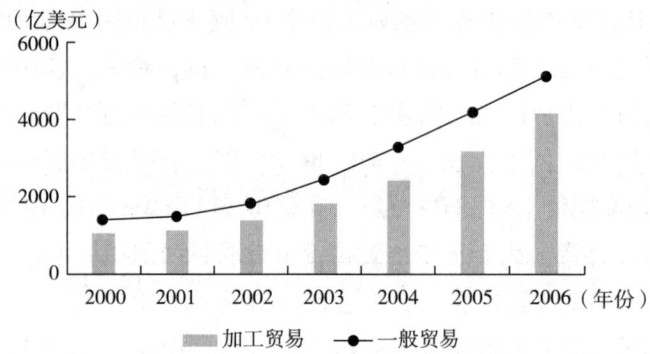

图4-4 2000~2006年一般贸易和加工贸易的出口总额

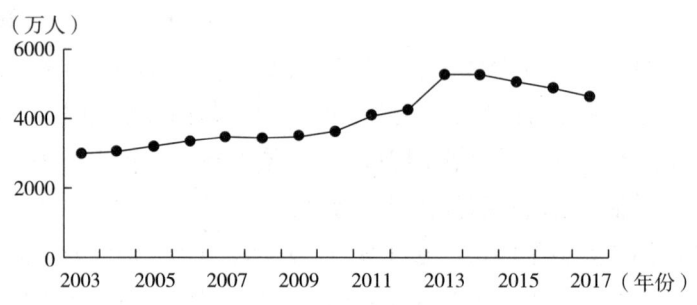

图4-5 2003~2017年城镇单位制造业就业人数

中国作为具有14多亿人口的发展中国家,就业问题不仅是国家政治问题,而且是重大的经济社会发展问题。就业问题关乎人民群众的切身利益,是具体的,是因人而异的。就业市场不稳定会造成社会不和谐,就业市场波动太大会显著影响中国经济健康可持续发展。就业作为一国的民生之本,就业市场的稳定一直是国家社会高度关注的主题。2018年政府工作报告中指出,中国拥有世界上规模最大的人力人才资源,这是创新发展的最大"富矿",稳定就业是2018年政府工作的重点,并且三次提到了稳定就业,在2019年政府工作报告中首次将"就业优先政策"置于宏观政策层面,旨在强化各方面重视就业、支持就业的导向。"就业优先"的表述首次出现在2018年底中央经济工作会议中,现如今成为了2019年两会的热词,就业成了2019年中国宏观经济政策的风向标之一。就业问题是我国当前甚至今后长期面临的一个重要难题,就业压力只增不减且结构性矛盾突出,新的影响因素还在不断显现。因此,我们必须把就业摆在更加突出的位置，保持经济稳定增长，其首要工作就是保就业，只要就业稳了，收入便增了，我们就更有底气了。①

二、研究目的与研究意义

（一）研究目的

不管经济社会如何发展以及发展到怎样的程度，制造业仍然占据着重要作用，是兴国之器、强国之基，是中国经济发展的中流砥柱，高质量稳定发展制造业一直是中国长期以来坚持的目标。对比国内贸易，越来越多的中国企业开始加入到全球贸易行列，不断承接来自发达国家的生产环节（外包）。制造业企业由于规模不同、风险管理能力等不同，在全球贸易中受到的风险是非均衡的，企业的国际生产分割程度显然也存在显著差异，而作为人口大国的中国，其劳动力市场的稳定发展关系到国家社会的团结安定。因此，本章以中国制造业企业为研究对象，旨在研究中国制造业企业国际生产分割与中国劳动力市场的就业波动性之间的关系，尤其是就业波动性的大小和方向等，以上就是本章主要的研究目的。

（二）研究意义

第一，从学术价值的角度。研究中国制造业国际生产分割的文献有很多，探讨劳动力市场的相关文献也不少，但是从微观企业层面实证研究国际生产分割与中国劳动力市场的就业波动性之间关系的相关文献比较少。就业作为一国的民生之本，一直是经济社会发展的主要宏观目标。本章从微观企业层面实证探讨中国制造业企业国际生产分割对就业波动性的影响具有非常重要的学术价值，尤其是就业波动性的测算方法。这不仅有助于完善国际生产分割与就业市场的研究领域，而且能够帮助包括我国在内的发展中国家更好地理解国际生产分割与劳动力市场就业波动性之间的关系，丰富劳动力市场理论研究成果，为以后的研究提供借鉴和参考。

第二，从实践意义角度。中国作为具有14多亿人口的大国，就业市场的稳定直接关系到社会的安定，甚至是国家的繁荣。本章研究国际生产分割和就业波动性之间的关系显得非常重要，尤其是就业波动水平的大小以及程度等，已经成为了全球化福利影响中一个重要的讨论部分。这些问题的研究有助于国家政府采

---

① 参见 http://www.xinhuanet.com/politics/2019lh/2019-03/05/c_1124194454.htm。

取积极有利的向好政策,促进就业,提升人民的幸福感和成就感。从企业角度出发,有利于提升制造业整体水平,拉动产业升级以及提高企业自主创新能力,对于选择国际生产分割行为具有非常重要的指导意义,有利于稳定就业波动水平,提高生产效率,快速进入国际市场等。企业层面的就业波动性对于劳动者来说也具有显著的指导价值,因为可能会影响劳动者下岗的可能性成本、工作转换成本、收入风险以及劳动合同监管对就业动态和就业者工资发展的作用(Portugal,1999),关系到作为人口大国的中国劳动者自身福利保障问题。

三、研究方法与内容

(一)研究方法

本章主要采用理论与实证相结合的分析方法来研究中国制造业企业国际生产分割对劳动力市场就业波动性的影响。

在理论部分中,本章主要参考 Bergin 等(2011)的理论模型,以美国和墨西哥两个国家为例,在简单动态随机一般均衡模型中嵌入外包模型来分析两国同行业的就业波动性差异。首先是从外包部门的定价和产品种类开始,推导出国内外跨国部门的总劳动需求;其次是其他经济部门的生产性活动,这里主要包括同质贸易商品的完全竞争市场;再次是个人家庭对商品的消费需求,分别是本国个人家庭对本国商品、跨国商品和外国商品的消费;最后是市场出清与均衡。理论上证实了在外包的过程中会造成企业一定程度的就业波动,即企业外包与就业波动性之间存在一定的理论关系。

在实证分析中,本章首先将中国工业企业数据和海关数据进行匹配合并,得到 2000~2006 年企业至少存活两年的非平衡数据继而研究企业国际生产分割对就业波动性的影响。考虑到实证过程中有可能存在遗漏变量、测量误差等问题,故本章构建工具变量进行 2SLS 回归以解决内生性问题,最后再进行工具变量检验来保证所选择的工具变量的合理性。

(二)研究内容

本章以中国制造业企业为研究对象,利用 2000~2006 年微观企业数据实证探讨企业国际生产分割对就业波动性的影响。基于相关文献的梳理与总结,本章主要从三个方面进行文献综述。首先从就业增长率和就业波动性的测算方法入手;其次分析就业波动性的间接传导因素:就业创造与就业破坏、就业需求弹性、就业风险和就业结构;最后整理了制造业企业国际生产分割与就业波动性之间关系的相关文献。理论分析中，本章结合简单的动态随机一般均衡模型和外包模型加以分析推导，为后文接下来的实证研究提供理论支持。

本章构建工具变量进行 2SLS 回归来考察企业国际生产分割与就业波动性之间的模糊关系。为了进一步探讨企业国际生产分割对就业波动性产生差异的根源，本章从企业的贸易伙伴国出发，分别从出口目的国和进口来源国的国家数量和产品数、贸易持续时间、贸易伙伴国的收入水平以及贸易伙伴国的具体特征等方面进行差异化分析。其中，贸易伙伴国的具体特征包括国家距离中国的远近程度、贸易伙伴国的经济发展水平和就业人员数量。为丰富研究内容，本章分样本进行异质性分析，分别从企业所有制类型和企业所在区域等方面进行深入研究。

本章的技术路线如图 4-6 所示。

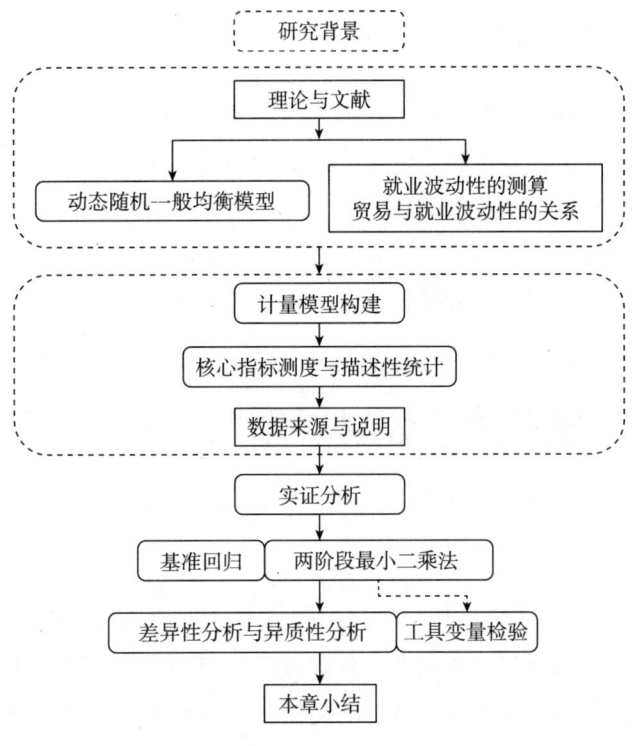

图 4-6 技术路线

四、创新点与不足

(一) 主要创新点

本章的创新点主要体现在以下几点:

首先,研究视角上有所创新。目前多数研究关注国际生产分割对中国就业结构和工资差距的影响,但是很少研究讨论国际生产分割对企业层面就业波动性的影响。此外,现有文献主要以发达国家为研究对象,鲜有从发展中国家的角度探讨国际生产分割、贸易与企业就业波动性之间的关系,本章的研究对象聚焦于中国,试图从发展中国家的角度探讨这个问题。

其次,研究方法上有所改进。以往研究鲜有对中国就业波动性的分析的一个重要原因是,缺乏对企业层面就业波动性进行测度的方法。基于最新测算方法,我们测度了中国企业的就业波动性;另一个研究方法的改进是通过构造差分后滞后一期的工具变量以控制内生性问题。

(二) 不足之处

首先,由于数据存在缺失值,故本章采用的是 2000~2006 年企业至少存活两年的非连续性数据,并非是企业持续存活七年的平衡数据。因此,在计算就业波动性时可能会产生一定程度的误差。

其次,由于缺乏更为精确的产品分类方式,本章只能基于 BEC 的分类方式将产品进行四种类型的粗略分类,这种分类方式具有一定的主观性。

第二节　国际生产分割与就业波动性的理论分析

——基于 Bergin 等 (2011) 模型

Bergin 等 (2011) 主要研究低工资收入的墨西哥和高工资收入的美国将经历不同程度的就业波动水平,美国商品外包到墨西哥 (美墨联营工厂),墨西哥遭受就业波动性的大小将是美国同行业的两倍。从贸易形式上讲,外包的过程和进出口贸易的过程是一致的,故本章参考 Bergin 等 (2011) 的理论模型来探讨企业全球化贸易与就业波动性之间的关系。

一、理论模型

模型假设世界由两个国家组成,分别为本国和外国,外国的变量统一用星号加以区别。本章在两个国家简单的动态随机一般均衡模型中嵌入了一个外包模型。外包关系包括本国商品外包到国外,因此可以认为本国是美国,而外国代表墨西哥。本章将采用来自外国的相对规模来衡量数量变化:如果世界人口中有份额 n 居于本国,外国便是 $(1-n)$,那么通过 $(1-n)/n$ 衡量该变化。

(一)定价和产品类别

假设每个国家只有两个部门。第一个部门是由特定国家生产的标准化同质商品,由 H 代表特定国家部门生产的本国商品,F 代表外国生产的商品。第二个部门由跨国差异化产品组成,采用 M 标识,并且这些商品可以在另一个国家利用生产要素进行生产,该部门被认为是外包部门且生产的一系列产品在有效区间 $z \in [0, 1]$。

外包部门的生产涉及了不同商品之间每单位劳动力投入需求的差异。为了得到各国相对单位劳动力需求函数,本章参考 Eaton 和 Kortum (2002) 建立的李嘉图贸易模型如式 (4-1) 所示。从而构建出本章所需的研究模型 (4-2),其假设企业随机性获取其生产力且不同国家部门的平均效率水平存在差异。在模型 (4-1) 中,χ 代表本国 (国家1) 与外国 (国家2) 效率之比至少为 A 的商品比例。在本章模型中,根据相对单位劳动力成本直接将模型 (4-1) 进行转换,z 表示本国与外国的单位劳动力成本之比小于 A 的商品比例,异质性参数 θ 与 Eaton 和 Kortum (2002) 的完全相同,但是效率常数被单位劳动成本常数替代。

$$A(\chi) = \left(\frac{T_1}{T_2}\right)^{\frac{1}{\theta}} \left(\frac{1-\chi}{\chi}\right)^{\frac{1}{\theta}} \tag{4-1}$$

$$A(z) = \frac{a_{Mt}(z)}{a_{Mt}^*(z)} = \left(\frac{T}{T^*}\right)^{\frac{1}{\theta}} \left(\frac{1-z}{z}\right)^{\frac{1}{\theta}} \tag{4-2}$$

其中,T 和 T^* 分别衡量国内和国外的单位劳动需求水平,θ 表示生产力分布曲率。通过对商品 z 排序,我们假设 $A(z)$ 随 z 减小,即商品按照国内比较优势进行升序排列。如果低于截止临界点 z'_t 的那些外包活动中将在国外生产,而在 z'_t 之上的活动将在国内完成。活动截止点 z'_t 由两国的单位劳动力成本或由工资 W_t 和 W_t^* 决定,即:

$$A(z'_t) = \frac{W_t^*}{W_t} \tag{4-3}$$

这个跨国部门的国内总需求被定义为：

$$\ln D_{Mt} = \int_0^1 \ln d_{Mt}(z) dz \qquad (4-4)$$

其中，$d_{Mt}(z)$ 表示对产品 z 的需求，每种 z 产品市场被假定为完全竞争市场，跨国产品 D_{Mt} 被认为是计价物①。通过在一定范围内对每个国家的单位成本分布情况进行整合计算来得到跨国商品的价格指数，首先将相对单位成本分布情况划分为国内和国外两个部分。国内为式（4-5），国外为式（4-6），得到的商品价格指数见式（4-7）。

$$a_{M,t}(z) = \left(\frac{T}{z}\right)^{\frac{1}{\theta}} \qquad (4-5)$$

$$a_{M,t}^*(z) = \left(\frac{T^*}{1-z}\right)^{\frac{1}{\theta}} \qquad (4-6)$$

$$\ln P_{Mt} = \int_0^{zt} \ln(W_t^* a_{M,t}^*(z_t)) dz + \int_{zt}^1 \ln(W_t a_{M,t}(z_t)) dz \qquad (4-7)$$

国内跨国部门的总劳动力需求 L_{Mt} 主要由非外包活动的劳动力（$z_t > z'_t$）组成，国外劳动力需求包括外包活动（$z_t < z'_t$），分别得到国内和国外的劳动力需求，如式（4-8）和式（4-9）所示。

$$L_{Mt} = \left(\frac{D_{Mt} + D_{Mt}^*\left(\frac{1-n}{n}\right)}{W_t}\right)(1-z'_t) \qquad (4-8)$$

$$\left(\frac{1-n}{n}\right)L_{Mt}^* = \left(\frac{D_{Mt} + D_{Mt}^*\left(\frac{1-n}{n}\right)}{W_t^*}\right)z'_t \qquad (4-9)$$

（二）其他经济部门的生产

从开放式宏观经济文献里可以发现，外包模型嵌入于标准化一般均衡中。本国特定部门是同质贸易商品的完全竞争市场，其生产函数如式（4-10）所示。其中，L_{Ht} 表示本国特定部门的劳动力，a_{Ht} 是其单位劳动投入需求。均衡竞争价格 $P_{Ht} = W_t a_{Ht}$，以跨国商品为计价物，P_{Ht} 是本国商品的相对价格。类似的条件适用于国外同质商品。

$$Y_{Ht} = \frac{L_{Ht}}{a_{Ht}} \qquad (4-10)$$

---

① 计价物是指价格被定为 1 的一种商品，所有其他商品的价格由相对于作为计价物的商品的价格的比价来计量。

（三）家庭

本国家庭偏好由消费瞬时效用函数（C_t）表示，这是三部门复合商品和总劳动力（L_t）的 Cobb–Douglas。

$$U_t = \frac{1}{1-\phi} C_t^{1-\phi} - \frac{1}{1+\mu} L_t^{1+\mu} \tag{4-11}$$

$$C_t = (C_{Mt}^{\alpha} C_{Ht}^{1-\alpha})^{\omega_t} C_{Ft}^{1-\omega_t} \tag{4-12}$$

其中，C_M 表示本国个人家庭对跨国商品的消费，C_H 表示国内对本国商品的个人消费以及 C_F 表示国内对外国商品的个人消费。由于个人消费是基准模型版本中唯一的支出形式，因此 C_M 在部门 M 的总需求方面暂时是相同的。

模型中不确定性因素的影响将以简单的方式进行处理，即通过假设一个完整的资产市场。在每个时期 t，经济将经历许多有限事件中的其中一件 s_t，我们用 $s_t = (s_0, \cdots, s_t)$ 表示事件的历史以及包括时期 t。到目前为止所有提到的变量都是 t 时期自然状态下的隐函数[比如：$Y_{Ht} = Y_H(s^t)$]。在 t 期，两国的消费者以计价物为单位购买国有或有资产，标记为 $B_{t+1} \equiv B(s^{t+1})$，如果情况 s^{t+1} 发生，则在时间段 $t+1$ 中将恰好返回一个单位的计价物。他们以价格 $V(s^{t+1} \mid s^t)$ 购买这些资产，表示的是 s^t 状态下以计价商品为单位在 s^{t+1} 情况下每单位计价商品的价格，因此，本国家庭住户在 t 期的预算约束如式（4-13）所示。

$$P_t C_t + \sum_{s^{t+1}} V(s^{t+1} \mid s^t) B(s^{t+1}) = W_t L_t + B_t \tag{4-13}$$

根据计价商品，P_t 是本国消费篮子的价格指数。

劳动力在一个国家的部门之间流动，但各国之间没有劳动力流动，这意味着每个国家都有一个独立却截然不同的均衡工资率。由于受到预算约束的影响，家庭住户使用折扣因子 β 来最大化得到当前和未来瞬时效用的预期折扣总额，该问题的第一顺序条件意味着除了比例常数之外，风险分担等同于消费的名义边际效用如式（4-14）所示，ζ 是一个常数，表示初始资产配置中本国的相对人均财富。商品的需求如式（4-15）、式（4-16）和式（4-17）所示。

$$\frac{P_t C_t^{\phi}}{P_t^* C_t^{*\phi}} = \zeta \tag{4-14}$$

$$C_{Mt} = \alpha \omega \left(\frac{P_t}{P_{Mt}}\right) C_t \tag{4-15}$$

$$C_{Ht} = (1-\alpha) \omega \left(\frac{P_t}{P_{Ht}}\right) C_t \tag{4-16}$$

$$C_{Ft} = (1-\omega)\left(\frac{P_t}{P_{Ft}}\right)C_t \tag{4-17}$$

劳动供给如式（4-18）所示：

$$L_t^\mu = \frac{W_t}{P_t}C_t^{-\phi} \tag{4-18}$$

相应的条件也适用于国外。

（四）市场出清与均衡

本国商品市场的出清要求。

$$D_{Ht} + \left(\frac{1-n}{n}\right)D_{Ht}^* = Y_{Ht} \tag{4-19}$$

其中，D_{Ht}表示对本国商品的国内需求，D_{Ht}^*表示对本国商品的国外需求，同样，因为消费是基准模型中唯一的需求来源，我们可以使用C_{Ht}替代D_{Ht}和C_{Ht}^*替代D_{Ht}^*，国外商品也满足类似条件。

劳动力市场均衡要求总劳动供给等于各部门劳动需求总和。

$$L_t = L_{Ht} + L_{Mt} \tag{4-20}$$

$$L_t^* = L_{Ft}^* + L_{Mt}^* \tag{4-21}$$

一般均衡是17种内生变量的序列：L_t，L_t^*，L_{Ht}，L_{Ft}^*，L_{Mt}，L_{Mt}^*，W_t，W_t^*，C_{Ht}，C_{Ht}^*，C_{Ft}，C_{Ft}^*，C_{Mt}，C_{Mt}^*，P_{Ht}，P_{Ft}和z'_t，同时已经利用了以下事实：对于$i=M$，H，F有$D_{it}=C_{it}$以及$D_{it}^*=C_{it}^*$。这些变量由劳动供给条件式（4-18）所决定，跨国商品和本国特定商品的需求如式（4-15）和式（4-16）所示，国家特定部门的劳动力需求如式（4-8）所示，跨国部门的劳动力需求如式（4-10）所示，特定国家部门的市场出清条件如式（4-19）所示，劳动力市场出清条件如式（4-20）所示。此外，考虑到是否外包的条件如式（4-3）所示，风险分担条件如式（4-14）所示，计价商品价格标准化$P_{Mt}=1$。

二、分析结果

尽管这个模型无法采用封闭式分析法，但我们可以求出相对国家比率来提供直觉上的研究结果预测。考虑到跨国部门劳动需求之比，即式（4-8）和式（4-9），使用条件式（4-3）代替相对工资。

$$\frac{L_{Mt}^*}{L_{Mt}} = \left(\frac{z'_t}{1-z'_t}\right)^{1+\frac{1}{\theta}}\left(\frac{T^*}{T}\right)^{\frac{1}{\theta}}\left(\frac{n}{1-n}\right) \tag{4-22}$$

这一条件清楚地表明，如果外包边际z不是内生的而是假定是固定的，那么两国外包部门的劳动力需求将完全互成比例。由于表达式中的所有其他项都是常量，每个国家的外包就业标准偏差是相同的，即 $\sigma(L_{Mt}^*) = \sigma(L_{Mt})$，要复制墨西哥外包高就业波动性的典型事实是不可能的。这一结果表明内生外包边际在解释波动性难题方面发挥了重要作用。最初考虑的冲击将是一种以偏好参数 ω_t 增加式的需求冲击，相比国外商品增加了本国和跨国商品的需求，这里令均值 ω_t 的偏差遵循独立同分布对数正态分布过程。假设外国家庭住户也有同样的偏好。

鉴于内生变化在外包边际中的重要作用，我们解决了 z' 对需求 ω_t 外生冲击的均衡响应。为解决该模型，首先从相对工资开始，这相当于总体经济中总劳动需求比率与其劳动供给比率。从国内总劳动需求出发，根据生产函数（4–10）和商品市场出清式（4–19）可得到国内商品部门的劳动力需求 L_{Ht}。

$$L_t = L_{Mt} + L_{Ht} = \left(\frac{C_{Mt} + C_{Mt}^*\left(\frac{1-n}{n}\right)}{W_t}\right)(1-z'_t) + a_H\left(C_{Ht} + C_{Ht}^*\left(\frac{1-n}{n}\right)\right) \quad (4-23)$$

根据需求条件式（4–15）和式（4–16），对国内商品进行价格设定以及跨国商品价格标准化，国外也是如此。

$$L_t = \omega_t(1-\alpha z'_t)P_t\left(\frac{C_t + C_t^*\left(\frac{1-n}{n}\right)}{W_t}\right) \quad (4-24)$$

$$L_t^* = L_{Mt}^* + L_{Ft}^* = (\alpha\omega_t z'_t + (1-\omega_t))P_t\left(\frac{C_t + C_t^*\left(\frac{1-n}{n}\right)}{W_t^*}\right)\left(\frac{n}{1-n}\right) \quad (4-25)$$

从条件（4–18）设定这些跨国劳动需求比率等于劳动供给比率。

$$\left(\frac{\frac{W_t^*}{P_t^*}C_t^{*-\phi}}{\frac{W_t}{P_t}C_t^{-\phi}}\right)^{\frac{1}{\mu}} = \frac{L_t^*}{L_t} = \left(\frac{W_t}{W_t^*}\right)\frac{\alpha\omega_t z'_t + (1-\omega_t)}{\omega_t(1-\alpha z'_t)}\left(\frac{n}{1-n}\right) \quad (4-26)$$

使用完全资产市场条件式（4–14），以及技术分布式（4–2）和外包边际条件式（4–3），这是 z'_t 作为偏好函数和技术参数的隐函数，如式（4–27）所示。

$$\zeta^{\frac{1}{\mu}}\left(\frac{T}{T^*}\right)^{\frac{1}{\theta}\left(1+\frac{1}{\mu}\right)}\left(\frac{1-n}{n}\right) = \left(\frac{z'_t}{1-z'_t}\right)^{\frac{1}{\theta}\left(1+\frac{1}{\mu}\right)}\left(\frac{\alpha\omega_t z'_t + (1-\omega_t)}{\omega_t(1-\alpha z'_t)}\right) = 0 \quad (4-27)$$

需求冲击的影响是通过以下形式进行传导：如果 ω_t 增加，那么国内和跨国商品（不包括外国商品）的消费支出份额上升，我们可以发现外包边际 z'_t 的比较静态效应如下所述。通过区分上面的隐函数，这里标记为 $F=0$，很容易证实 $(dz'_t)/(d\omega_t)=((-dF/d\omega_t)/(dF/dz'_t))>0$，需求 ω_t 增加导致外包边际增加。结合外包边际条件（4-3），这立即意味着相对国内工资的上升，即 W_t/W_t^*，式（4-26）意味着本国相对总就业上升，即 L_t/L_t^*。总之，偏向本国商品的需求冲击提高了国内劳动力相对需求，从而提高了本国相对工资。这导致企业将外包部门的众多商品都外包到国外。

回到式（4-22），外包边际的系统性变动对两国外包部门的相对就业波动性产生影响，对式（4-22）取自然对数并区分需求冲击 ω_t。

$$\frac{d\ln L_{Mt}^*}{d\omega_t} = \frac{d\ln L_{Mt}}{d\omega_t} + \left(1+\frac{1}{\theta}\right)\frac{1}{(1-z'_t)}\frac{d\ln z'_t}{d\omega_t} \quad (4-28)$$

可利用均值 $\bar{z}'$ 进行对数线性近似计算方差。

$$\text{var}(\ln L_{Mt}^*) = \text{var}(\ln L_{Mt}) + \left(1+\frac{1}{\theta}\right)^2\left(\frac{1}{1-\bar{z}'}\right)^2\text{var}(\ln z'_t) +$$
$$2\left(1+\frac{1}{\theta}\right)\left(\frac{1}{1-\bar{z}'}\right)\text{cov}(\ln L_{Mt}, \ln z'_t) \quad (4-29)$$

式（4-29）也可以写成：

$$\text{var}(\ln L_{Mt}^*) = \text{var}(\ln L_{Mt}) + 2\left(1+\frac{1}{\theta}\right)\left(\frac{1}{1-\bar{z}'}\right)\text{cov}(\ln L_{Mt}+\ln L_{Mt}^*, \ln z'_t) \quad (4-30)$$

因此，满足 $\text{var}(\ln L_{Mt}^*) > \text{var}(\ln L_{Mt})$ 的必要充分条件是：

$$\text{cov}(\ln L_{Mt}+\ln L_{Mt}^*, \ln z'_t) > 0 \quad (4-31)$$

根据以上过程，我们可以得到两个结论。首先，对于给定的外包比例，跨国商品的需求增加迫使这两个国家就业部门的就业水平同等百分比上升。其次，由于需求增加与外包商品 z'_t 份额增加相同，外国提高就业将进一步造成影响，对国内该部门的就业增长产生负向作用。在网上，国外外包就业增加数量超过国内，这意味着面临这样的国内需求冲击会造成更大的国外就业波动。事实上是 $\text{cov}(\ln L_{Mt}+\ln L_{Mt}^*, \ln z'_t) > 0$ 的吗？式（4-28）还表明，外包边际的均值水平 $\bar{z}'$ 越小，国外相对波动性越高。两国外包部门的相对规模也很重要，因为边际移动将一个行业从美国转移到墨西哥时，墨西哥的变化百分比要大于美国的变化。

三、理论模型小结

本章参考 Bergin 等（2011）的理论分析方法，在简单动态随机一般均衡模型中嵌入外包模型来考察美国和墨西哥加工厂就业波动性的差异。美国作为发包国,墨西哥作为承接外包的一方,墨西哥加工厂将经历比美国同行业高出两倍的就业波动水平。中国的对外贸易国情与墨西哥类似,同样作为组装加工的一方来承接发达国家的外包,不断进口与出口,因此,本章以墨西哥为例,理论证实中国参与全球贸易活动对就业波动性产生了一定的影响。

模型从外包部门的定价和产品种类,其他经济部门的生产性活动到家庭住户的消费,最后为市场出清与均衡等一系列完整过程。假设世界上只有两个国家,分别是国内(本国)和国外(外国)。各国选择国内生产还是外包主要取决于外包边际临界点 z'_t,每个国家都应集中生产具有较高比较优势的商品($z_t > z'_t$),而将比较优势较低的商品外包给他国($z_t < z'_t$),因此外包边际在解释就业波动性上起着非常重要的作用。z'_t 由两国的相对工资决定,如式(4-3)所示,通过构建李嘉图贸易模型推导出两国外包部门的相对单位劳动成本,继而计算得到本国和外国的总劳动需求方程。外包部门由跨国差异性产品组成,其他部门主要是同质贸易产品,可以计算出该部门完全竞争市场的生产函数。消费是基准模型中唯一的需求来源,本章以个人家庭为消费单位,由于受到预算约束的影响,家庭使用折扣因子 β 来最大化得到当前和未来瞬时效用的预期折扣总额,从而得到本国家庭对国内商品、国外商品和跨国商品的商品消费需求函数以及劳动供给函数。当满足市场出清要求时,商品的国内外消费可以对应替代国内外需求,劳动力市场均衡要求总劳动供给等于各部门劳动需求总和。企业在对外贸易中,将经历偏好参数 ω_t 增加式的需求冲击,导致国内商品和跨国商品(不包括外国商品)的消费支出份额上升,本书发现外包边际 z'_t 的比较静态效应:需求 ω_t 增加导致外包边际增加。这意味着国内相对工资 W_t/W_t^* 增加,继而导致本国相对总就业 L_t/L_t^* 上升,如式(4-26)所示,进一步引发企业将外包部门的众多商品都外包到国外。

第三节 计量模型构建

一、模型构建

本章主要研究国际生产分割与中国劳动力市场的就业波动性之间的关系,故参考 Kurz 和 Senses (2016) 建立以下基准模型：

$$Vol_{ijw} = \beta_0 + \beta_1 offshoring_{iw} + \beta_2 dum_{iw} + \beta_3 ExpInt_{iw} + \beta_4 ImpInt_{iw} + \phi X_{iw} + \theta Y_{jw} + \varepsilon_{ijw}$$
(4-32)

其中，i 代表企业，j 代表行业，w 则为时间窗口，本章选择的是 2000~2006 年的数据，因此 $w=7$。

为确保数据的说服力，本章首先严格定义出口企业、进口企业和混合企业，分别将进口（出口）企业定义为在既定时间窗口内只进口（出口）不出口（进口）企业，混合企业则是企业在既定时间窗口内有出口又有进口行为的企业。本章的研究对象为中国制造业企业的国际生产分割，同时涉及企业的进口和出口行为，故选取混合企业作为本章的研究样本，使用微观企业的外包率 (offshoring) 来衡量国际生产分割程度。其中，将外包率为零的非外包企业作为参照，进一步验证外包企业 (dum) 对就业波动性的影响。

史青和李平 (2014) 研究证实了出口强度会影响中国企业的就业效应，故本章将出口强度 (ExpInt) 纳入研究变量中。魏浩和李晓庆 (2018) 在研究进口投入品对中国企业就业变动的影响时，将进口强度作为测度企业进口投入品的程度大小，由于本章涉及进口企业的贸易行为，因此也将进口强度 (ImpInt) 纳入分析中。此外，参考 Kurz 和 Senses (2016) 提到的控制变量，故本章涉及的企业控制变量 X 包括企业的年龄 (age)、规模 (scale)、就业数 (emp)、工业产值 (lnoutput)、企业产品数 (product) 以及企业是否为多产品企业 (pro) 等。行业控制变量 Y 包括行业规模 (lnsize)、行业出口份额 (expshare) 以及进口渗透 (impshare)。

二、核心指标测度

本章对文献中关于就业增长率和就业波动性的不同测算方法进行了梳理，具体如表 4-3 所示。

最早有 Davis 等 (1996) 提出的测算就业增长率的方法，这种方法虽然考虑了出生人数和死亡人数，但是方法过于简单，无法真正体现就业增长率的变化。考虑到研究方法的准确度和时效性，本章最后借鉴 Kurz 和 Senese (2016) 提出的方法来计算就业增长率，如式 (4-33) 所示。

$$\gamma_{it} = \ln(E_{it}) - \ln(E_{it-1})$$
(4-33)

表4-3 就业波动性测算的不同方法

文献	就业增长率的计算	就业波动性的计算	变量说明
Davis 等（1996）	$\gamma'_{it} = \dfrac{E_{it} - E_{it-1}}{(E_{it} + E_{it-1})/2}$	—	就业数 E 企业 i 时间 t 就业增长率 γ'_{it}
Buch 和 Schlotter（2013）	—	$\sigma^2(\Delta n_{it}) = \sqrt{\dfrac{\sum_{k=0}^{4}(\Delta n_{i,t+k} - \overline{\Delta n_{t+k}})^2}{5}}$	州 i 时间 t 就业增长率 Δn_{it} 就业波动性 σ^2
Ozcan 等（2014）	$\dfrac{Y_{it} - Y_{it-1}}{Y_{it-1}} = \phi_i + \gamma_t + \nu_{it}$	$SD_t \equiv \lvert \nu_{it} \rvert$	产出 Y 企业 i 年份 t 残差 ν_{it}
Kurz 和 Senses（2016）	$\gamma_{ijt} = \ln(E_{it}) - \ln(E_{it-1})$ $= \phi_i + \mu_{jt} + \nu_{it}$	方法一——残差法（不随时间变化）： $\sigma_i^w = \mathrm{Vol}(\gamma_i) = \sqrt{\dfrac{1}{w-1}\sum \nu_{it}^2}$ 方法二（随时间变化）： $\sigma_{it}^w = \left[\dfrac{1}{w-1}\sum_{\tau=0}^{w}(\gamma_{i,t+\tau} - \overline{\gamma_{it}})^2\right]^{\frac{1}{2}}$	就业数 E，企业 i 时间 t 就业增长率 γ_{ijt} 企业的固定效应 ϕ_i 部门-年的固定效应 μ_{jt} 估计残差 ν_{it} 平均增长率 $\overline{\gamma_{it}}$ 就业波动性 σ_i^w 和 σ_{it}^w

其中，E 代表企业就业人数，企业 i 在时间 t 的就业增长率 γ_{it} 作为计算就业波动性的关键指标。

就业波动性的计算方法主要有以下几种。Buch 和 Schlotter（2013）以五年为时间窗口计算滚动标准差来衡量无条件的就业波动水平，也有其他文献利用就业增长率的回归估计残差来计算波动性（Vannoorenberghe，2012；Ozcan et al.，2014；Kurz and Senese，2016；魏浩、李晓庆，2018）。本章研究的是制造业企业国际生产分割对就业波动性的影响，就业波动随时间推移而发生改变，即同一家企业在不同年份中具有不同程度的就业波动水平，因此，若采用就业增长率的回归估计残差来计算整个样本期内的波动性可能会存在较大的误差，研究结论可能会有偏误。综上所述，为了提高研究结果的精度，本章参考 Kurz 和 Senese（2016）提到的以就业增长率的标准差来计算就业波动性。式（4-34）中 Vol 表示整个样本时间窗口 w 内企业 i 在时间 t 的就业波动性，$\bar{\gamma}_{it}$ 代表企业 i 在时间 t 的平均增长率。

$$Vol_{it}^{w} = \left[\frac{1}{w-1} \sum_{\tau=0}^{w} (\gamma_{i,t+\tau} - \bar{\gamma}_{it})^2 \right]^{\frac{1}{2}} \quad (4-34)$$

其他变量的测度如下：国际生产分割程度（外包率）的测算主要通过加工贸易①与进出口贸易额的比值来确定，利用企业出口交货值与工业销售额的比值来衡量出口强度，考虑到进口产品的特殊性，进口强度的测度方法为企业年进口金额与中间投入额的比值。

由于研究数据非平衡性，故企业控制变量都在每家企业存活年限中取均值。企业规模采用企业年营业收入进行衡量，产品数表示企业生产并进行贸易的总产品数量，其中贸易企业使用海关数据中产品编码前两位进行分类②。企业是否为多产品企业的衡量标准主要以产品类别数为一的单产品企业作为参照。行业控制变量中，行业规模主要采用行业的就业总数进行衡量，这里区别于企业控制变量取每家企业存活年限均值的计算方法，本章计算每个行业平均每年的就业数，即每个行业每年的就业数在七年的时间窗口内做平均。本章主要变量的定义与描述性统计如表4-4所示。

表4-4 各变量定义以及变量的描述性统计

变量	含义	数据形式	均值	标准差	最小值	最大值
offshoring	国际生产分割程度（外包率）	比值	0.527	0.416	0	1
dum	外包企业	—	0.842	0.365	0	1
ExpInt	出口强度	比值	0.575	0.364	0	1
ImpInt	进口强度	比值	0.329	0.283	0	1.000
age	企业年龄	对数	2.074	0.617	-0.693	6.909
emp	企业就业数	对数	6.344	1.332	2.079	11.75

① 加工贸易包括出口加工区进口设备、出料加工贸易、来料加工装配贸易、来料加工装配进口的设备和进料加工贸易。

② 产品编码中前2位代表类，前6位为品目，这里无须反映企业产品结构，故采用前2位即可。

续表

变量	含义	数据形式	均值	标准差	最小值	最大值
lnoutput	工业产值	对数	12.14	1.717	7.904	18.54
scale	企业规模	对数	12.16	1.717	8.457	18.66
pro	多产品企业	对数	0.995	0.0672	0	1
product	企业产品数	对数	2.813	0.727	0	4.094
lnsize	行业规模	对数	2.082	0.0953	0.615	2.193
expshare	行业出口份额	比值	0.393	0.168	0	0.671
impshare	行业进口渗透	比值	0.152	0.0810	3.08e−06	0.689

资料来源：中国工业企业数据库和海关数据库。

为客观反映数据，本章将需要用到的变量以 2000 年为基期进行调整来剔除价格因素的影响。其中，出口金额和出口交货值使用出口商品价格指数进行调整，进口金额使用进口商品价格指数调整，中间投入额采用工业生产者购进价格指数进行调整，营业收入采用居民消费价格指数进行调整，工业总产值采用工业生产者出厂价格指数进行调整。以上涉及的数据主要来源于中国统计年鉴和国家统计局。

三、数据说明

本章的研究数据主要来自于两套数据。第一套数据来源于中国工业企业数据库，由于该数据库存在样本匹配错误、指标缺失等众多问题（聂辉华等，2012），故本章参考 Brandt 等（2012）的序贯识别匹配法来识别同一家企业。第二套数据库来源于中国海关数据库。该数据库包括中国从事进出口贸易的所有企业样本，具有很好的研究价值。参考 Yu（2015）的匹配方法，本章将两套数据库进行匹配，删除异常值以及缺失值，并且借鉴 Ahn 等（2011）的做法，将企业名称中带有"工贸""经贸""物流""进出口""贸易"等字样的样本删除，因为这些企业与其他制造生产类企业不同，它们是作为中间商进行贸易的，其就业数量容易受到中间品贸易等其他因素的影响，进而可能会影响本章的研究结论。

考虑到数据的有效性和准确性，本章选取的微观数据时间范围为 2000~2006 年，因为 2006 年后的数据质量不高，尤其是 2010 年的中国工业企业数据库的数据质量较为严重，无法保证其真实性（陈林，2018）。为了提高数据的可靠性，本章根据 HS1996 和 HS2002 对照表，将数据中可能存在 HS1996 版本的产品代码转换成 HS2002 版本。

第四节 实证分析

一、基准回归

表 4-5 报告了使用跨度为 2000~2006 年企业至少存活两年的非平衡数据所得的基准估计结果。

表 4-5 基准回归结果

变量	(1)	(2)	(3)	(4)	(5)
offshoring	0.0124***	0.0108***	0.00932***	—	0.0139***
	(0.000149)	(0.000161)	(0.000166)		(0.000177)
dum	0.00934***	0.00865***	0.00764***	—	0.00343***
	(0.000162)	(0.000165)	(0.000166)		(0.000153)
age	—	-0.0130***	-0.0124***	-0.0123***	-0.0281***
		(8.88e-05)	(8.92e-05)	(8.89e-05)	(8.37e-05)
emp	—	-0.000985***	-0.00265***	0.000167**	-0.000643***
		(6.75e-05)	(7.35e-05)	(7.48e-05)	(7.13e-05)
lnoutput	—	0.0570***	0.0581***	0.0603***	0.00922***
		(0.000523)	(0.000523)	(0.000525)	(0.000487)
scale	—	-0.0531***	-0.0525***	-0.0568***	-0.00279***
		(0.000522)	(0.000522)	(0.000525)	(0.000486)
pro	—	0.0149***	0.0155***	0.0161***	0.0253***
		(0.000641)	(0.000639)	(0.000639)	(0.000579)
product	—	0.00292***	0.00237***	0.00249***	-0.00768***
		(8.57e-05)	(8.62e-05)	(9.10e-05)	(8.50e-05)
lnsize	—	—	-0.0268***	-0.0254***	-0.0218***
			(0.000662)	(0.000664)	(0.000621)
expshare	—	—	0.0309***	0.0442***	0.0365***
			(0.000384)	(0.000389)	(0.000361)

续表

变量	(1)	(2)	(3)	(4)	(5)
impshare	—	—	0.00458***	-0.00275***	0.00782***
			(0.000765)	(0.000758)	(0.000700)
ExpInt	—	—	—	-0.0132***	0.00295***
				(0.000170)	(0.000167)
ImpInt	—	—	—	0.0180***	-0.0256***
				(0.000211)	(0.000220)
Constant	0.138***	0.104***	0.138***	0.150***	0.159***
	(0.000118)	(0.000731)	(0.00149)	(0.00149)	(0.00139)
年份效应	No	No	No	No	Yes
Observations	12146610	12146610	12146610	12146573	12146573
R-squared	0.002	0.006	0.007	0.007	0.170

注：***、**和*分别表示在1%、5%和10%的水平上显著，括号内为系数稳健标准误。以下各表同。

从表4-5可以看出，对比非外包企业，外包企业将经历更高的就业波动性，国际生产分割（外包）导致中国劳动力市场的就业波动性更大。表4-5第三列是2SLS回归的结果，2SLS回归与OLS回归的结果差异不大，但总体上2SLS回归结果系数比OLS大，说明2SLS比OLS回归效果更好。具体来看，国际生产分割（外包）对就业波动性的影响效应为正，系数达到0.0825，说明外包企业将导致8.3%的高就业波动。进出口强度对就业波动性的影响方向相同，都会导致较高的就业波动水平。

从企业控制变量来看，企业规模越大、营业年限越长，就业人员数量越多，越能稳定就业波动水平，企业生产的产品数量和产品种类数对就业波动性的影响显著不同，这可以看出企业的产品种类数和生产的产品数量对就业市场的影响是有差异的。从行业控制变量来看，行业出口份额和进口渗透对就业波动性的影响与出口强度和进口强度的影响方向一致，对就业波动性的影响都为正值。

二、工具变量回归

（一）工具变量的选择

本章可能存在遗漏变量、测量误差等问题，若直接使用OLS方法估计国际生产分割与中国劳动力市场就业波动性之间的关系很有可能造成内生性问题，使得模型的研究结果出现不一致。因此，本章参考 Trefler（2004）、Amiti 和 Davis（2011）、Brandt 等（2017），采用国际生产分割程度（外包率）的滞后一期作为国际生产分割程度一阶差分的工具变量。这样选择的原因是我们认为滞后期的国际生产分割程度（外包率）不太可能会影响一阶差分后的国际生产分割程度（外包率），通过构造工具变量的方法进行 SLS 回归，即使用内生解释变量滞后一期 l_ offshoring 作为一阶差分 offshoring 的工具变量。

（二）工具变量回归

表 4-6 第（3）列显示了构建工具变量进行 SLS 回归的估计结果。

表 4-6 第一阶段回归以及工具变量回归结果

变量	（1） First d_ offshoring	（2） Second d_ sd	（3） SLS d_ sd
l_ offshoring	0.324 *** (0.00968)	—	—
d_ dum	0.0287 (0.0538)	0.0646 * (0.0343)	0.0646 * (0.0341)
d_ ExpInt	0.0704 *** (0.00344)	0.0370 *** (0.00215)	0.0370 *** (0.00217)
d_ ImpInt	0.232 *** (0.00809)	0.0344 *** (0.00425)	0.0344 *** (0.00433)
d_ age	-0.0420 * (0.0253)	-0.0101 (0.0206)	-0.0101 (0.0201)
d_ emp	0.0180 (0.0535)	-0.0309 (0.0494)	-0.0309 (0.0485)
d_ lnoutput	-0.00611 (0.0877)	0.0492 (0.0600)	0.0492 (0.0588)
d_ scale	0.0350 (0.0910)	-0.0213 (0.0583)	-0.0213 (0.0564)
d_ pro	0.0159 (0.0411)	-0.102 ** (0.0408)	-0.102 ** (0.0405)

续表

变量	(1) First d_offshoring	(2) Second d_sd	(3) SLS d_sd
d_product	-0.00999 (0.0357)	0.174*** (0.0399)	0.174*** (0.0402)
d_lnsize	-0.0130 (0.0220)	0.00389 (0.0104)	0.00389 (0.0106)
d_expshare	0.0450** (0.0209)	0.0380*** (0.0104)	0.0380*** (0.0105)
d_impshare	-0.0113 (0.0460)	0.0535** (0.0262)	0.0535** (0.0264)
年份效应	Yes	Yes	Yes
off_hat	—	0.0825*** (0.0105)	—
d_offshoring	—	—	0.0825*** (0.0107)
Constant	-0 (6.75e-10)	-0 (5.52e-10)	-0
Observations	74063	74063	74063
R-squared	0.127	0.059	0.050

(三) 内生性检验

工具变量要求与内生解释变量相关,但又不能与被解释变量的扰动项相关,即需要满足与内生变量具有相关性以及严格外生性的假定。

本章进行工具变量内生性检验,即解释变量是内生的还是外生的,要求工具变量与扰动项不相关。本章先采用豪斯曼检验(Hausman Test),得到 P 值为 0。此外,本章考虑到回归可能存在异方差的问题,故进一步进行杜宾—吴—豪斯曼(D-W-H)检验,得到 P 值显著为 0,两者的结果说明了原回归方程中的确存在由于内生性问题导致的估计偏误。

本章找的工具变量确实与内生解释变量存在相关性,但是如果只是微弱的相关性,那么可能存在弱 IV 问题了,因此要求工具变量与内生解释变量具有高度相关性。第一阶段回归,即构建内生解释变量关于工具变量和外生变量的 OLS 回归,并且得到所有回归结果的拟合值,用新得到的拟合值取代原先的内生变量,与原来的外生变量进行第二阶段回归,这是两阶段最小二乘法的原理推导。表4-6第(1)列为第一阶段回归结果,其中 off_ hat 表示国际生产分割程度(外包率)的拟合值。回归结果发现,2SLS 回归与第二阶段回归的回归系数完全相同,但是标准误并不完全相同。第一阶段回归中报告了 F 值(见表4-7),经验结果表明 F 值大于10才说明所选择的工具变量不是弱 IV。研究结果得到 F 值显著大于10,说明本章选择的工具变量不是弱 IV,差分滞后一期 l_ offshoring 是国际生产分割程度(外包率)offshoring 的强工具变量。

表4-7 第一阶段回归汇总统计

变量	R - sq.	Adjusted R - sq.	Partial R - sq.	F (1, 74043)	Prob > F
d_ offshoring	0.1266	0.1264	0.0588	4626.02	0.0000

三、机制分析

上述部分在控制了企业和行业水平各种异质性来源后考察企业国际生产分割与就业波动性之间的关系。本章接下来将重点放在贸易企业的伙伴国相关特征上,深入研究企业国际生产分割对就业波动性造成差异的根源。本章分别从出口目的国和进口来源国的国家数和产品数、贸易持续时间、贸易伙伴国的收入水平以及贸易伙伴国的具体特征等方面进行差异化分析。

(一)国家数和产品数

本章从企业贸易伙伴国的国家数和产品数、贸易持续时间等方面分析中国制造业企业国际生产分割对就业波动性产生差异的原因,回归结果如表4-8所示。

表4-8 国家数和产品数的回归估计

变量	(1)
Imp_ year	-0.0220***
	(0.000160)
Exp_ year	-0.0175***
	(0.000155)

续表

变量	(1)
Number of products	-0.00779***
Imported	(0.000107)
Exported	0.00335***
	(8.15e-05)
Number of countries	0.00459***
Imported from	(9.68e-05)
Exported to	-0.00420***
	(6.83e-05)
企业控制变量	Yes
行业控制变量	Yes
年份效应	Yes
Constant	0.333***
	(0.00133)
Observations	12163796
R-squared	0.171

表4-8的结果表明，从贸易持续时间来看，企业在国际生产分割的过程中，持续年份越长，越能稳定就业波动。这个很好理解，无论企业进口还是出口，如果能够持续保持外包，而不是间断性贸易或者突然进入或退出市场，企业会不断产生稳定的贸易伙伴国，那么对员工的就业波动也会大大减少。研究还发现，进口产品数对就业波动影响为负，企业出口目的国的数量越多，能够较好地分担企业面临的贸易风险，因此能够稳定就业波动水平。

(二) 国家收入

企业在进出口贸易活动中，贸易伙伴国不同的收入水平可能会影响国内就业波动性。根据世界银行国家分类法，① 将世界各国按照人均收入划分为四种类别，分别是低收入（L）、中低收入（LM）、中高收入（HM）以及高收入（H）。为简便统计数据，本章将贸易伙伴国的收入水平分为三类，分别为低收入（L）、中收入（M）和高收入（H），其中，将中低收入水平以及中高收入水平都计入

---

① 参见http://www.worldbank.org/。

中收入。

需要注意的是，国家收入的划分标准每年都在发生变化，如低收入国家的标准在 2000 年是低于 755，到了 2001 年为低于 745，到了 2002 年为低于 735，可是到了 2003 年就变成低于 765 了，到了 2006 年变成低于 905 了，其变化十分不均衡。同一个国家在每年的收入划分类别中是存在差异的，因此，本章统一划分标准来进行研究，做以下处理：剔除目标年份 2000～2006 年之外的数据，以 2006 年为划分标准确定国家的收入类别，这样得到了每个国家所对应的收入等级类别。

在计算过程中，本章根据企业进出口情况将国家分为进口来源国和出口目的国，其中，进口来源国根据收入法划分为低收入、中收入和高收入国家；同理，出口目的国也分为低收入、中收入和高收入国家。因此，本章在研究不同国家收入水平对就业波动性的影响时分为了两种情况：针对进口来源国，通过计算企业每年的进口金额与年中间投入额的比值得到低收入、中收入和高收入通过三种类别的进口强度；针对出口目的国家来说，则通过计算年出口交货值与营业收入的比值来确定低收入、中收入和高收入三种类别的出口强度。

表 4-9 为在不同进出口强度下的低中高收入国家对就业波动性的影响。

表 4-9　不同收入国家的回归估计

变量	(1)
Export intensity	
Low_income_country	-0.0230**
	(0.00682)
Middle_income_country	-0.0181**
	(0.00729)
High_income_country	-0.00673
	(0.00774)
Import intensity	
Low_income_country	-0.0140
	(0.0140)
Middle_income_country	-0.00318
	(0.00972)

续表

变量	(1)
High_income_country	0.00797
	(0.0148)
企业控制变量	Yes
行业控制变量	Yes
年份效应	Yes
Constant	0.148**
	(0.0501)
Observations	12155477
R-squared	0.007

研究结果发现，贸易伙伴国的收入水平确实对我国企业的就业波动产生了显著影响。出口到中低收入国家的企业将经历较低水平的就业波动，而出口到高收入国家的就业波动性不显著。究其原因，中国出口到中低收入国家的产品主要是劳动密集型的低附加值产品，属于价值链低端，因此对我国就业波动的影响较小。

（三）国家特征

除了贸易伙伴国数和产品数量、贸易持续时间和国家收入水平之外，本章进一步研究具体国家特征对国内就业波动性的影响。首先，本章探讨贸易伙伴国的经济发展程度是否对国内就业波动产生影响，通过使用贸易伙伴国产出的实际国内生产总值（GDP）来衡量经济发展程度。其次，各个国家离中国的远近程度也可能对就业市场产生波动，因此收集各个国家与中国的距离（distance）。最后，本章的研究对象是微观企业的就业波动性，考虑到贸易伙伴国的就业人数会影响国内劳动力市场的就业波动性，故选取贸易伙伴国参加就业的人数（employment）。

需要注意的是，每家企业每年可能存在多个贸易伙伴国，为了使研究结果更具准确性和说服力，本部分同样先需要进行加权计算，操作步骤如下：第一，本章计算出每家企业在每一年里的贸易金额。第二，根据每家企业在每一年里对应的不同国家，得到企业在不同贸易国家下的年度金额。第三，计算每家企业每年对应的不同国家的金额与企业年贸易金额的比值，得到企业每年每个国家的权重，从而有力地体现出不同国家的占比。第四，权重分别乘以对应的变量 distance、GDP 和 employment。为了使研究结果更清楚明了，本章根据企业的进出口贸易行为将贸易伙伴国分为进口和出口伙伴国，即进口来源国和出口目的国。回归结果如表 4-10 所示。

表 4-10 不同国家特征的回归估计

变量	(1)
Export partner	
distance	0.226***
	(0.0479)
GDP	-0.0299*
	(0.0137)
employment	0.133*
	(0.0671)
Import partner	
distance	0.367*
	(0.159)
GDP	-0.0597***
	(0.0141)
employment	0.0303**
	(0.0107)
企业控制变量	Yes
行业控制变量	Yes
年份效应	Yes
Constant	0.138**
	(0.0524)
Observations	12116899
R-squared	0.008

研究结果发现，企业在参与国际生产分割的过程中，贸易伙伴国和中国的距离远近会显著影响国内劳动力市场的就业波动性。不管是进口来源国的距离还是出口目的地国家的距离，离中国的距离越远，就业波动性就越大。中国与贸易伙伴国相距越远，将会导致更长的时间滞后以及更高的交易费用，如运输成本，导致企业将面临更大的贸易不确定风险，不利于国内就业市场的稳定。贸易伙伴国

的GDP水平也会对中国就业市场产生影响，GDP水平越高的国家表明贸易伙伴国经济状态稳定良好，因此传导至国内会稳定就业波动。此外，贸易伙伴国的就业数也会影响我国就业波动，国外就业人数增加将不利于我国就业市场的稳定。

四、异质性分析

本章划样本继续考察中国制造业企业国际生产分割与劳动力市场就业波动性之间的关系，分别从企业所有制类型和企业所在地区等多维度进行异质性分析。

（一）按企业所有制类型划分

本章根据中国工业企业数据对企业的所有制类型进行划分，并不是直接采用海关数据中现有的企业性质指标，因为海关数据中企业性质变量存在较多的缺失值，可能会对研究结果造成影响。企业所有制类型的识别方法主要借鉴聂辉华等（2012）提到的以实收资本的比例来定义，因为实收资本能够更好地表示企业当时真实的控股类型，及时有效地反映出企业的所有制类型。

中国工业企业数据分别报告了企业六种成分的实收资本数额，分别是国家、集体、法人、私营、港澳台和外商，而且还提供了总的实收资本数值。因此，本章分别将企业每种成分的实收资本数额与总实收资本求比值，然后比较判断六种企业所有制类型的数值大小，其中比例最大的数值就是我们需要的企业真正的所有制类型。表4-11显示了利用中国工业企业数据处理后的六种不同所有制企业的比例。

表4-11 不同所有制企业的数量和占比

企业类型	观察值个数	比例（%）
私营	1487890	12.23
国有	369147	3.03
集体	238190	1.96
港澳台	2945142	24.21
外商	5424631	44.60
法人	1698796	13.97
总计	12163796	100.00

从表4-11可以发现，在整个企业类型分布中，外商企业的比例是最大的，占比44.60%，接着是港澳台企业和法人企业。国有企业和集体企业的数量较少，

分别占了3.03%和1.96%，显然，集体企业在当时的环境下发展较为落后。

表4-12为企业不同所有制的回归结果，从整体看，不同所有制企业的国际生产分割程度（外包率）对就业波动性的影响都为正值，这一研究结论与基准回归的结论一致，表明国际生产分割确实造成劳动力市场的高就业波动性。对比不同所有制企业类型，研究还可以得到，国有企业的国际生产分割程度（外包率）对就业波动性的影响最小，系数为3.26%，港澳台企业参与国际生产分割将经历12.1%的高就业波动性。这一结果显示，国有企业外包确实比外资企业具有稳定的就业波动，因为国有企业比外资企业具有较完善的薪酬福利制度，对就业者的保障程度更加明显，因此能够减少就业风险，降低就业波动水平。

表4-12　企业不同所有制的回归结果

变量	外商 d_sd	集体 d_sd	国有 d_sd	个人 d_sd	港澳台 d_sd	法人 d_sd
d_offshoring	0.0690***	0.0547	0.0326	0.0823***	0.121***	0.0792***
	(0.0175)	(0.0487)	(0.0329)	(0.0223)	(0.0224)	(0.0225)
d_ExpInt	0.0365***	0.0433***	0.0175	0.0449***	0.0335***	0.0525***
	(0.00294)	(0.0110)	(0.0152)	(0.00403)	(0.00380)	(0.00470)
d_ImpInt	0.0486***	0.00724	0.0855***	0.0431***	0.0327***	0.0350***
	(0.00542)	(0.0296)	(0.0166)	(0.0134)	(0.00755)	(0.0104)
企业控制变量	Yes	Yes	Yes	Yes	Yes	Yes
行业控制变量	Yes	Yes	Yes	Yes	Yes	Yes
年份效应	Yes	Yes	Yes	Yes	Yes	Yes
Observations	19961	1952	2753	14487	14734	11370
R-squared	0.035	0.017	0.021	0.024	0.016	0.033

（二）按企业所在地区划分

目前存在许多划分中国区域的方法，因不同学者研究内容、研究对象和研究方法的差异，与本章就区域划分存在明显区别，并没有统一的标准，不便于深入分析地区差异。

为科学反映我国不同区域的社会经济发展状况，本章参考国务院发展研究中心提出的新区域划分法。《中国（大陆）区域社会经济发展特征分析》提出将中国(大陆)区域划分为四块地区,分别为东部地区、中部地区、西部地区以及东北地区。其中,东部包括:北京、天津、河北、上海、江苏、浙江、福建、山东、广东和海南。中部包括:山西、安徽、江西、河南、湖北和湖南。西部包括:内蒙古、广西、重庆、四川、贵州、云南、西藏、陕西、甘肃、青海、宁夏和新疆。东北包括:辽宁、吉林和黑龙江。具体划分如表4-13所示。

表4-13 不同地区的详细省份划分①

	东部地区	中部地区	西部地区	东北地区
4个直辖市和代码	11 北京 12 天津 31 上海	—	50 重庆	—
5个自治区和代码	—	—	15 内蒙古 45 广西 54 西藏 64 宁夏 65 新疆	—
22个省和代码	13 河北 32 江苏 33 浙江 35 福建 37 山东 44 广东 46 海南	14 山西 34 安徽 36 江西 41 河南 42 湖北 43 湖南	51 四川 52 贵州 53 云南 61 陕西 62 甘肃 63 青海	21 辽宁 22 吉林 23 黑龙江

表4-14是根据表4-13进行的具体划分,表明了本章样本数据中四大地区的比例情况。根据中国工业企业数据中企业所在地省份两位数代码,将企业分别归入四块地区,分别考察不同区域下企业国际生产分割对就业波动性的影响(见表4-15)。

---

① 需要注意的是,表4-13只是把研究数据中提到的省份、自治区和直辖市代码进行转化,不包括中国所有省份,如台湾省也是中国其中一个省份,但是表格中没有包括进去。

表4-14 中国四大地区的占比情况

地区	观察值个数	比例（%）
东北地区	495586	4.07
东部地区	11244348	92.44
中部地区	218697	1.80
西部地区	205165	1.69
总计	12163796	100.00

表4-15 不同地区的回归结果情况

变量	东部 d_ sd	东北 d_ sd	中部 d_ sd	西部 d_ sd
d_ offshoring	0.0858*** (0.00869)	0.00960 (0.0481)	-0.0185 (0.0595)	0.143** (0.0567)
d_ ExpInt	0.0375*** (0.00168)	0.0247*** (0.00779)	0.0275** (0.0118)	0.0666*** (0.0131)
d_ ImpInt	0.0347*** (0.00344)	0.0420** (0.0202)	0.0722*** (0.0276)	0.0112 (0.0167)
企业控制变量	Yes	Yes	Yes	Yes
行业控制表变量	Yes	Yes	Yes	Yes
年份效应	Yes	Yes	Yes	Yes
Observations	65663	3246	2626	2528
R-squared	0.018	0.054	0.023	0.019

研究结果显示，除了东北地区和中部地区的结果不显著之外，西部地区的国际生产分割比东部地区具有较高的就业波动性。这可能与地区的经济发展程度相关。东部沿海地区城市经济发展程度高，国际外包水平更加开放，因此对就业波动性影响更小。西部地区经济欠发达，进出口贸易量较少，企业承接外包的数量也少，再加上就业人数不稳定，因此就业波动性较大。

五、稳健性检验

为了确认本章研究结论的稳健性，将从以下方面进行稳健性检验。

（1）从数据入手，本章保留2000~2006年连续存活七年的企业合并数据。

为了提高数据精确度,采用以下方法:先把中国工业企业数据中连续存活七年的企业找出来,在与海关数据合并之后再次保留连续存活七年的企业观察值。本章通过调整样本范围得到回归结果,检验结果依然稳健。

(2)从就业波动性不同的计算方法出发,本章用了以下测算方法进行稳健性检验,参考 Davis 等(1996)提出的就业增长率测算方法,虽然这种方法比较传统,但是却不失为测算就业增长率的另一种选择,其他变量保持不变,最终可以发现检验结果依然稳健显著。

第五节 本章小结

本章首次从中国制造业企业出发,并参考 Kurz 和 Senses(2016)就业增长率和随时间推移而变化的就业波动性的测算方法,利用匹配成功的 2000~2006 年中国工企和海关数据的微观企业数,实证研究中国制造业企业国际生产分割与劳动力市场就业波动性之间的关系,同时构建工具变量进行 2SLS 回归以解决内生性问题。本章得到的研究结果主要有以下几点。

本章利用外包率衡量企业国际生产分割程度,研究发现:

第一,国际生产分割会导致中国劳动力市场更高的就业波动性。进出口强度对就业波动性的影响方向相同,两者都会导致较高的就业波动性。企业规模越大、经营时间越长,越能稳定就业波动,企业就业人员增加也在一定程度上有效降低就业波动。多产品企业和企业生产的产品数量对就业波动性的影响存在差异,行业出口份额和进口渗透对就业波动性的影响与出口强度和进口强度的影响方向一致,对就业波动性的影响都为正值。

第二,企业在国际生产分割(外包)的过程中,企业存活持续年份越长,越能稳定就业波动,企业进口产品数对就业波动影响为负,企业出口目的国的数量越多,能够较好地分担企业面临的贸易风险,因此能够稳定就业波动水平。贸易伙伴国的收入水平确实对我国企业的就业波动产生了显著影响。出口到中低收入国家的企业将经历较低的就业波动水平,而出口到高收入国家的就业波动性不显著。究其原因,中国出口到中低收入国家的产品主要是劳动密集型的低附加值产品,属于价值链低端,因此对我国就业波动的影响较小。研究结果发现,企业在参与国际生产分割（外包）的过程中，贸易伙伴国和中国的距离远近会显著影响国内劳动力市场的就业波动性。不管是进口来源国的距离还是出口目的地国家的距离，离中国的距离越远，就业波动性就越大。中国与贸易伙伴国相距越远，将会导致越长的时间滞后以及越高的交易费用，如运输成本，导致企业将面临更大的贸易不确定风险，不利于国内就业市场的稳定。贸易伙伴国的GDP水平也会对中国就业市场产生影响，GDP水平高的国家贸易伙伴国经济状态稳定良好，因此传导至国内会稳定就业波动。此外，贸易伙伴国的就业数也会影响我国就业波动，国外就业人数增加将不利于我国就业市场的稳定。

第三，本章分样本继续考察企业国际生产分割（外包）与就业波动之间的关系，分别从企业所有制类型和企业所在地区等角度进行分析。对比不同所有制企业类型，研究发现国有企业的国际生产分割程度（外包率）对就业波动性的影响达到最小，系数为3.26%，港澳台企业参与国际生产分割（外包）将经历12.1%高就业波动性，国有企业的国际生产分割（外包）比外资企业经历较低的就业波动水平。从中国四大地区的角度出发，除了东北地区和中部地区的研究结论不显著之外，西部地区的国际生产分割（外包）比东部地区具有较高的就业波动性。

第五章 国际生产分割、出口目的地与企业工资差距

第一节 引言

一、研究背景

1964年加拿大传播学家M.麦克卢汉在他的《理解媒介：人的延伸》一书中首次提出"地球村"的概念，用来形容科学技术的发展拉近人与人之间的时空距离，本章认为该"地球村"词语十分贴切地形容了目前全球化大背景下各国经济互相交融的状态。

经济全球化带来的国际生产分工细化，使得每个国家根据自身比较优势，专注于产品生产的部分环节，在这个过程中，发展中国家通过进口投入品，并组装成为最终制成品，其出口目标市场集中于发达国家。研究发现为了吸引发达国家消费者，发展中国家生产率高的企业出口较高质量产品，同时支付较高的工资以维持高技能的劳动力供应，而生产率低的企业则只能供应本国市场并支付较低的工资，从而扩大了企业间的工资差距。下面将结合国际生产分割的第二个特征：企业出口目的地集中于发达国家，来探讨其对出口企业工资的影响。

（一）出口目的地选择范围

改革开放以来，我国积极与世界各国建立贸易往来关系。海关公开数据统计，截至目前，我国已经与全球231个国家和地区有着经济贸易往来。而在1978

年改革开放初期,中国仅与不到 50 个国家或地区有着经济贸易往来①。除此之外,近几年中国与"一带一路"沿线国家的贸易合作潜力正在持续释放,已经成为拉动中国外贸发展的新动力。以 2018 年为例,中国对俄罗斯、沙特阿拉伯和希腊进出口分别增长 24%、23.2% 和 33%——远高于同期中国对外贸易的总体增速。2018 年是我国改革开放 40 周年,也是中国加入世贸组织的第 17 年,在 40 年的伟大征程中,中国的对外货物贸易额出现了巨大的增长。据海关总署统计,2018 年中国进出口总值高达 4.62 万亿美元,再创历史新高。其中进口额首次突破 2 万亿美元,出口额接近 2.5 万亿美元。以人民币计算,2018 年中国外贸进出口总值为 30.51 万亿元人民币,比 2017 年(下同)增长 9.7%。其中出口总值 16.42 万亿元,增长 7.1%;进口总值 14.09 万亿元,增长 12.9%②。

(二)就业现状

国务院《2019 年政府工作报告》提出,当前和今后一个时期,我国就业压力总量不减,结构性矛盾凸显,新的影响因素还在增加,必须把就业摆在更加突出的位置。③ 就业结构性矛盾指的是人力资源供给与岗位需求之间的不匹配,"就业难"与"招工难"并存。"就业难"指的是部分高校毕业生、多数大龄低技能劳动者与企业的岗位需求不匹配。"招工难"指的是技能劳动者的需求比例一直在 1.5 倍以上,高技能的需求比率甚至达到 2 倍以上。据统计,2018 年全国参加高考人数达 975 万,创 2010 年以来新高;2018 年全国普通高校毕业生达 820 万人,创历史新高,较 2001 年增长了 706 万人,较 2010 年增长了 160 万人。④ 我国制造业、建筑业等才是用工的大头,企业的普工和技能人才招用面临短缺状况,技术技能型人才短缺,大龄低技能劳动者就业面临挑战,这些都是结构性矛盾的具体体现。招工难与就业难并存,我国就业主要矛盾不再是人多岗少的问题,而是劳动力供给与岗位需求不匹配的结构性问题。我国需要大量技术型人才,与当前的劳动力市场存在断层。

(三)工资现状

在衡量居民收入差距时,国际通用的指标是基尼系数。基尼系数介于 0~1,如果基尼系数为 0,说明居民之间的收入分配为绝对平均,即人与人之间收入完

---

① 参见 https://c.m.163.com/news/a/E5ILD2NS0524PNO3.html?spss=newsappandspsw=1。
② 参见 https://www.guancha.cn/economy/2019_01_14_486781_s.shtml。
③ 参见 http://www.xinhuanet.com/politics/2019lh/2019-03/05/c_1124194454.htm。
④ 参见 https://www.qianzhan.com/analyst/detail/220/180704-90fde278.html。

全平等；如果基尼系数为1，则说明居民之间的收入分配为绝对不公平，100%的收入被一个单位的人完全占有了。基尼系数越小，表示收入分配越平均，而基尼系数越大，收入分配越不平均。国际上通常把0.4作为贫富差距的警戒线，倘若基尼系数大于这一数值，便有出现社会问题的潜在风险。Wind 数据显示，我国居民收入的基尼系数自2000年首次超过警戒线0.4以来，总体呈现出先攀升后稳定的态势。2003~2017年基尼系数从未低于0.46，而最近三年更是逐年增大，由2015年的0.462升至2017年的0.467。具体如图5-1所示。

图 5-1　2000~2017 年基尼系数

资料来源：Wind 数据库。

党中央、国务院高度重视工资收入分配工作，出台一系列深化收入分配改革政策，使人民群众实实在在共享经济发展成果。但仍然面临一系列亟待解决的问题和矛盾，主要包括：工资分配格局的一些不合理状况没有根本改变，劳动报酬占初次分配的比重依然偏低；工资决定和正常增长机制不健全，体现劳动力市场主体双方意愿的集体协商机制还没有在企业工资决定和增长过程中发挥基础性作用；工资分配秩序不规范的问题仍然存在；工资收入分配宏观调控手段不完备。2018年我国工资收入分配改革继续向深水区挺进，缩小收入分配差距仍是重中之重，只有缩小收入差距才能不断提高中等收入群体规模，对我国从中等收入水平国家跨越到高收入水平国家至关重要。2018年我国将在着眼于实现城乡居民收入增长与经济增长基本同步的基础上，继续开展城乡居民增收和专项激励计划试点，增加基层干部、科教人员、技能人才等群体收入，进一步缩小收入差距。[①] 没有经济的增长，分配就没有可靠的物质基础，没有合理的分配，增长也

---

① 参见 http://www.xinhuanet.com/2018-01/17/c_1122269006.htm。

会缺乏持久动力和稳定的社会环境。唯有不断提高居民收入水平，扩大内需和居民消费，我国经济才能真正获得长期可持续发展的基础。

二、研究意义与目的

（一）研究意义

1. 现实意义

国务院发布的《2019年政府工作报告》① 首次将就业优先政策置于宏观政策层面，强调要强化各方面重视就业、支持就业的导向。作为世界贸易大国，我国一直以来都十分重视出口贸易的健康发展，相比于非出口行业，出口行业具备更大的竞争优势，吸引了大量的就业。因此出口贸易不仅关乎我国总体就业规模，还深刻地影响着我国就业的结构和质量。本章着眼于出口目的地对出口企业工资的影响，深入探讨了出口目的地收入水平如何通过质量评估机制和质量供给机制对我国劳动力就业和工资产生影响，为我国政府采用贸易政策工具调整就业提供了政策参考。

2018年是我国全面建成小康社会的关键节点，到2020年我国将实现全面建成小康社会的奋斗目标。近五年来，我国居民人均收入保持了较快的增长，但和发达国家和中等偏上的收入水平相比仍有较大的差距，且地区、行业之间工资差距问题日益凸显。根据斯托尔帕—萨缪尔森定理，出口贸易会影响实际工资水平。本章细致地讨论了出口目的地收入水平差异对企业工资收入的影响，为我国合理调控收入差距，推进全面建成小康社会具有现实意义。

习近平总书记在党的十九大报告中提出我国应该推动形成全面开放新格局。国务院《2019年政府工作报告》中也明确提出要促进外贸稳中提质，推动出口市场多元化。本章将出口目的地市场与出口效益联系起来研究，认为出口目的地选择对我国出口产品的质量具有重要影响，通过质量评估机制和质量供给机制影响到就业结构、工资结构和贸易整体效益，从而服务于国家促进出口结构调整升级，实行高水平的贸易自由化和投资便利化的战略。②

2. 理论意义

出口目的地选择正在成为现代贸易理论研究的一个重要因素。出口目的地选择理论认为进口国的不同特征影响了出口国生产者的出口选择，不同特征表现在

---

①② 参见 http://www.xinhuanet.com/politics/2019lh/2019-03/05/c_1124194454.htm。

出口目的地收入水平、产品质量要求、出口国的距离远近、运输成本等方面,其中最突出的研究重点就是出口目的地收入水平对出口企业的影响。本章用中国微观企业层面的数据丰富了出口目的地收入对企业工资影响方面的研究,证实了出口目的地收入越高确实会对出口企业工人工资产生促进作用,经济处于高速发展中的低收入出口目的地对出口企业工资的提升具有更加明显的促进作用;同时,本章分别从供给和需求两个角度探讨出口企业产品质量的决定机制,分析为什么出口目的地收入水平越高,企业工人工资也会更高。具体而言,产品质量评估机制(产品需求方)解释了出口目的地收入水平越高,对产品质量要求越高,愿意为其支付更高的价格。产品质量供给机制(产品供给方)解释出口企业为了出口更高质量的产品,需要雇用更多的技术工人,并支付更高的薪水。

总体而言,本章从理论和实证上分析了出口到高收入出口目的地的企业确实支付更高的工资,并且从理论和实证方面证实了存在的两种机制——质量评估机制和质量提供机制,出口目的地收入水平越高的国家通过这两种机制促使出口企业支付更高的工资。

(二)研究目的

本章的主要目的是分析出口目的地收入水平差异对企业的平均工资水平存在怎样的影响,进而分析出口目的地收入水平差异与企业的平均工资水平差异之间的影响机制,为我国劳动力市场长期存在就业结构性矛盾和工资收入差距出谋划策。

通过分析出口目的地收入水平对企业工资水平的影响,为我国在深化贸易合作伙伴关系的合作对象、出口企业在选择出口目的地等方面提供参考意见,本章可以为我国在建设重点贸易伙伴关系方面提供参考性意见。另外,从出口企业角度来看,在经济发展程度各异的出口目的地选择过程中,缺乏客观标准,本章的研究可为出口企业在选择出口目的地市场的过程中提供指导性意见。出口企业可以依据本章的研究结果,结合企业实际情况,选择对企业有利的出口目的地市场,或者可以根据出口目的地市场的特征来调整自己的产品结构。具体而言,一方面,质量评估机制表明,高收入国家要求更高的质量,因为消费者重视质量并且有更高的支付意愿。另一方面,质量供给机制表明,高质量的生产需要更高技能的劳动力,这些劳动力更昂贵,工资也就会越高。出口企业根据自己选择的出口目的地来制定相应的出口方案,有的放矢地确定出口的产品质量,雇佣技术工人比例来开展生产。

三、研究方法、思路与框架

(一) 研究方法

本章采取理论与实证相结合的分析方法,证实了出口目的地的收入水平越高确实会促进出口企业平均工资水平的提升;同时,通过产品质量评估机制和产品质量供给机制分析来研究出口目的地收入水平差异对中国出口企业就业结构、工资高低的影响。

在理论分析方面,本章参考 Brambilla 等 (2016) 的理论模型,研究出口目的地收入如何通过影响产品质量对工资产生影响,建立起工资、产品质量、出口目的地收入水平理论上的联系。通过质量评估和质量供给机制实现将高收入出口目的地、质量和工资联系起来。一方面,质量评估机制表明,高收入国家要求更高的质量,因为消费者重视质量并且有更高的支付意愿。另一方面,质量供给机制表明,高质量的生产需要更高质量的投入,特别是更高技能的劳动力,这些劳动力更昂贵,特别是要求更高的工资。

在实证分析方面,本章参考 Brambilla 等 (2016) 的计量模型,构建了出口目的地收入水平和出口企业工资的计量模型,利用双边汇率作为工具变量解决核心解释变量的内生性问题,研究出口目的地收入水平与出口企业工资的因果关系。构建出口目的地收入水平与出口产品质量的计量模型,证实产品质量评估机制的存在,说明收入水平越高,产品单价越高。构建产品质量和技术工人、工资的计量模型,证明产品质量供给机制的存在,产品质量越高,技术工人使用越密集,工人的工资也会更高。

(二) 研究思路

本章首先通过文献梳理分析出口目的地的收入水平和出口企业的工资水平之间存在的因果关系,在确定出口目的地收入水平越高导致出口企业的工资水平会更高的基础上,探索产品质量机制是如何对其产生作用的。具体而言,主要探讨了两个机制:第一,产品质量评估机制表明出口目的地收入水平更高对产品质量的要求更高,这是由于消费者重视产品质量并愿意为之支付更高的价格。第二,产品质量的供给机制表明高质量的生产需要高质量的投入,特别是高技能的劳动力投入需求,高技能的劳动力需求的使用成本高昂,所以需要支付其更高的工资。具体如图 5-2 所示。

具体来说,各国在评价质量方面存在差异,富裕的、较发达的国家对优质产

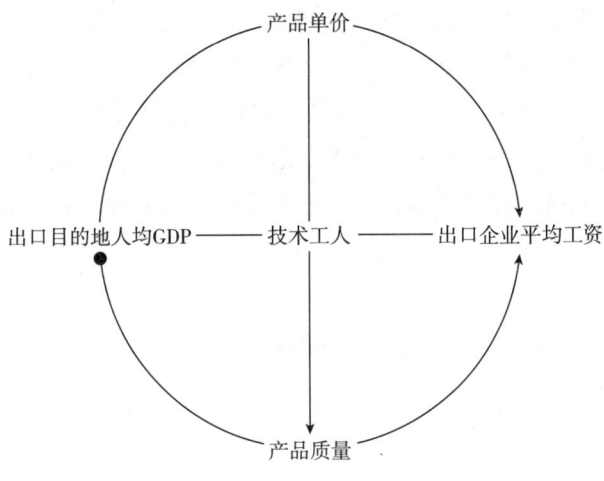

图 5-2 研究思路

品的要求高于贫穷的、欠发达国家。这创造了对优质产品的需求，特别是在高收入出口目的地。出口企业如果想要进入这些高收入出口目的地市场就需要满足高收入出口目的地的产品质量需求，从而就需要进行质量升级。那些愿意这样做的出口商需要改变生产过程，并在熟练劳动力投入方面变得更加密集，这就产生了对技术工人的需求，这些技能要求就转化为原产国的平均工资较高。通过产品质量评估机制和产品质量供给机制实现将出口目的地收入水平、技术工人和工资联系起来。

(三) 研究框架

第一节是引言，阐述本章研究的背景、意义、目的、方法、思路、框架、创新点以及不足之处。

第二节为文献回顾，这部分依据出口目的地选择，出口目的地收入水平高低对企业工人工资的影响，出口目的地收入水平对产品质量的影响，出口目的地收入对技术工人的影响，层层递进概括前人的研究成果，并对文献综述进行相关评述，引出本章要探讨的方向。

第三节和第四节将简述出口目的地收入水平、产品质量、工资的理论模型、计量模型的构建方法、数据处理过程以及对实证中需要用到的变量进行定义和解释，最后对变量进行一个描述性统计，可以帮助读者直观地了解本章中将会出现的变量等。这一部分构建了出口目的地收入水平如何通过产品质量来影响企业工资的理论模型和实证模型。

第五节将简述实证分析过程和结果。首先通过基准分析 OLS、OLS-FE 对出口目的地收入水平与出口企业工资水平进行回归。接下来进行拓展分析：将出口目的地划分为高收入、低收入国家进行回归;将贸易方式划分为一般贸易和加工贸易进行回归分析;将地区划分为东部地区、中部地区、东北地区、西部地区进行回归分析。其次运用 IV 对基准回归的结果进行稳健性检验。最后对出口目的地收入水平如何通过产品质量对企业工资水平产生效用的机制进行分析。

第六节为研究结论和政策建议,根据实证分析结果对国家、企业提出针对性意见。具体技术路线如图 5-3 所示。

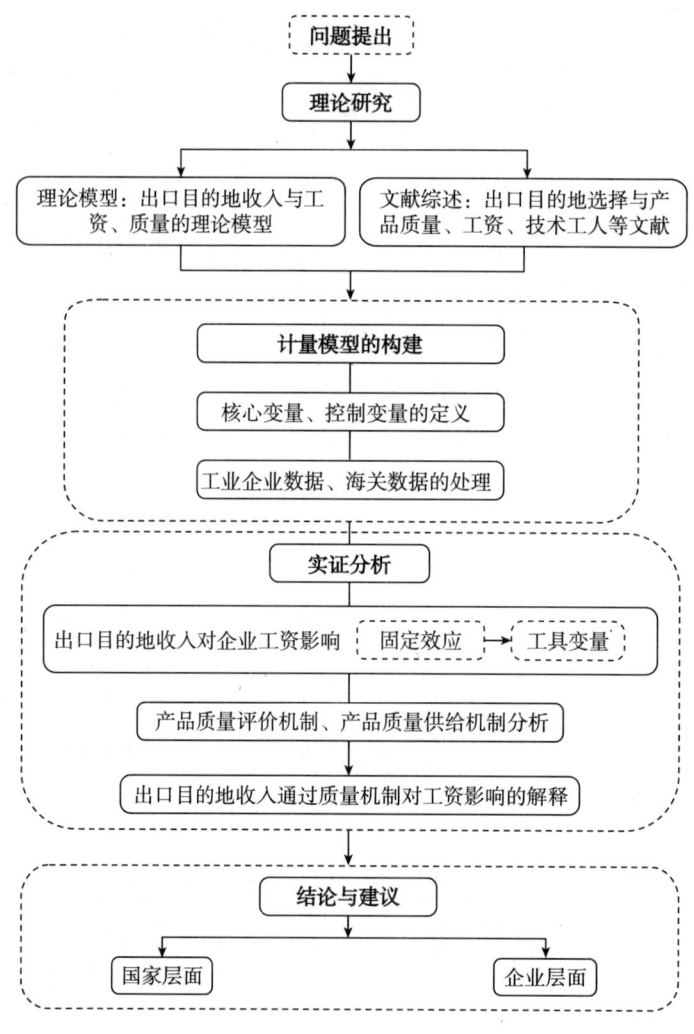

图 5-3 技术路线

四、创新点与不足之处

(一) 创新点

第一,本章通过扩大样本,将2000~2013年工业企业数据库和海关数据库进行匹配,将样本量扩大到上千万家企业,补充和加强现有文献对出口目的地收入水平对出口国工资的实证研究。使用双边汇率作为工具变量解决核心变量的内生性问题,用工具变量确定出口目的地收入水平与出口企业工资之间的因果关系。

第二,本章研究发现低收入出口目的地收入水平的增长比高收入出口目的地收入水平的增长更能促进出口企业工资水平的提升,启示我国应该与那些处在经济高速发展中的低收入水平国家加大经济合作,来解决国内工资差距的问题。也为当前我国"一带一路"倡议建设提供理论依据。

第三,机制分析。本章将2004年工业企业数据和海关数据进行匹配后再来分析出口目的地收入水平差异给本国出口企业工资收益带来的影响,探索产品质量评估机制和产品质量供给机制在其中的作用。具体而言,产品质量评估机制(产品需求方)解释了出口目的地收入水平越高,对产品质量要求越高,愿意为其支付更高的价格。产品质量供给机制(产品供给方)解释了出口企业为了出口更高质量的产品,需要雇用更多的技术工人,并支付更高的工资。

(二) 不足之处

在研究出口目的地收入水平和出口企业工资水平之间的联系时,可以使用2000~2013年的工业企业数据库。但是本章研究产品质量机制需要用到技术工人指标详细分类的数据,而这一部分数据只存在于国家统计局的经济普查数据中。经济普查每五年统计一次,第一次经济普查开展于2004年,之后逢3、8年份开展一次经济普查,理论上存在2004年、2008年、2013年的经济普查数据,但是现实情况是国家统计局微观数据实验室开放对象暂定为"双一流"建设高校及中国社会科学院、中国科学院、中国工程院等科研机构,国家统计局微观数据实验室开放对象为中央部委及其下属科研机构。① 目前数据开放对象仅限于特定机构,本书研究的课题负责人所在单位不是双一流学校,没有申请资格。本章只能采用2004年的经济普查数据来进行机制分析。② 鉴于工业企业数据与海关数

---

① 参见 http://microdata.stats.gov.cn/。
② 2004年的工业企业数据事实上是基于2004年经济普查数据筛选汇总获得。

据匹配后的样本包括了数十万家企业,因此机制分析的研究结果仍具有一定普遍性。

第二节 国际生产分割、出口目的地与企业工资的理论分析

——基于 Brambilla 等(2016)模型

在这一部分将对出口目的地收入水平、产品质量、技术工人、工资水平构建理论模型,并在理论模型的基础上构建出口目的地收入水平和工资的计量模型、产品质量机制的计量模型——产品质量评估机制和产品质量供给机制的计量模型。还对变量进行定义和对数据进行处理,为下一步的实证做好基础准备工作。

一、出口目的地、产品质量、工资的理论模型

关于该理论模型本章借鉴的是 Brambilla 等(2016)的理论框架,通过出口国产品供给和目的国产品需求两方面结合推导出口目的地收入水平和产品质量、工资水平、技术工人的数学逻辑关系。首先从理论上分析了收入水平差异的出口目的地对于企业工资水平提升的促进作用,并分析了影响的两个渠道:第一,由于高收入国家收入的边际效用更低从而相对偏好于更高质量的产品,于是对高收入国家出口的企业需要多雇用熟练劳动力来生产高质量的产品;第二,出口过程中所需要的销售调研、运输配送等"必要服务"是高技能劳动密集型的,高收入国家由于地理位置、语言文化等与中国差异较大,从而企业对高收入国家的出口需要更高水平的"必要服务",相应地对高技能劳动的相对需求就会增加,工资也会相应增加。

本章认为出口目的地市场的收入水平与企业支付的平均工资水平之间存在联系。其中潜在的运行机制是高收入出口目的地国家要求高质量的产品,那么企业就需要密集的熟练劳动力供应来满足生产高质量产品的要求,支付的企业平均工资也就水涨船高。在本节中列出了出口目的地、质量和工资的部分均衡模型。

二、建立利润函数模型

Brambilla 等(2016)假设出口企业都是异质性企业,不同的企业生产的产

品在质量 θ_j 和价格 p_j 都具有差异性,在收入和其他成本价格不变的条件下,垄断竞争背景下企业的产品需求函数为 $x_j(p_j, \theta_j)$,单位产品成本函数为 $C_j(x_j, \theta_j)$,单位产品成本取决于产品的需求量和质量。假设存在着独立于单位产品成本函数的质量成本 $\widetilde{F}_j(\theta)$ 和固定生产成本或者说是进入市场的成本 F_j。企业最大化利润函数如式 (5-1) 所示。

$$\pi_j = p_j\chi(p_j, \theta_j) - C_j(\chi_j, \theta_j) - \widetilde{F}_j(\theta) - F_j \tag{5-1}$$

三、出口目的地偏好函数模型

Brambilla 等(2016)对这个总体框架施加了一些限制。首先,需求函数可以采用 Logit 函数或 CES 函数(Bastos et al., 2014; Feenstra and Romalis, 2012; Hallak, 2006; Kugler and Verhoogen, 2012)。就本章的目的而言,两个需求函数都能够提供相同的结果,在下文函数模型的构建中采用 Logit 模型。出口目的地国家 d 个人 h 对企业产品 j 的效用函数取对数如式(5-2)所示。

$$U_{hj}^d = \alpha(y^d)\theta_j^d - p_j^d + \varepsilon_{hj}^d \tag{5-2}$$

其中,y^d 是出口目的地国家的收入水平,ε_{hj}^d 是随机偏误,$\alpha(y^d)$ 是出口目的地国家的质量评估参数,且 $\alpha'(y^d) > 0$。因为在高收入国家,消费者收入边际效用更低,为质量支付更高价格的意愿更高。多项 Logit 总需求函数如式(5-3)所示。

$$\chi_j^d(p_j^d, \theta_j^d) = \frac{M^d}{W^d}\exp[\alpha(y^d)\theta_j^d - p_j^d] \tag{5-3}$$

其中,M^d 代表出口目的地国家 d 的消费者数量或者说是市场规模,W^d 是衡量该市场所有可用的产品特点总量的一个指标,比如说:$W^d = \sum_{d \in Z^d}\exp(\alpha^d\theta_z^d - p_z^d)$,其中 Z^d 是出口目的地国 d 市场上所有可用产品的集合。

四、技术条件下函数模型

第二个约束条件是企业采用边际成本不变的生产技术。因此本章可以使用依赖于质量的边际成本函数 $c_j(\theta_j)$,其中 $c'_j(\theta_j) > 0$ 和 $c''_j(\theta_j) > 0$。在出口国,公司 j 在垄断竞争下生产差异化产品。每家公司都可以将其产品运送到多个目的地。在这一点上为了简化分析,本章假设没有固定的生产质量成本,即 $\widetilde{F}_j(\theta) = 0$。然而运输到出口目的地市场的固定成本是所有公司和所有目的地共同的 $F(\theta) \geq 0$。在 Verhoogen(2008)中,进一步假设公司为不同的质量运行单独的生产线,并且它们可以分别在每个目的地市场选择价格 P_j 和质量 θ_j。生产的可分性以及不变的边际成本意味着进入市场的质量选择和价格的决策在各个市场之间并不相互关联。因此,本章可以将企业 j 在出口目的地 d 获得的利润函数写为式 (5-4)。

$$\pi_j^d = [p_j^d - c_j(\theta_j^d)] \times \chi(p_j^d, \theta_j^d) - F \tag{5-4}$$

利用利润最大化一阶条件,得到函数关系式 (5-5)、式 (5-6)。

$$P_j^d = 1 + c_j(\theta_j^d) \tag{5-5}$$

$$\alpha(y^d) = \frac{c'_j(\theta_j^d)}{p_j^d - c_j(\theta_j^d)} \tag{5-6}$$

首先假设公司的边际成本不变,其次给定市场中的最佳质量,将质量提供的边际成本等同于质量评估 α。由式 (5-5) 可知 $P_j^d - c_j(\theta_j^d) = 1$,等式 (5-6) 两边同时求导得到 $\alpha'(y^d)dy^d = c''_j(\theta_j^d)d\theta_j^d$,等式 (5-5) 两边同时求导得到 $dp_j^d = c'_j(\theta_j^d)d\theta_j^d$。

$$\frac{d\theta_j^d}{dy^d} = \frac{\alpha'(y^d)}{c''_j(\theta_j^d)} > 0 \tag{5-7}$$

$$\left(\frac{dp_j^d}{dy^d}\right) = \frac{\alpha'(y^d)c'_j(\theta_j)}{c''_j(\theta_j)} \tag{5-8}$$

为了更好地构建方程,本章对质量成本函数定义为 $C_j(\theta_j)$。虽然存在一些直接将成本函数参数化,比如说在 Johnson (2012)、Crino 和 Epifani (2012) 以及 Hallak 和 Sivadasan (2013) 中,就假设成本函数为 $C(\theta) = k\theta^\beta$。Hummels 和 Klenow (2005) 则将成本函数假设为 $C(\theta) = ke^{\frac{\theta}{\beta}}$。本章根据 Verhoogen (2008)、Bastos 等 (2014)、Brambilla 等 (2012)、Feenstra 和 Romalis (2012) 以及 Kugler 和 Verhoogen (2012) 提供的微观基础,构建质量成本函数。基本思想是高质量产品的生产需要更高质量的投入(包括劳动力和中间投入),那么购买中间投入品的购买成本更高。由于本章对工资与技术劳动力利用感兴趣,本章将依据这个想法建模如下。

生产 1 个单位的产品需要投入 $\frac{1}{\lambda}$ 个劳动力,假设工人的能力和技能是异质的,用英文字母 S 表示,例如能力较强的工人产出更高,生产的产品质量也就会更高。为了刻画质量的生产,有效地结合"能力"因素 (Kugler and Verhoogen, 2012; Hallak and Sivadasan, 2013),本章假设产品质量与技术工人的函数关系如式 (5-9) 所示。

$$\theta_j = \lambda_j (S_j)^{\sigma^S} \tag{5-9}$$

其中参数 λ 和 δ 均为正值,决定了质量生产中技能劳动力所体现出来的作用。式(5-9)在质量 θ 和技能利用水平 S 之间呈现的是正相关关系。

为了吸引具有更高技术的工人以生产更高质量的产品,企业将会适用一个具有向上倾斜工资函数 Verhoogen(2008),本章假设最简单的工资函数如式(5-10)所示。

$$S_j = (w_j^S)^{\xi^S} \tag{5-10}$$

其中,w_j^s 是针对不同的 S_j 提供的工资并且 $\xi^s>0$,$\xi>0$ 决定了技能与工资之间的正相关关系。式(5-10)是效率工资模型或利润分享模型的简化形式。式(5-9)和式(5-10)建立了质量提供机制:高质量的生产需要技能和技术工人,并且需要支付更高的工资。对于公司,生产一单位质量为 θ_j 的成本就是雇用一个生产技术为 S_j 的工人所支付的工资 w_j^s,像 Verhoogen(2008)中提到的一样,本章假设企业对不同质量的产品有着独立的生产线,生产上的独立使得企业可以针对每个市场选择进入或退出,选择生产质量,确定不同价格。使用式(5-9)和式(5-10),生成单位产品的边际成本为式(5-11)。

$$C_j(\theta_j) = \frac{1}{l}\left(\frac{\theta_j}{\lambda_j}\right)^{\frac{1}{\xi\sigma}} \tag{5-11}$$

在 $C'>0$ 和 $C''>0$ 的条件下,如果 $\xi^s \sigma^s < 1$,也就是说如果质量不会随着技能的提高而过快提高,那么技能也不会因工资提高而过快上升。式(5-11)类似于 Crino 和 Epifani(2012)、Hallak 和 Sivadasan(2013)以及 Johnson(2012)所假设的成本函数。公司原则上可以在生产率和能力 λ 方面有所不同。为了简化分析,本章假设企业仅在生产率 λ 中是异质的。根据式(5-9)、式(5-10)和式(5-11),企业在选择生产率 λ 的条件下运往出口目的地市场 d 的产品质量为式(5-12)、价格为式(5-13)、技术工人利用率为式(5-14)、工资为式(5-15)。

$$\theta_j^d = \theta(\lambda_j, y^d) = \lambda_j (l\lambda_j \alpha(y^d)\xi^S \sigma^S)^{\frac{\xi^S \sigma^S}{1-\xi^S \sigma^S}} \tag{5-12}$$

$$P_j^d = p(\lambda_j, y^d) = 1 + \frac{1}{l}(\xi\sigma\lambda_j l\alpha(y^d))^{\frac{1}{1-\xi\sigma}} \tag{5-13}$$

$$S_j^d = S(\lambda_j, y^d) = (\xi\sigma\lambda_j \alpha(y^d))^{\frac{\xi}{1-\xi\sigma}} \tag{5-14}$$

$$w_j^d = w(\lambda_j, y^d) = (\xi\sigma\lambda_j \alpha(y^d))^{\frac{1}{1-\xi\sigma}} \tag{5-15}$$

这就确立了质量评估机制:高收入国家更重视产品质量,这促使企业以更高的价格提供更高质量的产品。确立了质量供给机制：质量成本高昂，企业必须支付更高的工资才能吸引高技能工人。该机制代表了公司面临目的地市场不同收入水平的决策。可以用公司出口产品价格和出口目的地的收入水平数据进行分析，用实证来检验式（5-12）至式（5-15）的有效性。例如 Manova 和 Zhang（2012）、Bastos 和 Silva（2010）以及 Görg 等（2016）表明，同一家公司收取的出口价格在目的地国的收入水平不同的国家会有所差异，出口到高收入出口目的地的单位产品价格上有所增加。

因为高收入出口目的地国家对进口产品质量有着更高的偏好，出口国企业为了满足出口目的地国家的质量偏好就需要雇用高水平的技术人才来满足生产高质量出口产品的要求，由于高水平的技术人才的培养成本更高，在劳动力市场中处于稀缺资源，高水平的技术人才工资就会更高。现阶段有许多文献都涉及解释为什么出口企业会选择雇用更多的工人并且愿意支付更高的工资。

Verhoogen（2008）提出质量升级机制来解释更有效率的企业会生产更高质量的产品并且愿意为之支付更高的工资来维持高质量的工人。Matsuyama（2007）提出出口要求专业技术劳动，出口技术改善导致的全球化使得工资升高。因此出口企业更多雇用技术劳动力并且支付更高的工资，由于出口企业出口高质量的产品到高收入目的地国家（Hallak, 2006），所获得的利润更大（Amiti and Davis, 2011），能支付技术工人更高的工资（Egger and Kreickemeier, 2009, 2010, 2012）。

各国在评价质量方面存在差异，富裕的、较发达的国家对优质产品的评价高于贫穷的、欠发达国家。这创造了对优质产品的需求，特别是在高收入目的地。进入这些市场以满足这一需求需要进行质量升级。那些愿意这样做的出口商需要改变生产过程，并在熟练劳动力的利用方面更加密集。这就产生了对技能劳动力的需求，这些技能劳动力的投入就转化为原产国的平均工资较高。

第三节 计量模型的构建

在理论模型的基础上，本章构建实证所需要的计量模型。首先建立出口目的地收入水平和出口企业工资之间的计量模型，其次建立产品质量评估和产品质量供给这两种机制的计量模型。

一、出口目的地收入水平与工资计量模型

为了分析出口目的地选择与企业工资水平之间的基本关系，本章参考 Brambilla 等（2016）构建的计量模型，从微观企业的角度出发，建立企业工资与出口目的地收入水平的计量模型如式（5-16）所示。

$$\ln wage_{ijdt} = \gamma^1 g_{ijdt} + \gamma^1 X'_{ijdt} + \phi_j^1 + \phi_d^1 + \phi_t^1 + \varepsilon_{ijdt} \quad (5-16)$$

其中，解释变量 $\ln wage_{ijdt}$ 表示企业人均年收入，下标 i，j，d，t 表示企业 i，行业 j，省份 d，年份 t，$\ln wage_{ijdt}$ 就表示行业 j 省份 d 年份 t 的企业 i 人均年收入，取自然对数。g_{ijdt} 表示出口目的地的加权人均 GDP，为核心解释变量，取自然对数。X'_{ijdt} 表示企业层面的控制变量，包括工业产出额、出口额、全要素生产率、进口中间投入要素比等。ϕ_j^1 表示行业固定效应，ϕ_d^1 表示省份固定效应，ϕ_t^1 表示年份固定效应。

二、产品质量机制计量模型构建

（一）产品质量评估机制

为了分析产品质量评估机制，验证出口目的收入水平更高，进口产品质量也会更高，本章以出口产品单价代替产品质量，参考 Brambilla 等（2016），从微观企业的角度出发设定出口目的地收入水平与出口产品质量如式（5-17）所示。

$$\ln uv_{ijd} = \gamma^2 g_{ijd} + \gamma^2 X'_{ijd} + \phi_j^2 + \phi_d^2 + \varepsilon_{ijd} \quad (5-17)$$

被解释变量 $\ln uv_{ijd}$ 表示企业出口产品单价，用来表示产品质量，下标 i，j，d 表示企业 i，行业 j，省份 d，$\ln uv_{ijd}$ 就表示行业 j 省份 d 的企业 i 的出口产品单价，取自然对数。g_{ijd} 表示出口目的地的加权人均 GDP，为核心解释变量，取自然对数。X'_{ijd} 表示企业层面的控制变量，包括工业产出额、出口额、全要素生产率、进口中间投入要素等。ϕ_j^2 表示行业固定效应，ϕ_d^2 表示省份固定效应。因为数据受限，本章只能采取 2004 年的数据对机制进行分析，所以年份固定效应就无须考虑。

（二）产品质量供给机制

为了验证质量供给机制的存在，分析出口产品质量与企业雇用的技术工人比例之间的关系，出口产品质量与企业支付的平均工资水平之间的关系，本章参考 Brambilla 等（2016），设定出口产品质量与其两者之间的计量模型。

$$\ln uv_{ijd} = \gamma^3 S_{ijd} + \gamma^3 X'_{ijd} + \phi_j^3 + \phi_d^3 + \varepsilon_{ijd} \qquad (5-18)$$

$$\ln wage_{ijd} = \gamma^4 \ln uv_{ijd} + \gamma^4 X'_{ijd} + \phi_j^4 + \phi_d^4 + \varepsilon_{ijd} \qquad (5-19)$$

式（5-18）中，解释变量 S_{ijd} 表示企业出口雇佣技术工人占总就业人数的比重，下标 i，j，d 表示企业 i，行业 j，省份 d。$\ln uv_{ijd}$ 表示出口企业的产品单价，取自然对数。X'_{ijd} 表示企业层面的控制变量，包括工业产出额、工业出口额、全要素生产率、进口中间投入要素等。ϕ_j^3 表示行业固定效应，ϕ_d^3 表示省份固定效应，因为数据受限，本章只能采取 2004 年的数据对机制进行分析，所以年份固定效应就无须考虑。式（5-19）中，被解释变量 $\ln wage_{ijd}$ 就表示行业 j 省份 d 的企业 i 人均年收入，取自然对数，其他变量、控制变量定义与式（5-18）一致。

三、变量测度

（一）核心解释变量

1. 出口目的地收入水平

出口目的地收入水平的测量，参考的是 Brambilla 等（2016）的方法，本章分析的出发点是出口目的地的人均 GDP 与工资水平、就业水平之间的相关性。使用工业企业数据库、海关进出口的数据，本章将企业 i 出口金额加总得到企业总的出口额，将企业 i 出口到目的地 d 的金额加总得到企业与各个出口目的地的金额，两者相除就得到出口份额 share-export 指标。为了构建一个接触高收入目的地的收入指标，本章计算出口目的地市场的平均收入时采取目的地国家的人均国内生产总值 GDP 作为衡量指标，并且定义我国企业出口到出口的目的地 d 的份额为 Share-export，本章将出口目的地的平均收入定义为式（5-20）

$$g_{ijd} = \ln\left(\sum Share\_export_{ijd} \times GDP_{PC}\right) \qquad (5-20)$$

其中，g_{ijd} 代表出口目的地的平均收入加权，取对数，$Share\_export_{ijd}$ 代表的是企业 i 出口到目的地 d 的出口额占据出口总额的比重。GDP_{PC} 代表出口目的地的人均 GDP。

2. 产品质量

产品质量的衡量标准，本章选取的是海关数据库中提供的产品单价指标，用来出口产品单价核算，海关数据库中主要指标是以美元为计价单位，需要依据当年的出口汇率对其进行计价单位的统一，统一换算成人民币，加权取对数，得到 $\ln uv_{ijd}$。

$$\ln uv_{ijd} = \ln\left(\sum Share\_export_{ijd} \times uv_{ijd}\right) \qquad (5-21)$$

（二）控制变量

1. 企业出口额

为企业出口到出口目的地的总贸易额，代表企业的出口决策行为，数据来源于海关数据，通过将同一家企业在一年的出口加总得到一年的出口额，本章取其对数，得到 ln*export*。

2. 工业总产出

工业总产出指工业企业（单位）在一定时期内工业生产活动的总成果，是以货币表现在工业最终产品和提供工业劳务活动的总价值量。在这里本章将企业一年内的工业总产出作为外生变量，数据来源于工业企业数据库，取对数，得到变量 ln*output*。

3. 全要素生产率

参考鲁晓东和连玉君（2012）以及 Liao（2015）中对上市公司 TFP 的计算方法，Y 代表工业增加值而非总产出，之所以这样做主要出于以下考虑：增加值并不包含中间投入，主要反映了企业的最终生产能力，因此在概念上更为贴合，K 和 L 分别为企业固定资产和从业人员规模，得到 TFP。

$$TFP = \ln Y - \beta_1 \ln K - \beta_2 \ln L \quad (5-22)$$

4. 进口中间投入要素

参考余淼杰和李乐融（2016）的处理办法，联合国"经济大类分类标准"（Broad Economic Catalogue，BEC）按照产品的生产过程或使用用途将商品分为三大类，即消费品、资本品和中间产品。参照海关协调编码（HS），中间产品包括的 HS 编码范围为 111、121、21、22、31、32、42 和 53 这 8 个类别的产品。这种方法较为科学，但同时存在着一些不足，譬如一些可以细分为中间产品和消费品的产品都归类于中间产品，容易造成中间产品总量的高估。由于 BEC 方法应用简便和相对科学，目前采用 BEC 方法测度中间产品贸易状况越来越广泛，Im_input 代表进口中间投入要素占据中间投入要素的比重。

四、相关数据说明

本章的数据来源于工业企业数据库与海关数据库，将两套数据匹配后再进行实证分析，利用工业企业数据库了解我国微观企业的就业和工资状况，利用海关数据库来了解我国微观企业出口状况，其中就包括出口目的地指标。将这些数据与出口目的地人均 GDP 进行匹配，再建立一个企业出口目的地平均收入的衡量标准。对于每个企业的出口目的地国家,本章依据企业出口到该出口目的地的出口额占总出口额的比重计算出口目的地的人均GDP的出口份额加权平均值。然后,本章研究了各个出口目的地的人均加权GDP平均值是否与该公司支付的平均工资显著相关。为了解决出口份额权重中的内生性问题,本章使用双边汇率作为工具变量来估计企业层面的双边贸易额权重(Brambilla et al., 2012; Park et al., 2010)。该工具变量使本章能够处理出口的目的地的平均收入权重的内生性问题,定义为使用预测(而不是观察到的)出口份额权重计算的目的地平均收入(Frankel and Romer, 1999; Feyrer, 2019; Irwin and Terviö, 2002)。

(一)数据处理

1. 工业企业数据库

该数据库样本量大、指标多,很适合进行经济研究,但是工业企业数据库存在样本错配、指标缺失、指标异常、样本选择和测度误差等诸多问题,所以在进行实证分析前本章首先要对数据进行初步的处理工作和匹配工作。处理过程借鉴了聂辉华等(2012)介绍的方法。

第一步,剔除了关键指标(例如,工资数、职工人数、工业总产值、固定资产净值和增加值)缺失的观测值;

第二步,剔除了不满足"规模以上"标准的观测值,即固定资产净值低于1000万元,或者销售额低于1000万元,或者职工人数少于8人的观测值;

第三步,剔除了一些明显不符合会计原则的观测值,包括总资产小于流动资产,总资产小于固定资产净值,或者累计折旧小于当期折旧的观测值;

第四步,剔除了关键指标的极端值(前后各0.5%);

第五步,根据会计准则计算,弥补缺失的工业增加值指标;

第六步,剔除公司名重复的观测值,为和海关数据匹配做准备。

2. 海关数据库

海关数据是产品层面的,该套数据记录了各个月度通关企业的每一笔产品层面(HS8位码)的交易信息。由于数据量很大且有很多不相关的指标,本章在进行实证之前需要先对数据进行处理。

第一步,根据进口或出口指标将海关数据分为进口企业和出口企业。因为本章需要讨论的是出口企业的情况,这时需要注意的是,一家企业可能同时存在着进口和出口的情况。

第二步,将出口企业数据和从世界银行数据库中获得的人均GDP、双边汇率、收入等级通过国家名称进行匹配，在进行匹配之前本章先对世界银行提供的数据中的国家名称进行修改，因为与海关数据中出现的国家名称有出入，比如说有出现国家名字缩写的情况和国家更名的情况。

第三步，将进口企业数据和联合国 BEC 数据库中进口中间产品要素代码匹配，进口中间投入要素的区分根据联合国经济及社会理事会统计司的"经济大类分类标准"（Broad Economic Catalogue，BEC）按照产品的生产过程或使用用途将商品分为三大类，即消费品、资本品和中间产品。参照海关协调编码（HS），中间产品包括的 HS 编码范围为 111、121、21、22、31、32、42 和 53 这几个类别的产品。得到进口中间投入要素的指标，这种方法较为科学，但同时存在着一些不足，譬如一些可以细分为中间产品和消费品的产品都归类于中间产品，容易造成中间产品总量的高估。由于 BEC 方法应用简便和相对科学，目前采用 BEC 方法测度中间产品贸易状况越来越广泛（余淼杰和李乐融，2016）。

第四步，根据海关数据中企业编码指标把得到的进口中间投入数据和出口企业数据进行匹配，得到出口企业进口中间投入要素的指标。

第五步，统一指标名称为进行和工业企业数据库的匹配做好准备工作。

（二）数据匹配

为了研究出口目的地收入与出口企业工资之间的关系，我们需要将工业企业数据和海关数据库进行匹配。尽管这两套数据信息丰富，可以进行丰富全面的经济研究，但是将两套数据匹配到一起却并非易事。两套数据虽然都包括了企业编码，但是两套数据企业编制系统却完全不同，没有任何共同特征。为克服这个难题，本章采用 Yu 和 Tian（2012）介绍的方法，采用两种方式合并这两套数据。

首先使用第一个匹配字段，本章根据企业名称匹配，也就是说，如果两个企业在同一年在工业企业数据和海关数据两套中都有相同的名字，那么这两个企业应该是同一个企业；其次使用第二个匹配字段，本章通过企业的邮政编码和电话号码后七位进行匹配[①]，企业在每套数据中都可能有名称或电话或邮编的缺失。为了保证本章的匹配可以尽可能包括更多的企业，本章同时使用这两种匹配字段，只要企业可以通过任何一种方法成功匹配，本章就将它纳入合并数据中。

工业企业数据与海关数据各自包含的数据信息不同，本章将工业企业数据与

---

① 在工业企业数据库中电话是包括分机号，但是在海关数据中却没有，因此本章采用了电话后七位作为企业认证的近似。

海关数据进行匹配后,重新梳理本章在实证分析中将会使用的数据,如表 5-1 所示。实证前本章也需要对变量进行特征分析,由于变量过多,在此不再赘述,本章选取主要的变量进行分析。lnexport 代表的是企业出口到目的地国家的出口总额,lnoutput 代表的是企业的工业总产出值,Im_input 代表的是企业进口中间投入要素占总投入要素的比重,tfp 代表的是全要素生产率,lnwage 代表的是企业工人的平均年收入的对数形式,是本章的被解释变量,g 代表的是通过出口份额加权过后的出口目的地的人均收入水平,S 代表技术劳动力占就业总人数的比重,province 代表省份代码,cic 代表行业代码。主要的变量及其相关的描述性统计如表 5-2 所示。

表 5-1 数据结构

企业基本信息	企业就业信息	企业财务信息	企业进出口信息	出口目的地信息
法人代码 企业名称 电话 邮编 行业代码	就业人数 高级技师 技师 高级工 中级工	营业收入 资产总计 出口交货值 应付工资总额 中间投入 工业增加值	出口目的地 税号编码 金额 数量 价格 进口中间投入	收入水平 国家代码 人均 GDP 出口汇率

表 5-2 主要变量的描述性统计

变量名称	含义	类型	均值	标准差	最小值	最大值
lnwage	工资	对数	2.835791	0.6275014	-4.326157	10.32502
g	GDP	对数	4.568934	3.482608	-17.38571	13.0773
lnexport	出口额	对数	10.56191	1.749383	-5.084303	18.5909
lnoutput	总产出	对数	11.46136	1.619703	0	19.51266
Im_input	进口投入要素	比值	0.2893879	10.65663	0	1
tfp	全要素生产率	数值	-2.67E-10	1.117246	-12.21945	8.08465
lnuv	产品单价	对数	3.988985	2.080358	0.0000222	19.18355
S	技术劳动力	比值	0.0577075	0.1375245	0	1

2000~2013 年观测值统计如表 5-3 所示。

表 5-3　2000~2013 年观测值统计

统计年份	频率	百分比	累计百分比
2000	843396	4.31	4.31
2001	1114191	5.69	10
2002	1351971	6.91	16.91
2003	1730445	8.84	25.75
2004	2651391	13.55	39.29
2005	2943782	15.04	54.33
2006	3484115	17.8	72.13
2007	609421	3.11	75.25
2008	1016547	5.19	80.44
2009	663610	3.39	83.83
2010	870767	4.45	88.28
2011	1186745	6.06	94.34
2012	541211	2.76	97.11
2013	566566	2.89	100

第四节　出口目的地收入与工资实证分析

在这一部分开始实证分析，本节的基本安排是：首先，针对出口目的地收入水平和出口企业工资水平进行实证分析，主要通过 OLS、OLS-FE 回归，对 2000~2013 年匹配好的工业企业数据和海关数据做一个基准分析，在基准分析的基础上划分样本，区分不同收入水平的出口目的地人均 GDP 的增长对出口企业工资水平增长的差异，区分不同贸易方式下出口目的地人均 GDP 的增长对出口企业工资水平增长的差异，区分不同经济地区条件下出口目的地人均 GDP 增长对出口企业工资增长的差异。在进行完拓展性分析后，本节构建了工具变量对基准回归的结果进行稳健性检验。其次，对 2004 年匹配好的工业企业数据库和海关数据库进行机制分析，分析产品质量评估机制和产品质量供给机制。

针对 2000~2013 年匹配好的工业企业数据和海关数据，进行基准分析和拓展性分析、工具变量分析。基准分析包括 OLS、OLS - FE 回归,拓展性分析包括区分不同收入水平国家、不同贸易方式、不同经济地区,工具变量分析主要针对基准回归结果进行稳健性检验。

一、基准回归分析

为了研究出口目的地收入水平与企业平均工资之间的关系,本节利用匹配的 2000 ~ 2013 年的工业企业数据和海关数据,根据计量模型(5 - 16)的回归方程,研究解释变量出口目的地收入水平(g)与被解释变量企业平均工资(lnwage)之间的 OLS 关系、OLS - FE 回归关系,出口企业平均工资水平与出口目的地收入水平之间呈现出的正向关系,如表 5 - 4 和表 5 - 5 所示。

表 5 - 4 工资和出口目的地加权人均 GDP 的 OLS 回归估计

变量	(1) lnwage	(2) lnwage	(3) lnwage	(4) lnwage	(5) lnwage
g	- 0.0175 *** (4.82e - 05)	- 0.0156 *** (4.68e - 05)	- 0.00647 *** (4.64e - 05)	0.000793 *** (4.46e - 05)	0.000798 *** (4.45e - 05)
lnexport	—	0.0835 *** (0.000108)	- 0.0308 *** (0.000157)	0.0175 *** (0.000159)	0.0177 *** (0.000159)
lnoutput	—	—	0.164 *** (0.000177)	0.0324 *** (0.000211)	0.0321 *** (0.000211)
tfp	—	—	—	0.247 *** (0.000235)	0.247 *** (0.000235)
Im_ input	—	—	—	—	8.83e - 05 *** (2.38e - 05)
Constant	2.924 *** (0.000297)	2.025 *** (0.00118)	1.340 *** (0.00129)	2.233 *** (0.00161)	2.234 *** (0.00161)
观测值	14352760	14352760	14350012	13143436	13138404
R - squared	0.009	0.061	0.130	0.258	0.258

注: ***、**、*分别表示回归系数在 1%、5%、10% 的水平上显著,括号内为标准差。下列各表同。

本节详细分析了 OLS 的回归结果,随着控制变量的加入,出口目的地收入水平对出口企业工资水平的正向影响逐渐显露,在表 5 - 4 的第(4)列中,出口目的地收入水平每上升10%,出口企业的工资水平就会上升0.793%,在表5-4的第(5)列中,加入控制变量进口中间投入要素后,出口目的地收入水平每上升10%,出口企业的工资水平就会上升0.798%。出口目的地收入水平与出口企业之间正向关联很显著。

表5-5 工资和出口目的地加权人均GDP的OLS-FE回归估计

变量	(1) lnwage	(2) lnwage	(3) lnwage	(4) lnwage	(5) lnwage
g	-0.00196*** (4.72e-05)	0.00113*** (4.59e-05)	0.00449*** (4.52e-05)	0.00377*** (4.41e-05)	0.00378*** (4.41e-05)
lnexport	—	0.0793*** (9.82e-05)	-0.00441*** (0.000148)	0.0166*** (0.000152)	0.0167*** (0.000153)
lnoutput	—	—	0.123*** (0.000170)	0.0285*** (0.000194)	0.0283*** (0.000194)
tfp	—	—	—	0.216*** (0.000235)	0.216*** (0.000235)
Im_input	—	—	—	—	8.90e-05*** (2.60e-05)
行业效应	Yes	Yes	Yes	Yes	Yes
省份效应	Yes	Yes	Yes	Yes	Yes
年份效应	Yes	Yes	Yes	Yes	Yes
Constant	2.846*** (0.000282)	1.985*** (0.00109)	1.468*** (0.00124)	2.272*** (0.00151)	2.273*** (0.00151)
观测值	14352760	14352760	14350012	13143436	13138404
R-squared	0.231	0.272	0.305	0.369	0.369

在表5-5中呈现的是加入行业固定效应、省份固定效应、年份固定效应的OLS-FE的回归结果。加入固定效应是为了研究在吸收掉行业、省份、年份的影响下,出口目的地收入水平和出口企业工人平均工资之间的正向关联是否还存在。如表5-5所示,加入固定行业效应、固定省份效应、固定年份效应后表现出来的出口目的地收入水平与出口企业平均工资之间仍然存在显著正向相关性。第(2)列中,随着控制变量企业出口总额加入回归方程,出口目的地收入水平上升10%,出口企业的工资水平上升1.13%。在第(3)列中,随着控制变量工

业总产值的加入,出口目的地收入水平上升10%,出口企业工资水平上升4.49%。在第(4)列中,随着控制变量全要素生产率的加入,出口目的地收入水平每上升10%,出口企业工资水平上升3.77%。在第(5)列中,随着控制变量进口中间投入要素比重的加入,出口目的地收入水平每上升10%,出口企业工资水平上升3.78%。

随着控制变量和行业固定效应一起发挥作用,出口目的地收入水平和出口企业工资水平的正向相关系数相对OLS回归结果显著增强,呈现的是出口目的地收入与出口企业职工工资水平有着显著的正相关关系。也就是说,年份、行业、省份都会对企业工人的工资产生一定程度的影响。

二、异质性分析

为了进一步深入分析出口目的如何影响出口国的企业工资,接下来本节将根据联合国收入水平对国家等级进行划分,将出口目的地划分为高收入出口目的地和低收入出口目的地,根据海关数据统计,将贸易方式划分为一般贸易和加工贸易,根据国务院相关文件将区域划分为东部地区、中部地区、东北地区、西部地区,进一步深入探讨本章的研究对象。

(一)按照出口目的地收入水平区分

根据联合国对国家收入水平的划分标准,按照人均GDP的高低差异,将国家划分为四种类型,包括高收入国家、中等高收入国家、中等低收入国家、低收入国家。为了研究的顺利开展,以2000年标准为依据,本节将高收入水平国家和中等高收入水平国家合并为High_Income国家,将中等低收入水平国家、低收入水平国家合并为Low_Income国家,如表5-6所示,对其分别进行OLS-FE回归,回归结果如表5-7所示。

表5-6 国家收入水平分类

国家收入水平	分类	数量	比重(%)
高收入国家	High_income	53	24.42
中高等收入国家		56	25.81
中低等收入国家	Low_income	31	14.29
低收入国家		77	35.48
总计	—	217	100

表5-7 不同收入水平国家的OLS-FE估计

变量	(1) High_income lnwage	(2) Low_income lnwage
g	0.00412***	0.00515***
	(5.54e-05)	(0.000261)
Lnoutput	0.0176***	0.0717***
	(0.000224)	(0.000799)
Lnexport	0.0200***	0.00836***
	(0.000176)	(0.000621)
tfp	0.216***	0.213***
	(0.000264)	(0.00111)
import3	6.28e-05***	0.000549**
	(2.11e-05)	(0.000215)
行业效应	Yes	Yes
省份效应	Yes	Yes
年份效应	Yes	Yes
Constant	2.352***	1.871***
	(0.00170)	(0.00705)
Observations	10392793	552485
R-squared	0.358	0.446

在固定行业控制效应、固定省份控制效应、固定年份控制效应下，出口国人均工资性收入与高收入出口目的地直接存在正相关关系，而这种正向关联在不同的收入水平出口目的表现出不同程度的影响。

在表5-7的第（2）列中，低收入出口目的地国家与出口企业平均工资之间的相关系数为0.00515，出口目的地收入水平上升10%，出口企业的收入水平就会上升5.15%，回归结果很显著。在表5-7的第（1）列中，高收入出口目的地国家与出口国企业平均工资之间的相关系数为0.00412，出口目的地收入水平每上升10%，出口企业的工资水平上升4.12%，回归结果很显著。

通过对比这两种不同收入水平的出口目的地对出口企业工资影响程度的大小，发现低收入出口目的地国家人均GDP增长对我国出口企业工资增长的幅度大于高收入出口目的地国家GDP增长对出口企业工资的增长幅度。可能的原因在于：首先，低收入出口目的地的收入弹性远远大于高收入出口目的地的收入弹性。其次，市场结构不同，发达国家市场竞争激烈，出口企业缺乏定价权，利润率低。欠发达国家市场竞争不充分，出口企业具有定价权，利润率反而高。最后，出口到发达国家的产品种类和出口到不发达国家种类不同。

(二) 按照出口贸易方式区分

为研究不同贸易方式下，出口目的地收入水平高低对企业支付的工资水平的影响效果，本章根据海关数据库中的贸易方式指标，将贸易方式分为两大类，一类是一般贸易，另一类是加工贸易。其中加工贸易包括出料加工贸易、进料加工贸易、来料加工装配贸易这三大类。保税仓库进出境货物、保税区仓储转口货物、出料加工贸易、国家间及国际组织无偿援助和赠送的物资、寄售及代销贸易、对外承包工程出口货物、易货贸易、租赁贸易、边境小额贸易等不做考虑，因为这一部分贸易额和贸易频率占比较小。具体的贸易分类如表5-8所示。

表5-8 不同贸易方式细分

贸易方式	细分种类
一般贸易	—
加工贸易	来料加工装配贸易
	进料加工贸易
	出料加工贸易
其他	保税仓库进出境货物
	保税区仓储转口货物
	国家间、国际组织无偿援助和赠送的物资
	寄售、代销贸易
	对外承包工程出口货物
	易货贸易
	租赁贸易
	边境小额贸易

在区分贸易方式的基础上对其进行固定效应回归，从 OLS-FE 回归结果来看，出口目的地收入水平越高，企业工人工资也会越高。一般贸易比加工贸易回归系数更高，也就是说在一般贸易条件下的出口企业的工资增长幅度会比加工贸

易条件下的出口企业的工资增长幅度更大。

在表5-9中第（1）列，一般贸易条件按下出口目的地收入水平与出口企业工资之间的回归系数为0.00411，也就是说出口目的地收入水平每上升10%，出口企业的工资水平就会上升4.11%，回归结果很显著。在表5-9中第（2）列，加工贸易条件下出口目的地收入水平与出口企业工资水平之间的回归系数是0.00248，出口目的地收入水平每上升10%，出口企业的工资水平就会上升2.48%，回归结果很显著。不同贸易方式的OLS-FE回归结果如表5-9所示。

表5-9 不同贸易方式的OLS-FE回归估计

变量	（1） 一般贸易 lnwage	（2） 加工贸易 lnwage
g	0.00411 *** (5.81e-05)	0.00248 *** (7.02e-05)
lnoutput	0.0421 *** (0.000267)	0.00357 *** (0.000358)
lnexport	0.00880 *** (0.000310)	0.0327 *** (0.000294)
tfp	0.219 *** (0.000291)	0.208 *** (0.000396)
Im_input	0.00460 * (0.00236)	-2.84e-05 *** (9.39e-06)
行业效应	Yes	Yes
省份效应	Yes	Yes
年份效应	Yes	Yes
Constant	2.204 *** (0.00221)	2.376 *** (0.00244)
Observations	8175359	4963044
R-squared	0.378	0.377

(三) 按照出口企业所在地区

为了丰富本章的研究内容,接下来针对出口企业所在不同地区研究出口目的地收入水平的出口企业工资水平的影响程度。为科学反映我国不同区域的社会经济发展状况,为党中央、国务院制定区域发展政策提供依据,根据《中共中央、国务院关于促进中部地区崛起的若干意见》《国务院发布关于西部大开发若干政策措施的实施意见》以及党的十六大报告的精神,现将我国的经济区域划分为东部、中部、西部和东北四大地区。具体信息如表 5-10 所示。

表 5-10 四大地区细分

区域	省份名称	省份代码
东部地区	北京市、天津市、河北省、上海市、江苏省、浙江省、福建省、山东省、广东省、海南省	11、12、13、31、32、33、35、37、44、46
中部地区	山西省、安徽省、江西省、河南省、湖北省、湖南省	14、34、36、41、42、43
东北地区	辽宁省、吉林省、黑龙江省	21、22、23
西部地区	内蒙古自治区、广西壮族自治区、重庆市、四川省、贵州省、云南省、西藏自治区、陕西省、甘肃省、青海省、宁夏回族自治区、新疆维吾尔自治区	15、45、50、51、52、53、54、61、62、63、64、65

在表 5-11 中,四大地区都呈现出口目的地水平越高,出口企业工资水平也会越高的正向趋势,但是系数大小却呈现出一定程度上的差异。东部地区见表 5-11 第 (1) 列,出口目的地收入水平上升 10%,企业工资水平上升 3.46%,中部地区见表 5-11 第 (2) 列,出口目的地收入水平上升 10%,企业工资水平上升 3.65%,东北地区见表 5-11 第 (3) 列,出口目的地收入水平上升 10%,企业工资水平上升 5.13%,西部地区见表 5-11 第 (4) 列,出口目的地收入水平上升 10%,企业工资水平上升 12.3%。出口企业工资水平上涨的幅度反而是在经济水平较弱的地区更高,这说明出口目的地收入水平上涨,对经济水平较弱的区域工资水平的作用更大。经济欠发达地区工资水平较低,有较大的增长空间,为了缩小地区间的收入差距,应该鼓励经济水平较弱的地区向收入水平增长较快的出口目的地多出口。

表5-11 四大地区 OLS-FE 回归估计结果

变量	(1) 东部地区 lnwage	(2) 中部地区 lnwage	(3) 东北地区 lnwage	(4) 西部地区 lnwage
g	0.00346***	0.00365***	0.00513***	0.0123***
	(4.53e-05)	(0.000298)	(0.000274)	(0.000381)
lnoutput	0.0230***	0.0620***	0.0507***	0.0702***
	(0.000206)	(0.000940)	(0.000986)	(0.00103)
lnexport	0.0191***	0.0227***	0.0194***	-0.0110***
	(0.000160)	(0.000803)	(0.000875)	(0.000907)
tfp	0.219***	0.182***	0.178***	0.221***
	(0.000250)	(0.00126)	(0.00105)	(0.00128)
import	2.75e-05**	0.0167***	0.00335***	-0.000471***
	(1.27e-05)	(0.00118)	(0.000213)	(0.000132)
行业效应	Yes	Yes	Yes	Yes
省份效应	Yes	Yes	Yes	Yes
年份效应	Yes	Yes	Yes	Yes
Constant	2.328***	1.550***	1.817***	1.817***
	(0.00158)	(0.00866)	(0.00770)	(0.00967)
Observations	12075873	329034	480064	253429
R-squared	0.367	0.406	0.310	0.407

三、稳健性检验

即使控制以上所有的控制变量对核心变量的影响，仍然可能存在未观察到的影响因素。尤其是本章的核心解释是使用企业出口到不同出口目的地的出口份额占总出口份额的比重建立的，这些份额可能是内生的。首先，全要素生产率可能没办法估算到一些其他的影响因素，从而产生向上的偏差。其次，国有企业内部更容易受到严格的劳动法规制约，虽然生产率会降低，从而降低它们出口的可能性，特别是出口到高收入国家的可能性，但是又由于《劳动法》的制约迫使它们平均支付高工资（Galiani and Porto, 2010），这将在 OLS-FE 估计中产生向下偏差。最后，出口到不同的目的地可能会在 OLS-FE 估计中产生不同程度的偏差。在这一部分针对基准回归进行稳健性检验。

（一）工具变量的选择

为克服核心变量 g 存在内生性的问题，本章通过使用工具变量估计模型来处理内生性问题。要做到这一点，需要找到能够（部分）解释企业出口产品到国家的工具变量，通过结合文献中的想法来做到这一点。通过大量的阅读文献，本章有所发现。Frankel 和 Romer（1999）以及 Feyrer（2019）等，根据地理、距离或时变航空运输成本等外部因素预测了出口国家的贸易量，进行了贸易增长回归的计算。Brambilla 等（2012）、Park 等（2010）和 Revenga（1992）等使用与合作伙伴的双边汇率作为工具。由于本章需要预测每个国家的出口目的地的贸易份额，使用双边汇率作为工具变量从理论上符合工具变量的要求，因为汇率是根据两者之间外汇是由外汇市场决定，理论上具有很强的外生性。本章建议使用双边汇率来解释以下模式的贸易出口份额。

$$\hat{s} = \gamma_i e_d + \varepsilon_{ijd} \quad (5-23)$$

$$\hat{g} = \ln\left(\sum_d \hat{s} \times GDP_{PC_D}\right) \quad (5-24)$$

之前本章构建出口目的地收入水平中使用到的 s 是企业 i 出口到目的地的 d 的出口额占总出口额的比重。e 代表中国和出口目的地之间的双边汇率，用官方汇率表示，相当于 1 本币单位的美元的时期平均值。官方汇率指的是由国家当局确定的汇率或由合法的外汇市场确定的汇率。它是根据月平均值计算的年平均值，本币单位相对于美元的价值。虽然该模型在某些领域比在其他领域更适合，但总体拟合良好。这有助于本章在工具变量和内生变量之间建立强相关性，本章可以运用 $\hat{g}$ 作为 g 的工具变量做二阶段 OLS 回归分析，工具变量具体构建过程参考附录。

（二）工具变量内生性检验

对于本章采取的工具变量要进行内生性检验，判断工具变量与内生解释变量的相关性。工具变量要求与内生解释变量相关，但又不能与被解释变量的扰动项相关。首先检验工具变量是否存在内生性，即解释工具变量是内生的还是外生的。检验工具变量内生性的方法有两种。

第一，豪斯曼检验（Hausman test）；

第二，D-W-H 检验（杜宾—吴—豪斯曼检验）。

首先进行豪斯曼检验，证明工具变量和核心解释变量之间存在内生性问题，与核心变量相关，但与误差扰动项不相关。但是检验结果发现存在异方差问题就不能进行豪斯曼检验，于是继续采取第二种检验方法对工具变量的内生性进行检验，即 D-W-H 检验。

通过上述分析得知如果存在异方差，就无法进行豪斯曼检验，从而本章选择进行第二种检验方式 D-W-H 检验，进行工具变量的内生性检验，即杜宾—吴—豪斯曼检验。判断选取的工具变量是否通过该检验只需要判断 P 值的大小，如果 P 值显著为 0，那么就表示强烈拒绝原假设——工具变量是外生的，接受工具变量和核心解释变量存在内生性问题，检验结果显示如下：

Durbin (score) chi2 (1) = 906.826 (p = 0.0000)

Wu - Hausman F (1, 13143353) = 906.882 (p = 0.0000)

P 值显著为 0，证明工具变量存在内生性问题，即工具变量和内生解释变量存在相关性和误差扰动项无关。

（三）弱工具变量检验

本章判断工具变量和内生解释变量存在相关性，但如果相关性较弱，就会存在弱工具变量的问题，弱工具变量不是一个好的选择，会影响研究结果，所以下一步进行弱工具变量检验。第一阶段的回归结果如表 5-12 所示。

表 5-12　第一阶段回归统计性结果

变量	R-sq	Adjusted R-sq	Partial R-sq	F (1, 13143354)	Prob > F
g	0.3212	0.3212	0.1877	75544.3	0.0000

为了检验工具变量的强弱，主要看 F 值是否大于 10，如果 F 值大于 10 则表示工具变量通过检验，通过实证检验证明本章选择的双边汇率作为贸易份额的工具变量不是弱工具变量，是个好的工具变量，可以继续下一步的研究。第一阶段回归统计性结果如表 5-12 所示，F 值等于 75544.3，显著大于 10，通过检验。

（四）工具变量回归

在对工具变量的内生性和工具变量的强弱进行检验后，得知本章选取的工具变量较为恰当。接下来开始用工具变量来检验基准分析中的 OLS-FE 回归，看看其结果是否稳健。回归结果如表 5-13 所示。利用工具变量 $\hat{g}$ 进行稳健性检验，回归结果依然稳健，结果支持固定效应回归分析。出口目的地收入水平与出口企业工资水平呈现出正相关的趋势，出口目的地收入水平越高，企业的工资水平也会越高，显著性水平为 1%。

表 5-13 工资和加权人均 GDP 的 IV 估计结果

变量	(1) lnwage	(2) lnwage	(3) lnwage	(4) lnwage	(5) lnwage
g	0.0108*** (5.64e-05)	0.000868*** (5.27e-05)	0.00520*** (5.17e-05)	0.00533*** (5.03e-05)	0.00536*** (5.03e-05)
lnexport	—	0.0793*** (8.82e-05)	-0.00445*** (0.000133)	0.0164*** (0.000136)	0.0166*** (0.000136)
lnoutput	—	—	0.123*** (0.000148)	0.0291*** (0.000167)	0.0289*** (0.000167)
tfp	—	—	—	0.216*** (0.000162)	0.216*** (0.000163)
Im_input	—	—	—	—	8.75e-05*** (1.22e-05)
行业效应	Yes	Yes	Yes	Yes	Yes
省份效应	Yes	Yes	Yes	Yes	Yes
年份效应	Yes	Yes	Yes	Yes	Yes
观测值	14352760	14352760	14350012	13143436	13138404
R-squared	-0.005	0.054	0.097	0.203	0.204

注：第一阶段基准回归结果见表 5-12。

四、产品质量机制实证分析

通过上述分析，得出出口目的地收入水平越高，企业支付的工资也会越高的结论。本部分进行产品质量机制分析，一方面是出口目的地收入水平和出口产品单价之间的机制分析，另一方面是工资和技术工人与出口产品单价之间的机制分析。来探讨为什么出口目的地收入水平越高，出口企业支付的薪资水平也会水涨船高。在这一部分需要利用 2004 年包含技术工人详细分类的数据来验证这两种机制。

（一）产品质量评估的机制分析

首先对这些机制中的第一个机制——出口产品质量与不同收入出口目的地之间的机制进行回归，本章使用式（5-17）回归计量模型，前文中已经提到。在这个模型计量中，出口目的地的贸易额权重可以是内生的。因此本章使用与以前相同的 OLS-FE 进行回归。OLS-FE 检验结果见表 5-14 第（1）列，出口目的地的收入水平与出口产品单位值正相关,回归系数为0.849,结果很显著,也就是说出口目的地收入水平每上升1%,出口产品单价就会上升84.9%;接下来看工具变量的结果,我们利用工具变量解决内生性问题,确立其因果关系,工具变量的实证结果是包含所有先前控制变量的结果,即出口额、工业产出、全要素生产率和进口中间要素投入比例,根据回归结果我们可以得到出口产品单价和出口目的地人均加权GDP存在直接的因果关系,出口目的地收入水平越高,对产品质量有着更高的要求,见表5-14第(2)列,出口目的地收入水平每上升1%,出口产品单价就会上升74.6%。这就对质量评估机制方面进行了实证上的解释,质量评估机制表明高收入国家要求更高的质量,因为消费者重视质量并且有更高的支付意愿。

表5-14 质量评估机制分析

变量	(1) ols lnuv	(2) 2sls lnuv
g	0.849*** (0.000531)	0.746*** (0.000602)
lnexport	0.234*** (0.00154)	0.275*** (0.00145)
lnoutput	-0.0238*** (0.00194)	-0.0918*** (0.00194)
Im_input	1.45e-05 (1.52e-05)	6.39e-05** (2.70e-05)
tfp	0.353*** (0.00250)	0.349*** (0.00268)
行业效应	Yes	Yes
省份效应	Yes	Yes
Constant	-2.345*** (0.0196)	—
Observations	1400748	1146964
R-squared	0.746	0.679

（二）产品质量供给的机制分析

接下来对产品质量供给机制进行分析。通过工具变量针对出口产品单价和工资进行机制分析，将出口产品单价加入到构建的模型当中，根据式（5-18）对出口产品单价与工资进行 OLS-FE 回归，本章发现企业工人平均工资与出口产品单价之间存在很强的正相关关系，回归结果为 0.0289。换言之，出口产品单价越高，企业工人的平均工资也会越高。结果如表 5-15 第（2）列所示。

表 5-15　质量供给机制分析

变量	(1) lnuv	(2) lnwage
S	0.171*** (0.0159)	—
lnuv	—	0.0289*** (0.000226)
lnoutput	0.131*** (0.00174)	0.0871*** (0.000437)
lnexport	-0.00416*** (0.00138)	-0.0289*** (0.000321)
tfp	0.285*** (0.00230)	0.152*** (0.000721)
Im_input	6.51e-05*** (1.36e-05)	7.02e-06** (3.11e-06)
行业效应	Yes	Yes
省份效应	Yes	Yes
Constant	2.240*** (0.0172)	1.957*** (0.00447)
Observations	1405601	1405210
R-squared	0.153	0.323

然后对出口产品单价和企业技术工人的机制进行分析，根据式（5-19），左侧的被解释变量为 S（技术劳动力）、在这里将 S 定义为技术工人占就业总人数的比重，技术工人的数据来源于 2004 年工业企业数据库，共有四种形式：高级技师、技师、高级工、中级工。将四种形式的技术工人加总再除以就业总人数就

得到我们需要的 S 被解释变量。接下来进行回归分析，单位产品价格和技术劳动力的比例都存在显著的正相关关系，技术劳动力占就业总人数的比例与单位产品价格之间的 OLS-FE 回归系数是 0.171，回归结果很显著，如表 5-15 第（1）列所示。

综上所述，我们可以知道：一方面，质量评估机制表明，高收入国家要求更高的质量，因为消费者重视质量并且有更高的支付意愿。另一方面，质量供给机制表明，高质量的生产需要更高质量的投入，特别是更高技能的劳动力，这些劳动力更昂贵，特别是要求更高的工资。根据这种观点，本章的结果证实了质量在解释出口工资溢价和出口国家劳动力福利方面的作用。从上述分析中还可以看出，企业平均工资与出口目的地收入水平存在因果关系，其中影响机制为：出口目的地人均 GDP 越高，对其进口产品质量要求越高。产品质量的衡量体现在产品单价的区别上，产品质量更高就需要更高质量的投入要素，特别是更高技能的劳动力，高技能劳动力属于稀缺资源，企业支付的工资也就更高，企业平均工资水平更高是由于企业出口单价更高。

第五节　本章小结

本章首次利用技术工人详细分类的指标来研究产品质量机制，解释出口目的地收入水平与出口企业平均工资之间的内在机制。通过匹配后的工业企业数据库、海关数据库来探讨出口目的地收入水平对出口企业工资的影响，以及产品质量评估机制和产品质量供给机制是如何发挥传导作用的。利用 2000~2013 年匹配的海关数据和工业企业数据对出口目的地收入水平和出口企业工资水平进行分析，利用 2004 年海关数据和工业企业数据对机制进行分析，得到如下结论。

第一，本章根据 2000~2013 年匹配后的工业企业数据和海关数据进行基准回归，通过 OLS 回归、OLS-FE 回归、IV 回归发现，向收入水平更高的出口目的地运送产品的中国出口企业确实支付了工人更高的平均工资。接下来在基准回归的基础上进行拓展性分析，并获得如下发现：

（1）将出口目的地划分为高收入国家和低收入国家两种类型，研究发现，低收入出口目的地收入水平与企业工资水平之间的正向关联要明显高于高收入出口目的地的收入水平与出口企业工资之间的正向关联,也就是说低收入出口目的地的收入增长对出口企业的工资水平增长作用更大。因为:①收入弹性不同,低收入出口目的地的收入弹性远远大于高收入出口目的地的收入弹性,即随着低收入国家收入水平的增长,其需求增长越快。②市场结构不同,高收入出口目的地市场竞争激烈,出口企业缺乏定价权,利润率低。低收入出口目的地市场竞争不充分,出口企业具有一定程度上的定价权,利润率反而高。③出口产品种类不同,出口到高收入出口目的地和出口到低收入出口目的地的产品种类不同。

(2)将贸易方式划分为一般贸易和加工贸易两种贸易类型,研究发现,一般贸易方式下出口目的地收入水平与企业的工资水平之间的正向关联要高于加工贸易方式下出口目的地收入水平与出口企业的工资水平之间的正向关联,一般贸易更有利于推动出口企业的工资水平提升。因为一般贸易的附加值高,加工贸易只是简单地对原材料进行加工出口,技术含量低。

(3)将地区划分为东部、中部、东北、西部四大经济地区,研究发现出口目的地收入水平增长对经济较弱的地区的工资影响更为明显,东部地区低于中部地区,中部地区低于东北地区,东北地区低于西部地区,西部地区出口企业的工资水平受出口目的地收入水平的增长影响最为强烈,原因可能是经济欠发达地区工资水平较低,有着较大的增长空间,而经济发达地区工资水平程度较高,工资增长空间不大。

第二,本章根据2004年匹配的工业企业数据库和海关数据库进行机制分析研究,探索出口目的地对出口企业的工资水平产生影响的运行机制——产品质量评估机制、产品质量供给机制。①产品质量评估机制表明出口目的地收入水平越高,其进口的产品单价也会更高,这是因为高收入国家需要高质量的产品,消费者对更优质的产品有着更高的偏好,愿意为之支付更高的价格。②产品质量供给机制表明企业出口产品的单价越高,出口企业需要更多地使用高技能劳动力,企业出口产品单价越高,企业支付的工资也会更高,因此在企业层面生产更高质量的产品从而有助于提高出口企业平均工资。

第三,出口目的地收入水平越高,出口企业的工资水平越高。具体而言,低收入出口目的地收入水平增长对出口企业工资水平的作用更大,一般贸易比加工贸更能推动出口企业工资水平的提升,出口目的地收入水平对经济发展程度较弱的地区的出口企业工资水平提升有更大的作用。产品质量评估机制和产品质量供给机制发挥着传导作用。一方面,质量评估机制表明高收入国家要求更高的质量，因为消费者重视质量并且有更高的支付意愿，所以出口目的地水平越高，其进口的产品单价也会更高。另一方面，质量供给机制表明高质量的生产需要更高质量的投入，特别是更高技能的劳动力，这些劳动力更昂贵，要求更高的工资。也就是说目的地国家对产品质量有着更高的要求，出口企业为获取高额利润，通过高工资来吸引技术工人，从而生产出更高质量的出口产品。

第四，本章证实了产品质量在解释出口工资溢价和技术劳动力溢价的重要性。出口目的地人均 GDP 越高，企业出口产品单价越高，那是因为企业出口更高质量产品到高收入出口目的国家，那么企业需要雇用更多的技术工人，因此企业支付的工人平均工资水平也会更高。为解决当前就业结构性矛盾，缩小工资差距提供新的视角。通过选择不同收入水平的出口目的地作为目标市场，有利于增加不同层次劳动力就业问题，解决就业结构性问题。

综上所述，本章主要利用工业企业数据库、海关数据库进行理论和实证研究，研究结果显示：出口目的地收入水平越高，出口企业会支付更高的工资。低收入出口目的地收入水平越高比高收入水平出口目的地收入水平越高对出口企业工资水平的促进作用更大，一般贸易比加工贸易更能推动出口企业工资水平的提升，出口目的地收入水平对经济发展程度较弱的地区的出口企业工资水平提升有更大的作用。主要通过两个机制起作用——产品质量评估机制、产品质量供给机制。产品质量评估机制说明出口目的地收入水平越高，对产品质量的要求也就越高，希望得到更加优质的产品，并愿意为之支付更高的产品价格。产品质量供给机制说明产品质量越高代表产品单价越高，需要雇用更多的技术工人来从事生产，因为质量升级带来了产品的溢价，所以技术劳动力的工资更高。该研究具有重要的政策启示作用和企业价值。基于本章得到的研究结论，主要从国家层面和企业层面提出以下几点建议。

基于国家和政府层面的建议：

（1）深化与高收入出口目的地的经济往来关系。高收入出口目的地对出口企业工资水平的提升作用是显而易见的，积极融入与高收入出口目的地的经济发展，扩大贸易规模，优化贸易结构，可以促进国内技术工人的就业，提升职工的工资水平。

（2）深化与处于高速发展中的低收入出口目的地的经贸往来关系，要充分体现中国政府与低收入出口目的地建立更深的经贸关系的积极态度，深化与其他处于高速发展中的低收入国家的经贸往来关系，对积极应对国际经济形势的复杂局面具有重要意义。

（3）优化和提升我国贸易方式，做强一般贸易，提升加工贸易。一般贸易对企业职工的工资提升水平贡献更高。回归结果显示，进口中间产品企业具有显著的正向提升工资水平效应，因此应进一步优化贸易方式转型，推动加工贸易转型升级，提升全球价值链位置。通过深化与高收入出口目的地的经济往来关系，扩大贸易规模，优化贸易结构来扩大出口，提高我国经济水平，深度参与国际规则制定，拓展开放型经济新空间，形成全方位开放新格局，开创高水平开放新局面，促进全面深化改革，更好地服务国内出口企业的发展。

（4）推动经济欠发达地区的对外贸易的发展，出口目的地收入水平越高，对经济欠发达地区的工资水平提升作用更为明显，政府可以加大对欠发达地区的出口帮扶，创立带头企业，扩大向收入水平高的出口目的地出口。这需要政府的帮扶，因为经济欠发达地区在产品质量上不如经济发达地区。

基于企业层面的建议：

（1）精准定位目标出口目的地。企业需要从自身的产品质量条件出发定位出口目的地市场，在本章中将出口目的地市场划分为高收入出口目的地市场和低收入出口目的地市场，收入越高对产品质量的要求也就越高，愿意为之支付更高的产品价格。低收入出口目的地愿意为产品质量支付的价格与之相比较低，企业可以根据自身产品的属性，来确定出口目的地，也可以根据出口目的地收入水平不同来生产不同质量的产品，出口到不同目的地。据联合国数据统计，目前高收入国家有77个，中高等收入国家56个，中国企业可以向这些高收入、中高等收入国家加大出口规模，不仅能保证国内的就业，还可以弥补收入差距。

（2）重视技术工人经济地位。本章考虑技术劳动力在产品质量提升中的作用，针对于此中国出口企业更应注重通过雇用高技术劳动力来应对出口国内产品附加值的提升，而不仅仅是出口规模的扩张，且中国出口企业还需结合自身的异质性特征来调整其在全球价值链分工中的地位，进而实现产品国际竞争力和企业工资水平的双提升。出口企业如果想要获得广阔的出口版图，占领更多的出口市场，走薄利多销的策略是行不通的，需要从产品的稀缺性和产品质量上入手。需要做到的就是，通过增加研发投入，提高生产效率，生产优质的产品，招聘合适的技术工人，提升产品质量，进行产品质量提升。技能培训是关键，创造性培养企业新型学徒，大规模开展职业技能培训，加快培养知识型、技能型、创新型劳动者，能够使更多劳动者快速适应新兴业态、经济结构调整，是化解就业结构性矛盾的基础性措施。

(3) 制定合理的薪酬标准。出口企业为什么要支付技术工人更高工资，其一，由于高收入的出口目的地愿意支付更高产品价格以求取更高的产品质量，因为质量升级带来了产品的溢价，所以技术劳动力的工资更高。其二，技术劳动力效率机制和技术升级的替代因素，技术工人的工资水平就会更高。其三，利润分配，因为这种工资分配方式能够使得出口商赚取更多的利润，所以出口商才会选择分配部分他们获得的更高利润给工人。在实际情况中职务工资、职能工资、绩效工资、资历工资是目前工资分配的几种主要模式。在职务工资制度下，员工所担任职务或所在岗位的责任大小、对企业的贡献程度（即岗位的"相对价值"）是影响员工工资收入的主要因素。工资分配模式多元化可以促进企业职工的积极性，让不同层次的职工能够通过工资体现自己的价值，获得价值感。

第六章 国际生产分割条件下的贸易自由化、中间产品贸易与工资差距

第一节 引言

正如 Grossman 和 Rossi–Hansberg（2006）所指出的，现在的国际贸易已经不再是红酒换布料的时代了，随着通信、运输技术的进步，产品的生产越来越多地跨越国界，也越来越多涉及全球价值链，每个国家承担生产过程中的某个生产环节。即国际贸易本质正在发生改变，生产呈现出分散化（Fragmented）的特点。其中，国际生产分割（International Fragmentation of Production）导致中间产品贸易盛行，中国企业出口的同时也大量进口中间产品，这一点在加工贸易企业中尤为明显。

国际生产分割的发展使得目前国际贸易的主要构成是中间产品贸易，而中间产品进口会直接影响企业投入品的结构和产出效率，最终影响企业的工资水平。因此，从微观企业的角度来探讨贸易自由化（关税下降）、中间产品进口和企业工资三者的关系对于分析当前国际贸易模式对一国劳动力市场的影响具有十分重要的理论和实践意义。

第二节 国际生产分割、贸易自由化与企业工资的理论分析

——基于 Amiti 和 Davis（2011）模型

Amiti 和 Davis（2011）提出了一个贸易自由化（关税下降）、贸易和工资模型[①]。该模型是建立在三篇文献的基础之上的：一是 Melitz（2003）的异质性企业理论；二是 Kasahara 和 Lapham（2007）的中间产品贸易；三是 Helpman 等（2010）的不完全竞争要素市场，该市场中租金在企业和工人之间以某种形式进行分配。

一、最终制成品的消费

最终消费直接采用了 Dixit 和 Stiglitz（1977）模型。消费者分配支出 E 购买一系列各种最终制成品，并最小化下列支出函数：

$$\min E = \int p(v)q(v)dv \quad \text{s.t.} \quad \left[\int q(v)^{\frac{\sigma-1}{\sigma}}dv\right]^{\frac{\sigma-1}{\sigma}} = U \qquad (6-1)$$

这里，$\sigma > 1$ 是不同最终制成品的替代弹性。这个构成了最终制成品 v 的需求函数：$q(v) = \left[\dfrac{p(v)}{P}\right]^{-\sigma}Q$，以及收入函数 $r(v) = R\left[\dfrac{p(v)}{P}\right]^{-\sigma}$，这里 $Q \equiv U$，$P = \left[\int_{v \in V} p(v)^{1-\sigma}dv\right]^{\frac{1}{1-\sigma}}$ 且 $PQ = R$。

二、公平工资约束和劳动力市场

首先，我们假设企业在劳动生产率和进入国际市场的成本两方面都是异质性的。其次，企业工资和绩效相关，这种关系是通过公平工资约束实现的。

本模型中，有些企业的营业利润是零，其他企业营业利润为正数。营业利润为零的企业可以存在于竞争性的中间产品行业，或者是不完全竞争的最终产品

[①] Amiti M., Davis D. R.. Trade, firms, and wages: Theory and evidence [J]. The Review of Economic Studies, 2011, 79 (1): 1–36.

行业。

工人要求公平工资。所有在零利润企业中的工人获得的工资是相同的,无论是在中间产品行业还是最终产品行业。模型中将零利润企业工人工资视为计价物,而其他非零利润企业工人工资则定义为 W_v。我们假设其他企业支付工资随着企业利润增加而增加。工人认为工资溢价是努力工作的先决条件,原因是盈利能力更强的企业应该支付更高工资(Akerlof,1982)。企业愿意支付这些工资,因为只有这样才能促使员工努力工作。企业员工工资不能被压低的原因是所有工人是同质的,如果被雇用,任何其他工人也会要求获得公平工资。我们假设工人不需要排队等待工作,但是愿意接受任何现有工作机会,只要他们目前没有获得任何支付更高工资的工作。总之,

$$W(0)=1,\ W_v=W(\pi_v),\ 0<W'(\pi_v)<\infty,\ W_v\leq \overline{W} \qquad (6-2)$$

公平工资约束决定了在零利润企业中的名义工资为 1,而其他非零利润企业 v 工资是企业利润的增函数,即 $W_v=W(\pi_v)$。我们假设两者存在稳定的关系,即 $0<W'(\pi_v)<\infty$,而同时工资具有上限,具体可参考图 6-1。

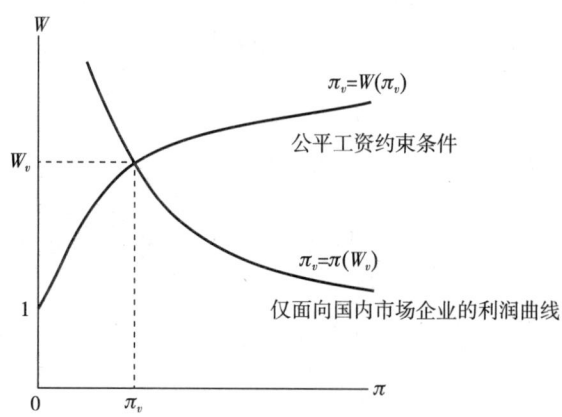

图 6-1 在给定全球化模式下的企业工资和利润

三、企业生产、利润和全球化模式

公平工资约束使得企业工资取决于利润。为了找到企业均衡,我们需要找到相反的关系,即企业的利润如何取决于其支付的工资。此外,企业将根据利润最大化选择全球化的具体模式。

假设存在两个行业,中间产品行业和最终制成品行业,每种产品都是通过一

种同质的生产要素（劳动）生产。每个国家的中间产品种类 $m(j)$ 是固定的，且 $j \in [0,1]$。生产条件假设为规模报酬不变，产品定价等于边际成本，企业可以自由进入该行业。一单位劳动投入生产一单位中间产品。由于用于生产中间产品的劳动被定义为计价物，这意味着中间产品行业工资和中间产品价格为1。在这个价格上，中间产品供应商可以满足最终制成品行业对中间投入品的需求增长。

最终产品行业，决策问题顺序是基于 Melitz（2003）模型。无数量上限的企业群体中，一部分企业 M_e 支付以劳动力数量衡量的固定成本 f_e。在支付了这部分固定成本后，企业收到一个随机抽签，并获得一个信息 $\lambda_v = (\phi_v, t_{Mv}, t_{Xv})$，该信息的分布联合概率密度函数为 $g(\lambda_v)$。信息中其他元素为：企业在边际成本活动（边缘）时候的生产率 ϕ_v，进口和出口的边际（边缘）贸易成本 t_{Mv} 和 t_{Xv}。

如果边际生产率中的参数 ϕ 为企业唯一的异质性来源，那么我们可以获得四种在位企业的至多三种企业（所有出口企业也出口，或者所有进口企业也进口，而不是只进口，或者出口）。我们需要引入另一种企业异质性以解决这个问题。引入另外两种企业异质性的原因是：如果不这样，所有出口企业将出口相同份额的产出，或者所有企业将进口相同份额的中间投入。事实上，企业进口和出口份额存在巨大的差异。虽然将 t_{Mv} 和 t_{Xv} 称之为进口和出口的边际（边缘）贸易成本，我们也可以将它们视为企业特有的进入外国市场或者使用国外中间投入的边际效率。模型中的所有推论建立在仅仅考虑贸易成本 τ_X 和 τ_M 的变化上。

此外，我们还引入边际概率密度函数 $g_\phi(\phi) \equiv \int_{t_M} \int_{t_X} g(\lambda) dt_X dt_M$，以及累积概率密度函数 $G_\phi(\phi) \equiv \int_0^\phi g_\phi(u) du$。在获取自身特征之后，部分企业没有生产并退出市场，其余企业 M 则选择劳动力，中间投入以及销往每个市场的最终产品数量，以实现利润最大化。假设存在一个不变的企业死亡率 δ，稳定状态要求新进入企业数量等于退出市场企业。

在任何时点，每个最终产品生产者最大化利润，并将需求曲线视为给定。我们假设在完全竞争中间品行业，所有的固定成本支付固定比例的工资，为了方便起见，我们设定为1。不过，我们主要关注均衡中的企业层面的工资 W_v，可变成本。为了在任何时期都可以生产，最终制成品企业要求以固定成本方式雇用 f 单位的劳动力。在支付了固定成本后，最终制成品生产方式采取劳动力和中间产品为投入的柯布—道格拉斯生产函数。

我们假设企业在均衡水平时，边际成本不变。那么我们必须推导出每种全球化模式下企业利润和其支付工资的函数关系。给定宏观变量，企业选择最大化利润的全球化模式，决定工资和其他企业层面变量。

在边际成本不变的企业利润给定如下：$\pi_v = \max\left[0, \frac{r_v}{\sigma} - F_v\right]$。企业的固定成本$F_v$为全球化模式的函数。假设$n$为国外市场的数量，$f_X$为进入出口市场的固定成本，$f_M$为国外市场进口中间品的固定成本，那么

$$F_v = \begin{cases} f, & \text{如果在国内} \\ f + nf_M, & \text{如果进口中间品} \\ f + nf_X, & \text{如果出口最终制成品} \\ f + n(f_M + f_X), & \text{如果出口最终制成品且进口中间品} \end{cases} \quad (6-3)$$

在第$n+1$个国家，在规模报酬不变且企业进入市场自由的情况下，仅仅使用劳动生产1单位中间产品。那么，任何国内中间产品的价格为1，且出口中间产品的FOB价格也为1。通常包括保险和运输费用的进口中间产品的落地价为$\tau_M > 1$，但是我们假设存在企业层面的冰山成本，$t_{Mv} \in [1, \bar{t}_M]$，这反映了企业自身使用进口投入品的能力。因此，企业v的实际有效价格是$\tau_{Mv} = \tau_M t_{Mv} > 1$。贸易自由化假设仅仅影响共同的边际进口成本项$\tau_M$。一个企业具有更低的异质性中间投入贸易成本可以更容易承担起固定的同质性进口成本，因此它会开始在更低的异质性产出生产率情况下开始进口。当企业使用了相对于本国的中间投入品更高比例的进口中间品，更低的异质性进口成本降低了进口投入的相对价格，在其他条件一样的情况下，相对于更高进口成本企业，该企业的利润和工资都会更高。

最终制成品企业对进口投入品的选择也会影响其成本。边际成本c_v满足柯布—道格拉斯投入价格：$c_v = \frac{1}{\phi}\left(\frac{W_v}{\alpha}\right)^\alpha \left(\frac{P_{Mv}}{1-\alpha}\right)^{1-\alpha} = \frac{\kappa W_v^\alpha P_{Mv}^{1-\alpha}}{\phi_\alpha}$，这里$\kappa \equiv \alpha^{-\alpha}(1-\alpha)^{1-\alpha}$。

企业成本体现为两个内生变量。第一个是工资。这里需要注意的是：企业成本、收入和利润取决于企业工资。第二个是复合投入品的价格取决于中间投入品是进口的，还是国内生产的，而这取决于对已有中间投入品的多样性偏好。某个企业除了可以获得一单位区间的国内中间投入品以外，还可以获得n个单位区间中间投入品。假设$\gamma > 1$，为任何两种中间投入品的替代弹性。那么复合中间投入品的价格P_{Mv}取决于中间投入品的选择结果。对于仅仅使用本国中间产品的企业，中间产品价格$P_{Mv} = 1$，此时进口中间产品的企业复合中间投入品的价格

$P_{Mv} = [1 + n\tau_{Mv}^{1-\gamma}]^{\frac{1}{1-\gamma}} < 1$。

因此，边际成本取决于全球化模式的选择，这将影响 P_{Mv} 和均衡时的企业 W_v。对于不进口中间产品的企业边际成本是 $c_v = \frac{\kappa W_v^\alpha}{\phi_v}$，而对于进口中间产品的企业其边际成本为 $c_v = \frac{\kappa W_v^\alpha}{\phi_v}[1 + n\tau_{Mv}^{1-\gamma}]^{\frac{1-\alpha}{1-\gamma}}$。给定不变弹性的需求和垄断竞争条件，国内最终制成品的价格就是标准的边际成本加成 $p_{vd} = \frac{\sigma}{\sigma - 1} c_v$。

国内市场的收入取决于价格，因为 $r_{vd} = RP^{\sigma-1} p_{vd}^{1-\sigma}$。由于进口中间产品影响成本和价格，从而也影响收入。对于不进口中间投入品的企业，企业收入为 $r_{vd} = RP^{\sigma-1}\left(\frac{\kappa W_v^\alpha}{\rho\phi_v}\right)^{1-\sigma}$，而对于进口中间产品的企业而言，其收入 $r_{vd} = \Gamma_{Mv} RP^{\sigma-1}\left(\frac{\kappa W_v^\alpha}{\rho\phi_v}\right)^{1-\sigma}$，且加成率为 $\frac{1}{\rho}$，$\sigma = \frac{1}{1-\rho}$。这里 $\Gamma_{Mv} \equiv (1 + n\tau_{Mv}^{1-\gamma})^{\frac{(1-\alpha)(1-\sigma)}{1-\gamma}} > 1$ 是进口全球化的影响因子，反映了由于使用进口中间投入品将导致边际成本下降的情况，从而降低价格并提高企业收入。

总收入 r_v 不仅取决于国外市场的渗透程度，也取决于企业进入的实际市场数量，以及企业经营效率。我们假设对于企业进入不同市场存在异质性的冰山成本 τ_{Xv}，这个成本可以进一步分解为共同的出口成本 $\tau_X > 1$，以及异质性的成本 $t_{Xv} \in [1, \bar{t}_X]$，这里 $\tau_{Xv} = \tau_X t_{Xv}$。由于最终制成品出口面临冰山成本 τ_{Xv}，那么企业从国外市场获得的利润相应成比例减少。在其他条件一样的情况下，相对于其他企业，出口企业具有更低异质性成本将会在更低生产率水平上进入市场，且将出口更高比例的总产出。

假设 r_{vd} 为仅仅服务本国市场的企业利润，出口企业将获得利润 $\Gamma_{Xv} r_{vd}$，这里 $\Gamma_{Xv} \equiv (1 + n\tau_{Xv}^{1-\sigma}) > 1$，是一个出口全球化影响因素，反映了除了国内市场以外，出口增加了 n 个市场，其中每个市场规模等于 $\tau_{Xv}^{1-\sigma} < 1$ 乘以国内市场规模。

这些假设使得我们可以完整地分析全球化的不同模式，取决于是否进口中间投入品或者出口最终制成品。值得注意的是，只要利润 $\pi_v = \frac{r_v}{\sigma} - F_v$ 不是负的，这些都与收入有关。假定纯国内企业的可变利润为 $\pi_{vdVar} = \left(\frac{RP^{\sigma-1}}{\sigma}\right)\left(\frac{\kappa W_v^\alpha}{\rho\phi_v}\right)^{1-\sigma}$。那么给定工资的企业利润为：

$$\pi_v(W_v) = \begin{cases} 0, \text{企业退出并且没有生产} \\ \pi_{vdVar} - f, \text{仅在国内} \\ \Gamma_{Mv}\pi_{vdVar} - (f + nf_M), \text{进口中间品} \\ \Gamma_{Xv}\pi_{vdVar} - (f + nf_X), \text{出口最终制成品} \\ \Gamma_{Xv}\Gamma_{Mv}\pi_{vdVar} - [f + n(f_M + f_X)], \text{出口最终制成品且进口中间品} \end{cases}$$

(6-4)

这里，我们强调每种全球化模式的利润都取决于工资，则被标记为 $\pi_v(W_v)$，这里 $\pi'_v(W_v) < 0$。斜率为负值表明其他条件相同的情况下，更高的工资会降低利润。我们可以称之为利润曲线。

在给定宏观变量，我们则可以确定企业工资。公平工资约束决定了工资和利润是正相关的。如果我们选定某种全球化模式，我们则可以获得工资与利润之间的另一种负向关系。将这两种关系结合起来，如图6-1所示，对于纯粹国内企业，则可以确定在哪种全球化模式下的工资和利润。企业选择能够最大化利润的全球化模式。值得注意的是，所有这些选择和由于公平工资约束条件，企业选择了能够最大化均衡了工资的全球化模式。因此，我们在给定宏观变量情况下，可以决定工资、利润以及其他企业层面变量。

四、市场均衡

为了获得完整的一般均衡，我们需要设定两个假设：

假设1：

$f_X \geq f$，这可以保证零利润企业不会出口。因为，贸易成本 $\tau_X > 1$，在国外每个市场上获得的可变利润都小于本国市场，因此无法覆盖出口的固定成本。

假设2：

$f_M \geq \frac{f}{n}(\Gamma_{Mmax} - 1)$，这里 $\Gamma_{Mmax} \equiv (1 + n\tau_M^{1-\gamma})^{\frac{(1-\alpha)(1-\sigma)}{1-\gamma}}$，即 $t_{Mv} = 1$。这个条件保证当企业无法进口中间产品的零利润企业将无法发现进口中间产品的益处。为了证明这一点，值得注意的是，进口中间产品的净收益是 $(\Gamma_{Mv} - 1)\pi_{vdVar} - nf_M$。对于零利润企业，$\pi_{vdVar} = f$。假定 $t_{Mv} = 1$，这将 Γ_{Mv} 提升至最大值，然后我们施加条件使得 $(\Gamma_{Mv} - 1)f - nf_M < 0$。

上述两个假设可以保证零利润企业既不进口也不出口。实际上超过70%的企业既不进口也不出口，这些假设条件也是合理的。这两个假设还意味着临界点

上的企业当且仅当 $\phi \geq \phi^*$。

这些假设下，均衡点上的企业可以表示为：$\pi_v = \pi(\lambda_v, \hat{\phi}^*)$，这里 $\hat{\phi}^*$ 表示均衡点上的临界点生产率。这一点可以通过如下证明：根据公平工资约束，零利润企业的工资等于 1。因此，

$$\pi(\hat{\phi}^*, W(0)) = \left(\frac{RP^{\sigma-1}}{\sigma}\right)\left(\frac{\kappa}{\rho\hat{\phi}^*}\right)^{1-\sigma} - f = 0 \qquad (6-5)$$

这可以导出与宏观变量一致的临界点上的生产率 $\hat{\phi}^*$

$$RP^{\sigma-1} = \sigma f \left(\frac{\kappa}{\rho\hat{\phi}^*}\right)^{\sigma-1} \qquad (6-6)$$

在已知宏观变量情况下，我们仅需要回到上一部分中企业决策问题，并确定企业利润 $\pi_v = \pi(\lambda_v, \hat{\phi}^*)$ 与这个临界点生产率一致。这使得我们可以得到下列五个推论。

推论 1：封闭经济下，公平工资均衡存在且唯一。

推论 2：最终制成品和中间品贸易下，公平工资均衡存在且唯一。

推论 3：从封闭经济转向贸易的过程中，将提高均衡的临界点，即 $\phi^* > \phi^{*A}$

推论 4：从封闭经济转向贸易将导致：

a. 生产率最低企业的退出市场，$\phi \in (\phi^{*A}, \phi^*)$。

b. 仅仅服务本国市场企业工资都将下降。

c. 临界点边缘的进口和出口企业工资下降。

d. 足够大的进口企业和出口企业工资上升。

推论 5：其他条件一样的情况下，出口更高比例的产出和进口更高比例中间产品企业将会有更高的利润和工资。

第三节 计量模型构建与相关变量定义

虽然 Amiti 和 Davis（2011）的理论模型表明一国从封闭经济状态转向开放经济状态，会对不同类型的企业工资产生不同的影响。生产率最低的企业会被迫退出市场，而仅仅服务于本国市场企业工资都将下降，生产率处于贸易与非贸易临界点的进口和出口企业工资下降，只有足够大的进口企业和出口企业工资上升，这个理论模型主要是针对印度尼西亚的情况，为了进一步验证该模型是否在中国

也是适用的，下文将构建相关计量模型并结合中国企业数据进行分析。

一、计量模型构建

为了探讨贸易自由化（关税下降）对企业员工工资，本书借鉴 Amiti 和 Davis（2011）、Brandt 等（2017），建立以下模型：

$$\ln(wage)_{f,i,t} = \alpha_f + \alpha_i + \alpha_t + \beta_1 \times tariff\_output_{i,t} + \beta_2 \times tariff\_output_{i,t} \times EX_{f,i,t} + \beta_3 \times tariff\_input_{i,t} + \beta_4 \times tariff\_input_{i,t} \times IM_{f,i,t} + Z_{f,i,t} + \varepsilon_{f,i,t}$$

(6-7)

这里被解释变量为企业层面的平均工资（lnwage），主要解释变量中包括 CIC 行业层面的制成品关税 tariff_output 和中间投入品关税 tariff_input。同时，为了考虑关税下降对企业员工工资的差异化影响，我们将最终制成品关税与企业出口的哑变量进行交互（如果企业出口，$EX=1$），中间投入品关税与企业进口的哑变量进行交互（如果企业进口，$IM=1$）。向量 $Z_{f,i,t}$ 包括企业规模、财务状况、资本密度和劳动生产率等其他可能会影响企业工资的控制变量。

根据前文中理论模型的预计，最终制成品关税的下降将会降低非出口企业工资，即 $\beta_1 > 0$，提高出口企业的工资 $\beta_2 < 0$，最终制成品关税与企业出口的交互项表示，出口与非出口企业出的工资差异，因此出口企业的净效应为 $\beta_1 + \beta_2 > 0$。不过，理论模型中也提到，部分临界点边缘的企业在最终制成品关税下降后，从国内市场转向出口市场的过程中有可能利润下降，进而导致企业工资下降，所以具体出口企业的净效应需要通过实证检验。

类似地，根据前文中理论模型的预计，中间投入品关税的下降将会降低非进口企业工资，即 $\beta_3 > 0$，提高进口企业的工资 $\beta_4 < 0$，中间投入品关税与企业进口的交互项表示，进口与非进口企业出的工资差异，因此进口企业的净效应为 $\beta_3 + \beta_4 > 0$。不过，理论模型中也提到，部分临界点边缘的企业在中间投入品关税下降后，由于进口导致竞争加剧，在这个过程中有可能利润会下降，进而导致企业工资下降，所以进口企业的净效应需要通过实证检验。

二、相关变量定义

计量模型中涉及的具体各变量定义如下：

进口企业：2000~2006 年中至少有一年进口的企业被定义为进口企业。

员工工资：员工工资 =（本年应付工资总额 + 本年应付福利总额）/年平均

职工人数，取对数。需要说明的是，在中国工业企业数据库中，关于工资与福利有两项指标：一项是本年应付工资总额，另一项是本年应付福利总额。鉴于中国企业每年需要支付很大比例的职工福利费，中国社保缴费率也很高，职工福利费事实上也构成企业员工收入的一部分，因此我们认为有必要将其纳入员工工资，与应付工资总额合并计算。由于企业进口强度对其员工工资的影响，有可能存在一个滞后效应，因此本章在分析进口强度对员工工资影响的时候，采用了滞后一期的员工工资与当期的进口强度以及当期的其他控制变量进行分析。

企业规模（lnsize）：企业从业人数，取对数。

财务状况（finance）：企业负债总计/资产总计。我们认为企业的财务状况对企业进口选择会产生直接影响。通常财务状况良好的企业，更容易克服进口贸易中可能遇到的额外成本。

资本密集度（cap_intensity）：企业固定资产/企业从业人数，取对数。

生产率（lntfp）：本章采用了LP法测算了企业层面的全要素生产率。鲁晓东和连玉君（2012）指出，OP法可以较好地处理变量相互决定偏差引起的内生性问题和样本选择偏差引起的问题，但却存在数据丢失的问题。因此，LP可以较好地解决OP法的缺陷，同时保持OP法的优点。

同时，我们在模型中还加入了诸如行业、年份、地区①、企业等虚拟变量，用于控制企业由于其自身、行业差异、地区差异以及宏观经济状况变动导致的不同。具体而言，关于行业的虚拟变量，我们采用的是国民经济统计标准（CIC）中的四位数行业分类。

第四节 数据说明与处理

一、数据说明

为了获得企业层面的企业工资数据和进口贸易额数据，本章研究中采用了中

---

① 本章根据《地区协调发展的战略和政策》将所有省份划分为三个地区，具体如下：东部地区：北京、天津、河北、上海、江苏、浙江、福建、山东、广东、海南、辽宁、吉林和黑龙江；中部地区：山西、安徽、江西、河南、湖北和湖南；西部地区：内蒙古、广西、重庆、四川、贵州、云南、西藏、陕西、甘肃、青海、宁夏和新疆。

国国家统计局采集的2000~2006年中国工业企业数据和2000~2006年中国海关统计数据,并依据企业关键信息将这两套数据进行匹配。

中国海关总署提供的海关数据包括了2000~2006年所有海关协调码(HS)八位数分类①的进口、出口贸易数据。海关统计数据记录了每一笔贸易详细信息,包括:进出口金额、数量、产品名称、来源国和目的国,企业的联系信息(例如,企业名称、电话号码、邮政编码、联系人等),企业类型(例如,国有、民营、外商投资、合资等),贸易方式(例如,加工组装、一般贸易、来料加工贸易、进料加工贸易等)。

为了获得诸如劳动生产率、企业员工工资、生产规模、企业职工人数等企业经营绩效方面的信息,我们使用了中国国家统计局采集的2000~2006年中国工业企业数据。该套数据涵盖全部国有及规模以上(企业每年主营业务收入/销售额在500万元以上,2011年起为2000万元以上)非国有工业企业数据。中国工业企业数据记录制造类企业层面的生产和核算信息,例如:企业职工人数、资本存量、总产出、工业增加值以及可以用于识别企业的特征信息(比如,企业名称、电话号码、邮编、法定代表人)。数据来源于国家统计局依据《工业统计报表制度》而进行的工业调查统计。其统计内容包含工业企业产销状况、财务状况、成本费用情况、主要工业产品销售、库存和生产能力以及企业生产经营状况。

二、数据的匹配与处理

(一)中国工业企业数据的匹配策略

对于中国工业企业数据库而言,首先,要构建一个包括时间和企业代码的二维面板数据。这个匹配充满了挑战和困难。原因在于,存在大量企业在重组、兼并或者收购之后变更企业名称、企业代码等情况,我们无法仅仅凭借某一个企业特征信息(例如,企业代码、企业名称)就可以识别不同年份的企业观测值。其次,我们参考了Brandt等(2012)采用序贯识别方法将2000~2006年中国工业企业进行匹配。第一,依据企业代码进行匹配。第二,未能匹配成功的企业(比如,在重组、兼并或者收购之后变更了企业代码)则依据其企业名称、所在

---

① 需要指出的是,中国在2002年改变了海关产品HS8位编码,但是由于无法获得2002年之前与2002之后HS8位编码的对照表。为了保证产品分类的一致性,我们采用了HS6位编码,并结合联合国UN-COMTRADE提供的HS编码对照表将HS1996编码全部转为HS2002编码。

行业代码、地址、法定代表人等其他企业特征信息进行逐一匹配。采取序贯识别方法的原因在于在2000~2006年,中国大量的企业确实经历过重组、兼并或者收购,如果不考虑这一情况,仅仅依据企业代码进行匹配,我们就有可能将这些变更企业代码的企业视为退出市场的企业或者将其视为新进入市场的企业。

(二) 中国工业企业数据的清洗与处理

问题1:工业企业数据库中的指标存在异常值。

聂辉华等(2012)指出尽管工业企业数据库包含了130多个指标,但是有相当多的指标存在异常值。异常值的存在使得很多观测值无效,因此在进行计量回归前必须予以剔除①。考虑到企业存在误报的情况,本章遵循 Cai 和 Liu(2009)、谢千里等(2008)和 Bai 等(2009)的做法,对工业企业数据进行处理,剔除了不合理的观测数据。具体剔除标准如下:

(1) 营业收入低于500万元人民币的观测值。

(2) 用于识别企业的特征信息(企业名称、法定代表人、主营业务产品、邮政编码、行业代码、地区代码)缺失的观测值。

(3) 企业成立年份不合理(例如,企业成立年份小于或者等于零,企业成立年份大于观测值所在年份,企业成立年份大于2007年)。

(4) 经营绩效关键指标(例如,总资产、职工人数、工业总产值、固定资产净值和销售额,固定资产原值)缺失的观测值。

(5) 部分小规模企业缺乏可靠的会计系统,根据谢千里等(2008)的做法,剔除了职工人数少于八人的观测值。

(6) 根据 Bai 等(2009)标准,企业利润率低于0.1%或者高于99%的观测值属于异常值。

(7) 不符合一般会计准则的情况。包括:流动资产大于总资产;固定资产大于总资产的观测值,累计折旧小于当期折旧;固定资产原值小于零,中间投入小于零,资本金小于零,各类资本金小于零的观测值。

问题2:工业企业数据库中的指标存在缺失。

中国工业企业数据库还存在另一个问题是指标缺失。不同年份的工业企业统计数据的指标并不一样,有些年份存在部分指标缺失的情况。比较典型的就是工业增加值。参考在缺失工业增加值的年份,我们根据会计准则估算工业增加值:

---

① 聂辉华,江艇,杨汝岱. 中国工业企业数据库的使用现状和潜在问题[J]. 世界经济, 2012, 35 (5): 142-158.

工业增加值=工业总产值-工业中间投入+增值税。刘小玄和李双杰（2008）建议在没有工业总产值的年份（例如2004年），估算公式为：工业增加值=产品销售额-期初存货+期末存货-工业中间投入+增值税。

问题3：行业代码变更。

在对中国工业企业数据库进行匹配之前，还有一个重要的问题需要解决，就是行业代码的变更。根据国家统计局发布的中国行业分类标准（Chinese Industry Classification，CIC），中国工业企业数据库中每个企业都归为某一行业。2003年，国家统计局对这个行业分类标准进行了调整，某些行业被拆分，部分行业被合并。为了使得行业代码在2000~2006年不同年份之间可以比较，我们根据国家统计局公布的2002年行业代码，构建了一个行业对照表将所有年份行业代码统一调整为2002年标准的行业代码。

我们将经过清洗和处理后的中国工业企业数据中2000~2006年连续七年存活的企业保留下来，构建了一个包含企业和年份的面板数据。

（三）中国工业企业数据与海关数据的匹配策略

在对中国工业企业数据进行数据清洗和处理之后，下一步需要将处理过的2000~2006年中国工业企业数据与2000~2006年中国海关数据进行匹配。为了获得连续且匹配的中国工业企业进出口数据，我们仅对2000~2006年两套数据进行匹配。在选择用于识别两套数据库中的企业身份指标的时候，发现虽然中国工业企业数据库和海关数据库都有企业代码，但遗憾的是，中国工业企业数据库和海关数据库采用了两种完全不同的编码系统，因此无法利用两套数据中各自的企业代码进行匹配。为此，在实际识别和匹配操作中，本章主要采用的是其他企业身份识别信息，比如：企业名称、邮政编码等。具体匹配步骤同样遵循了序贯识别方法，即首先通过企业名称，其次通过邮政编码和电话号码，最后通过电话号码和联系人进行匹配的识别策略。①

（四）根据研究主题筛选与处理数据

值得注意的是，中国工业企业数据库是年度企业层面数据，而海关数据库则是月度企业交易层面数据，两套数据库匹配之后的数据中会出现同一个企业ID在同一年有多次进口记录的观测值情况。考虑到本章研究主题是探讨中间投入品

---

① 需要指出的是，本章主要关注制造业的贸易行为与经营绩效的关系。因此，研究所用样本是剔除了贸易中介的。具体而言，我们剔除了企业名称中包含"工贸""经贸""贸易""商贸""物流""进出口"等字段的观测值。

关税、中间产品进口贸易和企业员工工资的关系,即检验贸易自由化(关税下降)会导致企业中间产品进口工资溢价的问题,因此年度企业层面数据更为合适。为此,我们将海关数据汇总至年度企业层面。同时,作为衡量贸易自由化的指标(关税)需要和已经匹配好的中国工业企业数据和海关数据进行再一次匹配。

(五)关税的处理

参考 Brandt 等(2017),我们将从世界银行 WITS 数据库获得八位码 HS 产品分类的进口和最终制成品关税税率,同时将这些税率与中国行业分类四位码层面的行业匹配①,从而获得行业层面产品关税。需要指出的是这里使用的行业层面关税是八位 HS 码关税是对应的 CIC4 位码行业的简单平均数。

由于部分行业受到高度保护,其贸易额很低,有可能导致行业层面最终制成品关税的偏误,我们使用了非贸易加权的平均关税。对于中间投入品关税采用了加权平均的最终制成品关税计算,这里的权重采用了 2002 年中国投入产出表中相应行业的投入份额。此外,通过构建 2000~2006 年统一的 CIC 行业分类,我们获得了行业层面在不同年份间可以比较的中间投入品关税以及非关税壁垒。

值得注意的是,本章构建的进口和最终制成品关税都是产业层面的,而非企业层面的关税,主要是考虑到构建关税时引入企业层面的投入产出情况,容易导致样本自选择和内生性问题。

此外,由于中国工业企业数据和海关数据中的所有指标都是名义指标,为了剔除价格因素的影响,我们将需要用到的变量以 2000 年为基期进行平减。②

三、描述性统计

将中国工业企业数据库和海关数据库匹配之后,连续存活的年度企业层面数据库的相关指标的描述性统计如表 6-1 所示。

---

① 实际上这个匹配过程需要用到几个不同的协调表(concordance table)。首先,本章的样本区间为 2000~2006 年,这就涉及 HS1996 和 HS2002 两个不同的编码,需要将不同年份 HS 编码统一到 HS2002。国家统计局在 2002 年时调整了 CIC 编码,因此不能简单地将 CIC 代码与 HS2002 编码匹配,本章将通过国家统计局的 CIC 行业代码对照表,手工匹配了 2002 年之前和之后的 CIC 代码,并构建了一个连续统一的 CIC 代码,用于最终的 HS2002 与 CIC 代码匹配。

② 具体平减指数使用方式如下:出口金额和出口交货值用出口价格指数平减,进口金额用进口价格指数平减,营业收入采用消费价格指数平减,工业总产值采用出厂价格指数平减。所有平减指数数据都来源于历年的《中国统计年鉴》。

表6-1 主要变量定义与描述性统计

变量	中文名称	变量定义	数据形式	均值	最小值	最大值
lnwage2	员工平均工资	（应付工资+应付福利）/从业人数	对数	2.9303	-5.202	7.109
lnrevenue2	企业规模	营业收入	比值	11.7453	8.435	18.79
lntfp_lp	劳动生产率	工业增加值/从业人数	对数	2.0285	-1.277	2.56
cap_intensity	资本密度	固定资产/从业人数	对数	3.9986	-6.354	9.687
finance	财务状况	负债总计/资产总计	百分比	0.5033	0	12.93
tariff_input	中间投入品关税	—	百分比	7.1666	1.921	26.85
tariff_output	最终制成品关税	—	百分比	10.7859	0	65

第五节 实证分析

一、基准模型

根据前文中的计量模型（6-7），获得如下基准回归结果，具体如表6-2所示。

表6-2 关税下降与企业员工工资变动的基准回归

变量	(1) m1 lnwage2	(2) m2 lnwage2	(3) m3 lnwage2	(4) m4 lnwage2	(5) m5 lnwage2
tariff_output	5.11e-05 (4.49e-05)	-0.000184*** (5.58e-05)	—	—	-3.69e-05 (6.66e-05)
EX#c.tariff_output	—	0.000543*** (7.20e-05)	—	—	-7.23e-05 (9.68e-05)
tariff_input	—	—	0.000561*** (0.000135)	0.00170*** (0.000167)	0.00186*** (0.000202)

续表

变量	(1) m1 lnwage2	(2) m2 lnwage2	(3) m3 lnwage2	(4) m4 lnwage2	(5) m5 lnwage2
IM#c.tariff_input	—	—	—	-0.00190*** (0.000168)	-0.00202*** (0.000226)
lntfp_lp	0.342*** (0.00384)	0.342*** (0.00384)	0.342*** (0.00384)	0.342*** (0.00384)	0.342*** (0.00384)
cap_intensity	0.191*** (0.000777)	0.191*** (0.000777)	0.191*** (0.000777)	0.191*** (0.000777)	0.191*** (0.000777)
finance	0.00669*** (0.00224)	0.00664*** (0.00224)	0.00671*** (0.00224)	0.00666*** (0.00224)	0.00667*** (0.00224)
lnrevenue2	0.0616*** (0.000889)	0.0616*** (0.000889)	0.0615*** (0.000890)	0.0615*** (0.000890)	0.0615*** (0.000890)
foreign	0.0864*** (0.0117)	0.0865*** (0.0116)	0.0862*** (0.0117)	0.0865*** (0.0116)	0.0865*** (0.0116)
EX	0.00404*** (0.000458)	-0.00206** (0.000902)	—	—	—
IM	—	—	-0.00382*** (0.000453)	0.0103*** (0.00129)	0.0103*** (0.00129)
Constant	0.699*** (0.0156)	0.701*** (0.0156)	0.701*** (0.0156)	0.691*** (0.0156)	0.691*** (0.0156)
Firm FE	YES	YES	YES	YES	YES
Region FE	YES	YES	YES	YES	YES
Industry FE	YES	YES	YES	YES	YES
Year FE	YES	YES	YES	YES	YES
Observations	3484050	3484050	3484050	3484050	3484050
R-squared	0.816	0.816	0.816	0.816	0.816

注：***代表 $p<0.01$，**代表 $p<0.05$，*代表 $p<0.1$；括号内为稳健标准误差。FE 表示固定效应。本表中回归都包括了企业、行业、地区、时间的固定效应。下同。

从表6-2中我们可以知道，在上述基准回归中，最终制成品关税下降对企业员工工资的影响多数情况下并不显著。在全样本范围内，最终制成品关税下降

(Δtariff_output < 0)并没有明显影响非出口企业工资。唯一的例外是,基准回归中的第(2)列,最终制成品关税下降提高了非出口企业工资(-0.000184)。另外,企业出口与最终制成品关税的交互项 EX#c.tariff_output(出口与非出口企业出的工资差异)为正(0.000543 > 0),表明出口会降低出口企业的工资。最终制成品关税下降对企业工资的净效应为(-0.000184 + 0.000543 = 0.000359 > 0),这表明最终制成品关税下降对出口企业的净效应是负的,即降低出口企业工资。可能的原因是,部分处于出口临界点边缘的企业在最终制成品关税下降后,从国内市场转向出口市场的过程中利润下降,进而导致企业工资下降。

类似地,我们可以从实证结果来看,在全样本范围内,第(3)、第(4)列中的中间投入品关税下降(Δtariff_input < 0)将会降低非进口企业工资(0.000561 > 0,0.00170 > 0,0.001860 > 0);另外,中间投入品关税与企业进口的交互项表示进口与非进口企业出的工资差异为负(-0.00190 < 0,-0.00202 < 0),表明进口会提高进口企业的工资。最后,中间投入品关税下降对企业工资的净效应为(0.00170 - 0.00190 < 0,0.001860 - 0.00202 < 0),这表明中间投入品关税下降会提高进口企业的工资。

其他可能会影响企业工资的控制变量包括企业规模、财务状况、资本密度和全要素生产率等都与企业员工工资显著正相关。换言之,企业规模越大企业员工工资越高;企业资本密集度越高,企业员工工资越高;企业资产负债率越高,企业员工工资越高;企业全要素生产率越高,企业员工工资越高。值得注意的是,相对于非外资企业而言,外资股权比例越大,企业员工工资越高。

二、异质性分析

(一)基于贸易方式的进一步分析

国际贸易的本质已经发生了变化。当今世界,随着通信和运输技术的飞速发展,企业生产过程越来越多地跨越国界,涉及多个国家,不同生产环节分散在不同国家。这种分散化生产方式在中国的主要表现形式就是加工贸易:企业进口免税的投入品并组装成最终制成品,最后出口到其他国家。最典型的产品就是苹果手机的生产过程,富士康在出口加工区从美国、日本、韩国、德国等国家进口免税的中间投入品,在中国组装成最终制成品,然后出口到美国和欧洲市场。2000~2006年,加工贸易占据了中国整个出口贸易额的50%左右。此外,加工贸易在诸如墨西哥、越南、马来西亚、阿根廷等发展中国家盛行。这些加工贸易

第六章 国际生产分割条件下的贸易自由化、中间产品贸易与工资差距

的存在,使得中国出口企业表现出非常不同于 Melitz（2003）所刻画的出口企业。Dai 等（2016）指出中国出口企业并没有表现出和其他很多国家出口企业相似的特征,比如出口企业生产率更高,企业规模更大,支付更高的工资等。导致这种情况的主要原因就是加工贸易的盛行。研究发现,加工贸易企业比非加工贸易企业以及非贸易企业生产率更低,并呈现出更低的利润率,支付更低的工资,企业规模也更小,更低资本密集度,更少的研发投入等。因此,理解中国的对外贸易的特征的关键在于认识和理解加工贸易。为此,本章将进一步分析不同贸易方式下的关税下降对进口企业工资的影响,即本章将所有企业样本划分为加工贸易和一般贸易两个子样本,具体实证结果如表6-3所示。

表6-3 加工贸易企业关税下降与企业员工工资变动

变量	(1) m1 lnwage2	(2) m2 lnwage2	(3) m3 lnwage2	(4) m4 lnwage2	(5) m5 lnwage2
tariff_output	0.000317*** (7.20e-05)	0.000229*** (8.76e-05)	—	—	0.000123 (0.000107)
EX#c.tariff_output	—	0.000204* (0.000107)	—	—	0.000104 (0.000152)
tariff_input	—	—	0.00104*** (0.000198)	0.00141*** (0.000252)	0.00109*** (0.000307)
IM#c.tariff_input	—	—	—	-0.000542** (0.000234)	-0.000364 (0.000331)
lntfp_lp	0.299*** (0.00595)	0.299*** (0.00595)	0.299*** (0.00595)	0.299*** (0.00595)	0.299*** (0.00595)
cap_intensity	0.189*** (0.00134)	0.189*** (0.00134)	0.189*** (0.00134)	0.189*** (0.00134)	0.189*** (0.00134)
Finance	0.00116 (0.00353)	0.00114 (0.00353)	0.00119 (0.00353)	0.00117 (0.00353)	0.00117 (0.00353)
lnrevenue2	0.0702*** (0.00142)	0.0702*** (0.00142)	0.0701*** (0.00142)	0.0701*** (0.00142)	0.0701*** (0.00142)
Foreign	0.202*** (0.0169)	0.202*** (0.0169)	0.201*** (0.0169)	0.201*** (0.0169)	0.201*** (0.0169)

续表

变量	(1) m1 lnwage2	(2) m2 lnwage2	(3) m3 lnwage2	(4) m4 lnwage2	(5) m5 lnwage2
EX	0.000665 (0.000669)	-0.00176 (0.00140)	—	—	—
IM	—	—	-0.000818 (0.000653)	0.00340* (0.00188)	0.00358* (0.00188)
Constant	0.486*** (0.0234)	0.487*** (0.0234)	0.485*** (0.0234)	0.481*** (0.0234)	0.481*** (0.0234)
Firm FE	YES	YES	YES	YES	YES
Region FE	YES	YES	YES	YES	YES
Industry FE	YES	YES	YES	YES	YES
Year FE	YES	YES	YES	YES	YES
Observations	1307747	1307747	1307747	1307747	1307747
R-squared	0.776	0.776	0.776	0.776	0.776

从表6-3中我们可以知道,对于加工贸易方式的企业而言,最终制成品关税下降对企业员工工资的影响为负,即最终制成品关税下降(Δtariff_output<0)降低了非出口企业工资(0.000317, 0.000229)。另外,企业出口与最终制成品关税的交互项EX#c.tariff_output(出口与非出口企业出的工资差异)为正(0.000204>0),表明出口会降低出口企业的工资。最终制成品关税下降对企业工资的净效应为(0.000229+0.000204=0.000433>0),表明最终制成品关税下降对出口企业的净效应是负的,即降低出口企业工资。这个结论与Brandt和Morrow(2017)一致,他们认为加工贸易企业进口享有特殊的免关税待遇。因此,进一步地降低最终制成品关税会促使加工贸易出口企业转为一般贸易出口企业,进而降低加工贸易企业对劳动力的需求,这会降低加工贸易企业平均工资。

类似地,第(3)、第(4)、第(5)列中的中间投入品关税下降(Δtariff_input<0)将会降低非进口企业工资(0.00104>0, 0.00141>0, 0.00109>0);另外,中间投入品关税与企业进口的交互项表示进口与非进口企业出的工资差异为负(-0.000542<0, 0.000364<0),表明进口会提高进口企业的工资。因此中间投入品关税下降对企业工资的净效应为(0.00141-0.000542>0, 0.00109-

0.000364 > 0),表明中间投入品关税下降会降低进口企业的工资。这个结论与 Brandt 和 Morrow (2017) 一致,他们认为加工贸易企业进口享有特殊的免关税待遇。因此,进一步地降低最终制成品关税会促使加工贸易出口企业转为一般贸易出口企业,进而降低加工贸易企业对劳动力的需求,这会降低加工贸易企业平均工资。

因此,基于上述分析,对于加工贸易企业而言,进一步降低最终制成品关税和中间投入品关税都会导致加工贸易的平均工资下降。

其他可能会影响企业工资的控制变量包括企业规模、财务状况、资本密度和全要素生产率等都与企业员工工资显著正相关。

如表6-4所示,对于一般贸易企业而言,最终制成品关税下降对企业员工工资的影响多数情况下并不显著。换言之,最终制成品关税下降(Δtariff_output < 0)并没有明显影响非出口企业工资。唯一的例外是,表6-4中第(2)列,最终制成品关税下降提高了非出口企业工资(-0.000480)。另外,企业出口与最终制成品关税的交互项 EX#c.tariff_output(出口与非出口企业出口的工资差异)为正(0.000866 > 0),表明出口会降低出口企业的工资。最终制成品关税下降对企业工资的净效应为(-0.000480 + 0.000866 = 0.000386 > 0),表明最终制成品关税下降对出口企业的净效应是负的,即降低出口企业工资。可能的原因是,部分处于出口临界点边缘的企业在最终制成品关税下降后,从国内市场转向出口市场的过程中利润下降,进而导致企业工资下降。

表6-4 一般贸易企业关税下降与企业员工工资变动

变量	(1) m1 lnwage2	(2) m2 lnwage2	(3) m3 lnwage2	(4) m4 lnwage2	(5) m5 lnwage2
tariff_output	-4.41e-05 (6.69e-05)	-0.000480 *** (8.97e-05)	—	—	5.34e-06 (0.000105)
EX#c.tariff_output	—	0.000866 *** (0.000116)	—	—	-0.000245 * (0.000144)
tariff_input	—	—	0.000275 (0.000215)	0.00211 *** (0.000254)	0.00246 *** (0.000295)

续表

变量	(1) m1 lnwage2	(2) m2 lnwage2	(3) m3 lnwage2	(4) m4 lnwage2	(5) m5 lnwage2
IM#c. tariff_ input	—	—	—	-0.00387*** (0.000297)	-0.00424*** (0.000370)
lntfp_ lp	0.367*** (0.00578)	0.368*** (0.00578)	0.367*** (0.00578)	0.368*** (0.00578)	0.368*** (0.00578)
cap_ intensity	0.183*** (0.00104)	0.183*** (0.00104)	0.183*** (0.00104)	0.184*** (0.00104)	0.184*** (0.00104)
finance	0.0205*** (0.00335)	0.0204*** (0.00335)	0.0204*** (0.00335)	0.0204*** (0.00335)	0.0204*** (0.00335)
lnrevenue2	0.0640*** (0.00135)	0.0640*** (0.00135)	0.0640*** (0.00135)	0.0638*** (0.00135)	0.0638*** (0.00135)
foreign	-0.0436*** (0.0144)	-0.0437*** (0.0144)	-0.0437*** (0.0144)	-0.0435*** (0.0144)	-0.0434*** (0.0144)
EX	0.00658*** (0.000765)	-0.00218 (0.00135)	—	—	—
IM	—	—	-0.00640*** (0.000763)	0.0203*** (0.00211)	0.0203*** (0.00211)
Constant	0.836*** (0.0212)	0.840*** (0.0212)	0.840*** (0.0212)	0.828*** (0.0213)	0.828*** (0.0213)
Firm FE	YES	YES	YES	YES	YES
Region FE	YES	YES	YES	YES	YES
Industry FE	YES	YES	YES	YES	YES
Year FE	YES	YES	YES	YES	YES
Observations	1709068	1709068	1709068	1709068	1709068
R-squared	0.832	0.832	0.832	0.832	0.832

类似地,我们可以知道对于一般贸易企业而言,第(3)、第(4)、第(5)列中的中间投入品关税下降($\Delta tariff\_ input < 0$)将会降低非进口企业工资(0.000275 > 0,0.00211 > 0,0.00246 > 0);另外,中间投入品关税与企业进口的交互项表示进口与非进口企业出的工资差异为负(-0.00387 < 0,-0.00424 <

0），表明进口会提高进口企业的工资。因此中间投入品关税下降对企业工资的净效应为（0.00211 - 0.00387 < 0，0.00246 - 0.00424 < 0），表明中间投入品关税下降会提高进口企业的工资。

其他可能会影响企业工资的控制变量包括企业规模、财务状况、资本密度和全要素生产率等都与企业员工工资显著正相关。换言之，企业规模越大，企业员工工资越高；企业资本密集度越高，企业员工工资越高，企业资产负债率越高，企业员工工资越高；企业全要素生产率越高，企业员工工资越高。值得注意的是，一般贸易企业中，相对于非外资企业而言，外资企业员工工资越低。

综合上述不同贸易方式下关税下降对企业员工工资的影响分析，我们可以发现对于加工贸易方式的企业而言，最终制成品关税下降对企业员工工资的影响为负。换言之，最终制成品关税下降降低了非出口企业工资。最终制成品关税下降对出口企业的净效应是负的，即降低出口企业工资。类似地，加工贸易模式下中间投入品关税下降将会降低非进口企业工资；另外，中间投入品关税下降会降低进口企业的工资。总体而言，对于加工贸易企业而言，进一步降低最终制成品关税和中间投入品关税都会导致加工贸易的平均工资下降。

对于一般贸易企业而言，最终制成品关税下降对企业员工工资的影响多数情况下并不显著。仅在少数情况下，最终制成品关税下降会降低出口企业工资。可能的原因是，部分处于出口临界点边缘的企业在最终制成品关税下降后，从国内市场转向出口市场的过程中利润下降，进而导致企业工资下降。类似地，对于一般贸易企业而言，中间投入品关税下降会提高进口企业的工资。

（二）基于产品类型进一步分析

为了进一步分析不同产品的中间投入品关税变动是否会给进口企业的工资带来异质性影响，本章参考联合国 BEC（Broad Economic Classification）产品分类将所有产品统一划分为四类：原料、中间产品、消费品和资本品[①]，并且根据不同产品性质分别进行分析，具体分析结果如表 6-5 至表 6-8 所示。

---

① BEC（Broad Economic Classification）产品分类将所有产品统一划分为四类：原料（111，21，31）、中间产品（121，22，32，42，53）、消费品（112，122，61，62，63）和资本品（41，51，52）。在实际产品分类过程中，我们需要根据协调表将 HS 分类的进出口产品与 BEC 产品分类相对应，然后再根据 BEC 编码进一步分类。

表6-5 消费品关税下降与企业员工工资变动

变量	(1) m1 lnwage2	(2) m2 lnwage2	(3) m3 lnwage2	(4) m4 lnwage2	(5) m5 lnwage2
tariff_output	5.96e-05 (0.000109)	-0.000295* (0.000152)	—	—	0.000298 (0.000187)
EX#c.tariff_output	—	0.000613*** (0.000173)	—	—	-0.000328 (0.000222)
tariff_input	—	—	0.000443 (0.000318)	0.00124*** (0.000337)	0.00127*** (0.000356)
IM#c.tariff_input	—	—	—	-0.00271*** (0.000394)	-0.00322*** (0.000510)
lntfp_lp	0.369*** (0.00974)	0.369*** (0.00974)	0.369*** (0.00974)	0.369*** (0.00975)	0.369*** (0.00974)
cap_intensity	0.174*** (0.00148)	0.174*** (0.00148)	0.174*** (0.00148)	0.174*** (0.00148)	0.174*** (0.00148)
Finance	0.0419*** (0.00462)	0.0419*** (0.00462)	0.0419*** (0.00462)	0.0419*** (0.00462)	0.0419*** (0.00462)
lnrevenue2	0.0827*** (0.00206)	0.0826*** (0.00206)	0.0826*** (0.00206)	0.0824*** (0.00206)	0.0824*** (0.00206)
Foreign	0.486*** (0.0319)	0.486*** (0.0319)	0.486*** (0.0319)	0.485*** (0.0319)	0.485*** (0.0319)
EX	0.00468*** (0.00126)	-0.00470* (0.00282)	—	—	—
IM	—	—	-0.00451*** (0.00126)	0.0195*** (0.00356)	0.0191*** (0.00363)
Constant	-0.00325 (0.0388)	0.00250 (0.0388)	-0.000788 (0.0387)	-0.00603 (0.0387)	-0.00570 (0.0387)
Firm FE	YES	YES	YES	YES	YES
Region FE	YES	YES	YES	YES	YES
Industry FE	YES	YES	YES	YES	YES
Year FE	YES	YES	YES	YES	YES
Observations	724905	724905	724905	724905	724905
R-squared	0.787	0.787	0.787	0.787	0.787

从表6-5可以知道,对于消费品而言,最终制成品关税下降对出口企业员工工资影响多数情况下并不显著。最终制成品关税下降并没有明显影响非出口企业工资。回归中的第(2)列,最终制成品关税下降(Δtariff_ output <0)提高了非出口企业工资(-0.000295)。另外,企业出口与最终制成品关税的交互项EX#c. tariff_ output(出口与非出口企业出的工资差异)为正(0.000613 >0),表明消费品出口会降低出口企业的工资。最终制成品关税下降对企业工资的净效应为(-0.000295 +0.000613 =0.000318 >0),这表明消费品最终制成品关税下降对出口企业的净效应是负的,即降低出口企业工资。可能的原因是,部分处于出口临界点边缘的企业在最终制成品关税下降后,从国内市场转向出口市场的过程中利润下降,进而导致企业工资下降。

类似地,我们可以知道,第(3)、第(4)、第(5)列中的消费品中间投入品关税下降(Δtariff_ input <0)将会降低非进口企业工资(0.000443 >0,0.00124 >0, 0.00127 >0);另外,中间投入品关税与企业进口的交互项表示进口与非进口企业出的工资差异为负(-0.00271 <0, 0.00322 <0),表明进口会提高进口企业的工资。因此中间投入品关税下降对企业工资的净效应为(0.00124 -0.00271 <0, 0.00127 -0.00322 <0),这表明消费品中间投入品关税下降会提高进口企业的工资。

其他可能会影响企业工资的控制变量包括企业规模、财务状况、资本密度和全要素生产率等都与企业员工工资显著正相关。换言之,企业规模越大,企业员工工资越高;企业资本密集度越高,企业员工工资越高;企业资产负债率越高,企业员工工资越高;企业全要素生产率越高,企业员工工资越高。值得注意的是,相对于消费品而言,外资企业员工工资越高。

从表6-6可以知道,对于中间产品而言,最终制成品关税下降对企业员工工资影响多数情况下并不显著。最终制成品关税下降(Δtariff_ output <0)并没有明显影响非出口企业工资。另外,企业出口与最终制成品关税的交互项EX#c. tariff_ output(出口与非出口企业出的工资差异)的系数也不显著,表明中间产品出口对出口企业的工资没有什么影响。最终制成品关税下降对企业工资的净效应不显著。可能的原因是,由于中间产品出口代表的是加工贸易,而事实上,中国对加工贸易采取特殊的关税政策,即加工贸易企业出口是免征关税的,最终制成品关税的变动对于这部分企业应该是没有什么影响的。

表6-6 中间产品关税下降与企业员工工资变动

变量	(1) m1 lnwage2	(2) m2 lnwage2	(3) m3 lnwage2	(4) m4 lnwage2	(5) m5 lnwage2
tariff_output	3.44e-05 (6.40e-05)	-1.69e-05 (7.28e-05)	—	—	-7.90e-05 (8.49e-05)
EX#c.tariff_output	—	0.000183 (0.000118)	—	—	0.000114 (0.000154)
tariff_input	—	—	0.000365** (0.000171)	0.000730*** (0.000274)	0.000666* (0.000340)
IM#c.tariff_input	—	—	—	-0.000453* (0.000274)	-0.000292 (0.000356)
lntfp_lp	0.332*** (0.00471)	0.332*** (0.00471)	0.332*** (0.00471)	0.332*** (0.00471)	0.332*** (0.00471)
cap_intensity	0.197*** (0.00104)	0.197*** (0.00104)	0.197*** (0.00104)	0.197*** (0.00104)	0.197*** (0.00104)
Finance	-0.00599** (0.00291)	-0.00600** (0.00291)	-0.00598** (0.00291)	-0.00599** (0.00291)	-0.00599** (0.00291)
lnrevenue2	0.0556*** (0.00113)	0.0556*** (0.00113)	0.0555*** (0.00113)	0.0556*** (0.00113)	0.0556*** (0.00113)
Foreign	0.0395*** (0.0126)	0.0396*** (0.0126)	0.0394*** (0.0126)	0.0396*** (0.0126)	0.0396*** (0.0126)
EX	0.00418*** (0.000646)	0.00241* (0.00129)	—	—	—
IM	—	—	-0.00411*** (0.000645)	-0.00104 (0.00192)	-0.00104 (0.00192)
Constant	0.826*** (0.0184)	0.826*** (0.0184)	0.828*** (0.0184)	0.825*** (0.0185)	0.825*** (0.0185)
Firm FE	YES	YES	YES	YES	YES
Region FE	YES	YES	YES	YES	YES
Industry FE	YES	YES	YES	YES	YES
Year FE	YES	YES	YES	YES	YES
Observations	2149051	2149051	2149051	2149051	2149051
R-squared	0.816	0.816	0.816	0.816	0.816

第六章 国际生产分割条件下的贸易自由化、中间产品贸易与工资差距

类似地，我们可以知道，第（3）、第（4）、第（5）列中的中间品中间投入关税下降（$\Delta tariff\_input < 0$）将会降低非进口企业工资（0.000365 > 0，0.000730 > 0，0.000666 > 0）；另外，中间投入品关税与企业进口的交互项表示进口与非进口企业出的工资差异为负（-0.000453 < 0，0.000292 < 0），表明进口会提高进口企业的工资或者不太显著。因此中间投入品关税下降对企业工资的净效应为（0.000730 - 0.000453 > 0，0.000666 - 0.000292 > 0），表明中间品中间投入品关税下降会降低进口企业的工资。这个结论与 Brandt 和 Morrow（2017）一致，他们认为加工贸易企业进口享有了特殊的免关税待遇。因此，进一步降低中间投入品关税会促使加工贸易出口企业转为一般贸易出口企业，进而降低加工贸易企业对劳动力的需求，这会降低加工贸易企业平均工资。

对于中间产品而言，其他可能会影响企业工资的控制变量包括企业规模、资本密度、全要素生产率和外资股权比例等都与企业员工工资显著正相关。值得注意的是，中间产品财务状况与企业员工工资呈现负相关关系，换言之，中间产品生产企业资产负债率越高，企业工资越低。

从表6-7可以知道，对于资本品而言，最终制成品关税下降对出口企业员工工资的影响多数情况下并不显著。最终制成品关税下降（$\Delta tariff\_output < 0$）并没有明显影响非出口企业工资。

表6-7 资本品产品关税下降与企业员工工资变动

变量	(1) m1 lnwage2	(2) m2 lnwage2	(3) m3 lnwage2	(4) m4 lnwage2	(5) m5 lnwage2
tariff_output	-0.000242* (0.000130)	-0.000425*** (0.000152)	—	—	-8.38e-05 (0.000164)
EX#c.tariff_output	—	0.000595*** (0.000224)	—	—	-7.22e-05 (0.000275)
tariff_input	—	—	-0.00331*** (0.000834)	-0.00120 (0.000922)	-0.000906 (0.00102)
IM#c.tariff_input	—	—	—	-0.00335*** (0.000700)	-0.00349*** (0.000860)
lntfp_lp	0.358*** (0.00959)	0.358*** (0.00959)	0.358*** (0.00959)	0.358*** (0.00959)	0.358*** (0.00959)

续表

变量	(1) m1 lnwage2	(2) m2 lnwage2	(3) m3 lnwage2	(4) m4 lnwage2	(5) m5 lnwage2
cap_intensity	0.196***	0.196***	0.196***	0.196***	0.196***
	(0.00208)	(0.00208)	(0.00208)	(0.00208)	(0.00208)
Finance	0.00207	0.00205	0.00198	0.00195	0.00196
	(0.00596)	(0.00596)	(0.00596)	(0.00596)	(0.00596)
lnrevenue2	0.0480***	0.0480***	0.0481***	0.0479***	0.0479***
	(0.00227)	(0.00227)	(0.00227)	(0.00227)	(0.00227)
Foreign	-0.133***	-0.133***	-0.133***	-0.133***	-0.133***
	(0.0298)	(0.0298)	(0.0298)	(0.0299)	(0.0299)
EX	0.00700***	0.00184	—	—	—
	(0.00137)	(0.00234)			
IM	—	—	-0.00648***	0.0149***	0.0151***
			(0.00136)	(0.00460)	(0.00466)
Constant	1.063***	1.065***	1.088***	1.075***	1.075***
	(0.0414)	(0.0414)	(0.0417)	(0.0418)	(0.0419)
Firm FE	YES	YES	YES	YES	YES
Region FE	YES	YES	YES	YES	YES
Industry FE	YES	YES	YES	YES	YES
Year FE	YES	YES	YES	YES	YES
Observations	574388	574388	574388	574388	574388
R-squared	0.824	0.824	0.824	0.824	0.824

类似地，我们可以知道，第（3）、第（4）、第（5）列中的资本品中间投入品关税下降（$\Delta tariff\_input < 0$）将会提高非进口企业工资（-0.00331<0）；另外，中间投入品关税与企业进口的交互项表示进口与非进口企业出的工资差异为负（-0.00335<0，0.00349<0），表明进口会提高进口企业的工资。因此中间投入品关税下降对企业工资的净效应为（-0.00120-0.00335<0，-0.000906-0.00349<0），表明资本品中间投入品关税下降会提高进口企业的工资。可能的原因是，企业进口资本品是为了提高企业生产率或者提高企业产品质量，这都会增加企业利润，进而提高企业员工工资。

其他可能会影响企业员工工资的控制变量包括企业规模、财务状况、资本密度和全要素生产率等都与企业员工工资显著正相关。换言之，企业规模越大，企业员工工资越高；企业资本密集度越高，企业员工工资越高；企业资产负债率越高，企业员工工资越高；企业全要素生产率越高，企业员工工资越高。值得注意的是，相对于资本品而言，外资企业员工工资越低。

从表6-8可以知道，对于原料而言，最终制成品关税下降对出口企业员工工资的影响多数情况下并不显著。最终制成品关税下降（Δtariff_ output<0）并没有明显影响非出口企业工资。

表6-8 原料产品关税下降与企业员工工资变动

变量	(1) m1 lnwage2	(2) m2 lnwage2	(3) m3 lnwage2	(4) m4 lnwage2	(5) m5 lnwage2
tariff_ output	-0.00319 (0.00299)	-0.00314 (0.00324)	—	—	-0.00443 (0.00439)
EX#c. tariff_ output	—	-9.63e-05 (0.00298)	—	—	-0.00463 (0.00557)
tariff_ input	—	—	0.00619 (0.0105)	0.00752 (0.0104)	0.0242* (0.0135)
IM#c. tariff_ input	—	—	—	-0.00294 (0.00657)	-0.0115 (0.0121)
lntfp_ lp	0.214 (0.138)	0.214 (0.138)	0.209 (0.137)	0.212 (0.137)	0.213 (0.137)
cap_ intensity	0.195*** (0.0225)	0.195*** (0.0226)	0.195*** (0.0225)	0.196*** (0.0229)	0.198*** (0.0229)
Finance	0.0475 (0.0763)	0.0475 (0.0761)	0.0471 (0.0761)	0.0472 (0.0761)	0.0469 (0.0759)
lnrevenue2	-0.000151 (0.0296)	-0.000173 (0.0296)	0.000500 (0.0295)	0.000687 (0.0295)	0.000608 (0.0296)
o. foreign	—	—	—	—	—
EX	-0.0190 (0.0194)	-0.0176 (0.0470)	—	—	—

续表

变量	(1) m1 lnwage2	(2) m2 lnwage2	(3) m3 lnwage2	(4) m4 lnwage2	(5) m5 lnwage2
IM	—	—	0.0207 (0.0195)	0.0468 (0.0628)	0.0561 (0.0630)
Constant	1.575*** (0.296)	1.575*** (0.296)	1.464*** (0.304)	1.441*** (0.308)	1.414*** (0.311)
Firm FE	YES	YES	YES	YES	YES
Region FE	YES	YES	YES	YES	YES
Industry FE	YES	YES	YES	YES	YES
Year FE	YES	YES	YES	YES	YES
Observations	3788	3788	3788	3788	3788
R-squared	0.868	0.868	0.868	0.868	0.868

类似地，原料中间投入品关税下降（$\Delta tariff\_input < 0$）对企业工资的影响不显著。可能的原因是，原料都是初级产品，中国对原料的进口大多采取低关税甚至零关税的政策，因此中间投入品关税下降并不太直接影响企业的经营绩效，即对企业员工工资的影响不明显。

其他可能会影响企业工资的控制变量，除了资本密度对企业员工工资显著正相关，其他控制变量包括企业规模、财务状况和全要素生产率等都对企业员工工资没有显著影响。

综上所述，我们可以发现，消费品最终制成品关税下降会降低出口企业工资。可能的原因是，部分处于出口临界点边缘的企业在最终制成品关税下降后，从国内市场转向出口市场的过程中利润下降，进而导致企业工资下降。值得注意的是，相对于消费品而言，外资企业员工工资越高。

对于中间产品而言，最终制成品关税下降对企业员工工资影响多数情况下并不显著。可能的原因是，由于中间产品贸易主要涉及加工贸易，而事实上，中国对加工贸易采取特殊的关税政策，即加工贸易企业出口是免征关税的，最终制成品关税的变动对于这部分企业应该是没有什么影响的。类似地，中间投入品关税下降会降低进口企业的工资。

对于资本品而言,最终制成品关税下降对出口企业员工工资影响多数情况下并不显著。类似地,我们可以知道,资本品中间投入品关税下降会提高进口企业的工资。可能的原因是,企业进口资本品是为了提高企业生产率或者提高企业产品质量,这都会增加企业利润,进而提高企业员工工资。

对于原料而言,最终制成品关税下降对出口企业员工工资影响多数情况下并不显著。最终制成品关税下降并没有明显影响非出口企业工资。类似地,原料中间投入品关税下降对企业员工工资的影响不显著。

(三)基于企业所在区域的进一步分析

考虑到中国是发展不平衡的大国,不同区域之间的经济发展程度差异巨大,因此本章认为有必要根据企业所在区域分析关税下降对不同区域的企业员工工资的影响。根据中国区域统计年鉴的定义,将所有省份划分为三个区域,其中东部地区包括13个省份,中部地区包括6个省份,西部地区包括12个省份。① 细分样本的相关回归结果如表6-9至表6-11所示。

表6-9 关税下降对东部地区企业工资的影响

变量	(1) m1 lnwage2	(2) m2 lnwage2	(3) m3 lnwage2	(4) m4 lnwage2	(5) m5 lnwage2
tariff_output	3.59e-05 (4.57e-05)	-0.000199*** (5.67e-05)	—	—	-4.42e-05 (6.78e-05)
EX#c.tariff_output	—	0.000543*** (7.31e-05)	—	—	-8.46e-05 (9.83e-05)
tariff_input	—	—	0.000529*** (0.000138)	0.00168*** (0.000169)	0.00187*** (0.000204)
IM#c.tariff_input	—	—	—	-0.00192*** (0.000170)	-0.00206*** (0.000230)
lntfp_lp	0.345*** (0.00390)	0.345*** (0.00390)	0.345*** (0.00390)	0.345*** (0.00390)	0.345*** (0.00390)

---

① 具体而言,东部地区包括:北京、天津、河北、上海、江苏、浙江、福建、山东、广东、海南、辽宁、吉林和黑龙江。中部地区包括:山西、安徽、江西、河南、湖北和湖南;西部地区包括:内蒙古、广西、重庆、四川、贵州、云南、西藏、陕西、甘肃、青海、宁夏和新疆。

续表

变量	(1) m1 lnwage2	(2) m2 lnwage2	(3) m3 lnwage2	(4) m4 lnwage2	(5) m5 lnwage2
cap_intensity	0.191*** (0.000787)	0.191*** (0.000787)	0.191*** (0.000787)	0.192*** (0.000787)	0.192*** (0.000787)
finance	0.000295 (0.00227)	0.000247 (0.00227)	0.000310 (0.00227)	0.000270 (0.00227)	0.000279 (0.00227)
lnrevenue2	0.0607*** (0.000903)	0.0607*** (0.000903)	0.0606*** (0.000903)	0.0606*** (0.000903)	0.0606*** (0.000903)
foreign	0.0761*** (0.0126)	0.0762*** (0.0126)	0.0758*** (0.0126)	0.0761*** (0.0126)	0.0761*** (0.0126)
EX	0.00404*** (0.000464)	-0.00207** (0.000917)	—	—	—
IM	—	—	-0.00380*** (0.000459)	0.0105*** (0.00131)	0.0104*** (0.00131)
Constant	0.719*** (0.0164)	0.721*** (0.0164)	0.721*** (0.0164)	0.711*** (0.0164)	0.711*** (0.0164)
Observations	3373908	3373908	3373908	3373908	3373908
R-squared	0.816	0.816	0.816	0.816	0.816

从表6-9可以知道，对于东部地区企业而言，最终制成品关税下降对企业员工工资的影响多数情况下并不显著，即最终制成品关税下降（Δtariff_output < 0）并没有明显影响非出口企业工资。唯一的例外是，表6-9中第（2）列，最终制成品关税下降降低了非出口企业工资（-0.000199）。另外，企业出口与最终制成品关税的交互项 EX#tariff_output（出口与非出口企业出的工资差异）为负（-0.000543<0），表明关税下降情况下，出口会提高出口企业的工资。最终制成品关税下降对企业员工工资的净效应为（-0.000199+0.000543=0.00344>0），这表明最终制成品关税下降会降低出口企业工资。可能的原因是，对于东部地区而言，部分处于出口临界点边缘的企业在最终制成品关税下降后，从国内市场转向出口市场的过程中利润下降，进而导致企业工资下降。

类似地,我们可以知道,对于东部地区企业而言,第(3)、第(4)、第(5)列中的中间投入品关税下降(Δtariff_input<0)将会提高非进口企业工资(0.000529>0,0.00168>0,0.00187>0);另外,中间投入品关税与企业进口的交互项表示进口与非进口企业出的工资差异为正(-0.00192<0,-0.00206<0),表明进口会降低进口企业的工资。因此中间投入品关税下降对企业工资的净效应为(0.00168-0.00192<0,0.00187-0.00206<0),这表明中间投入品关税下降会提高进口企业的工资。可能的原因是,进口企业通过进口高质量的中间投入品、多样化的进口投入以及技术溢出等效应,提高了进口企业的生产率和竞争力,进而能够支付给员工更高的工资。

其他可能会影响企业工资的控制变量包括企业规模、财务状况、资本密度和全要素生产率等都与企业员工工资显著正相关。换言之,企业规模越大,企业员工工资越高;企业资本密集度越高,企业员工工资越高;企业资产负债率越高,企业员工工资越高;企业全要素生产率越高,企业员工工资越高。在东部地区,相对于非外资企业而言,外资企业员工工资越高。这个情况也比较符合目前外商投资企业集中于东部沿海地区的现实。而且投资于东部沿海地区的外资企业通常面临着较为激烈的市场竞争,外资企业生产率更高,因而支付给员工的工资更高。

表6-10 关税下降对中部地区企业工资的影响

变量	(1) m1 lnwage2	(2) m2 lnwage2	(3) m3 lnwage2	(4) m4 lnwage2	(5) m5 lnwage2
tariff_output	0.000269 (0.000305)	0.00126*** (0.000406)	—	—	0.000262 (0.000463)
EX#c.tariff_output	—	-0.00243*** (0.000509)	—	—	-0.000405 (0.000651)
tariff_input	—	—	0.00153 (0.000936)	-0.00299*** (0.00108)	-0.00274** (0.00133)
IM#c.tariff_input	—	—	—	0.00805*** (0.00128)	0.00740*** (0.00164)
lntfp_lp	0.190*** (0.0352)	0.190*** (0.0352)	0.190*** (0.0352)	0.189*** (0.0352)	0.189*** (0.0352)

续表

变量	(1) m1 lnwage2	(2) m2 lnwage2	(3) m3 lnwage2	(4) m4 lnwage2	(5) m5 lnwage2
cap_intensity	0.0719*** (0.00701)	0.0717*** (0.00700)	0.0720*** (0.00701)	0.0711*** (0.00700)	0.0712*** (0.00700)
Finance	0.201*** (0.0170)	0.201*** (0.0169)	0.201*** (0.0169)	0.201*** (0.0169)	0.201*** (0.0169)
lnrevenue2	0.0842*** (0.00715)	0.0847*** (0.00714)	0.0840*** (0.00715)	0.0850*** (0.00715)	0.0850*** (0.00715)
Foreign	-0.103 (0.0648)	-0.104* (0.0629)	-0.103 (0.0648)	-0.105* (0.0637)	-0.105* (0.0635)
EX	0.0151*** (0.00359)	0.0418*** (0.00646)	—	—	—
IM	—	—	-0.0150*** (0.00354)	-0.0722*** (0.00966)	-0.0718*** (0.00966)
Constant	1.154*** (0.117)	1.141*** (0.116)	1.163*** (0.117)	1.191*** (0.117)	1.191*** (0.117)
Observations	61089	61089	61089	61089	61089
R-squared	0.849	0.849	0.849	0.849	0.849

从表6-10可以知道，对于中部地区企业而言，最终制成品关税下降对企业员工工资的影响多数情况下并不显著，即最终制成品关税下降（Δtariff_output < 0）并没有明显影响非出口企业工资。唯一的例外是，表6-10中第（2）列，最终制成品关税下降降低了非出口企业工资（0.00126）。另外，企业出口与最终制成品关税的交互项EX#c.tariff_output（出口与非出口企业出的工资差异）为负（-0.00243 < 0），表明出口会降低出口企业的工资。最终制成品关税下降对企业工资的净效应为（0.00126 - 0.00243 = -0.00108 < 0），这表明最终制成品关税下降会提高出口企业工资。可能的原因是，相对于东部地区而言，中部地区在最终制成品关税下降后，从国内市场转向出口市场的过程中企业获得了更大的市场，通过出口学习，获得更高绩效，进而导致企业工资上升。

类似地，我们可以知道，对于中部地区企业而言，第（4）、第（5）列中的中间投入品关税下降（Δtariff_input < 0）将会提高非进口企业工资（-0.00299 <

第六章 国际生产分割条件下的贸易自由化、中间产品贸易与工资差距

0，-0.00274<0）；另外，中间投入品关税与企业进口的交互项表示进口与非进口企业出的工资差异为负（-0.00805<0，-0.00740<0），表明进口会提高进口企业的工资。因此中间投入品关税下降对企业工资的净效应为（-0.00299+0.00805>0，-0.00274+0.00740>0），表明中间投入品关税下降会降低进口企业的工资。可能的原因在于，对于中部地区而言，企业生产的主要是中间产品而非最终制成品，中间产品关税下降，会对已有企业产生冲击，企业利润下降，进而员工工资下降。

其他可能会影响企业工资的控制变量包括企业规模、财务状况、资本密度和全要素生产率等都与企业员工工资显著正相关。换言之，企业规模越大，企业员工工资越高；企业资本密集度越高，企业员工工资越高；企业资产负债率越高，企业员工工资越高；企业全要素生产率越高，企业员工工资越高。在中部地区，相对于非外资企业而言，外资企业员工工资越低，可能的原因是在中部地区外资企业占比很少，同时投资于中部地区的外资企业生产率相对于其他所有制企业而言更低，支付给企业员工的工资低于其他所有制企业。另外，也表明中部地区市场化程度偏低，国有和其他所有制企业在当地经济结构中占主导地位，外资企业缺乏竞争力。

表6-11 关税下降对西部地区企业工资的影响

变量	(1) m1 lnwage2	(2) m2 lnwage2	(3) m3 lnwage2	(4) m4 lnwage2	(5) m5 lnwage2
tariff_output	0.000733** (0.000316)	-0.000701* (0.000392)			-0.000140 (0.000464)
EX#c.tariff_output		0.00360*** (0.000544)			0.00203*** (0.000769)
tariff_input			0.00133 (0.000877)	0.00679*** (0.00110)	0.00359** (0.00157)
IM#c.tariff_input				-0.00926*** (0.00126)	-0.00589*** (0.00179)
lntfp_lp	0.371*** (0.0266)	0.368*** (0.0266)	0.372*** (0.0266)	0.370*** (0.0266)	0.368*** (0.0266)

续表

变量	(1) m1 lnwage2	(2) m2 lnwage2	(3) m3 lnwage2	(4) m4 lnwage2	(5) m5 lnwage2
cap_intensity	0.289 *** (0.00715)	0.289 *** (0.00714)	0.289 *** (0.00716)	0.290 *** (0.00714)	0.290 *** (0.00713)
Finance	0.192 *** (0.0154)	0.191 *** (0.0153)	0.192 *** (0.0154)	0.191 *** (0.0153)	0.191 *** (0.0153)
lnrevenue2	0.00792 (0.00770)	0.00873 (0.00767)	0.00761 (0.00770)	0.00831 (0.00765)	0.00879 (0.00766)
Foreign	0.104 *** (0.0358)	0.104 *** (0.0358)	0.104 *** (0.0358)	0.105 *** (0.0357)	0.105 *** (0.0358)
EX	−0.00460 (0.00353)	−0.0410 *** (0.00636)			
IM			0.00372 (0.00348)	0.0675 *** (0.00925)	0.0655 *** (0.00931)
Constant	0.603 *** (0.102)	0.609 *** (0.102)	0.600 *** (0.102)	0.553 *** (0.101)	0.551 *** (0.101)
Observations	49047	49047	49047	49047	49047
R-squared	0.861	0.861	0.861	0.861	0.861

从表6-11第（1）列可知，对于西部地区企业而言，最终制成品关税下降（$\Delta tariff\_output < 0$）会降低非出口企业工资。在第（2）列，最终制成品关税下降提高了非出口企业工资（−0.000701）。另外，企业出口与最终制成品关税的交互项 EX#c.tariff_output（出口与非出口企业出的工资差异）为负（0.00360 > 0），表明出口会降低出口企业的工资。最终制成品关税下降对企业工资的净效应为（−0.000701 + 0.00360 > 0），表明最终制成品关税下降会降低出口企业工资。可能的原因是，对于西部地区而言，部分处于出口临界点边缘的企业在最终制成品关税下降后，从国内市场转向出口市场的过程中利润下降，进而导致企业工资下降。

类似地，我们可以知道，对于西部地区企业而言，第（4）、第（5）列中的中间投入品关税下降（$\Delta tariff\_input < 0$）将会降低非进口企业工资（0.00679 > 0，0.00359 > 0）；另外，中间投入品关税与企业进口的交互项表示进口与非进口企业出的工资差异为负（-0.00926<0，-0.00359<0），表明进口会提高进口企业的工资。因此中间投入品关税下降对企业工资的净效应为（-0.00679+0.00926>0，-0.00359+0.00589>0），这表明中间投入品关税下降会降低进口企业的工资。可能的原因在于，对于西部地区而言，企业生产的主要是中间产品而非最终制成品，中间产品关税下降会对已有企业产生冲击，企业利润下降，进而员工工资下降。

其他可能会影响企业工资的控制变量包括企业规模、财务状况、资本密度和全要素生产率等都与企业员工工资显著正相关。换言之，企业规模越大，企业员工工资越高；企业资本密集度越高，企业员工工资越高；企业资产负债率越高，企业员工工资越高；企业全要素生产率越高，企业员工工资越高。在西部地区，相对于非外资企业而言，外资企业员工工资越高，可能的原因是，在西部地区外资企业占比很少，同时投资于西部地区的外资企业生产率相对于其他所有制企业而言更高，支付给企业员工的工资高于其他所有制企业。

综合表6-9、表6-10和表6-11，我们可以获知，关税下降对不同地区的进口和出口企业工资的影响存在异质性。一方面，最终制成品关税下降，会提高中部地区出口企业的工资，但是会降低东部和西部地区出口企业的工资；另一方面，中间投入品进口关税下降，会降低中部和西部进口企业的工资，提高东部地区进口企业的工资。

三、稳健性检验

前面基准回归结果中，我们采用了关税作为贸易自由化的代理变量，这可能会导致内生性问题。比如，反向因果关系，即是否存在企业员工通过工会来游说采取贸易保护性措施呢（Bagwell and Stager，1999；Bown and Crowney，2013）？本章认为在中国工会的作用并没有那么大，因此不太可能影响到关税政策。相反，根据Brandt等（2017）、Fan等（2018a），本章认为中间投入品关税与最终制成品关税是外生的。比如，中国在2001年加入世界贸易组织之前就已经开始并削减关税，这种行为很大程度上可以视为是一种单方面的贸易自由化。另外，中国在加入WTO之前主要贸易伙伴国已经给予了中国最惠国待遇。这些都表明中国的关税政策调整对于本章的计量模型而言可以视为是外生的。

不过，为了稳健起见，且控制计量模型中可能存在的内生性问题，本章采取了工具变量法对基准回归进行了再检验。事实上，寻找关税的合理工具变量并不是一件容易的事情。本章借鉴 Trefler（2004）、Amiti 和 Davis（2011）、Brandt 等（2017）采用行业中间投入品关税和最终制成品关税的滞后一期分别作为中间投入品关税和最终制成品关税一阶差分的工具变量。这样选择的原因是我们认为滞后期的行业中间投入品关税和最终制成品关税不太可能会影响一阶差分后的中间投入品关税和最终制成品关税。因此，差分后的回归模型如下：

$$\Delta\ln(wage)_{f,i,t} = \beta_1 \times \Delta tariff\_output_{i,t} + \beta_2 \times \Delta tariff\_output_{i,t} \times EX_{f,i,t} + \Delta\beta_3 \times \Delta tariff\_input_{i,t} + \beta_4 \times \Delta tariff\_input_{i,t} \times IM_{f,i,t} + Z_{f,i,t} + \varepsilon_{f,i,t}$$

(6-8)

基于模型（6-8）的 2SLS 回归结果如表 6-12 所示：

表 6-12 基于工具变量的 2SLS 回归结果

变量	(1) f1 dwage	(2) f2 dwage	(3) f3 dwage	(4) f4 dwage	(5) f5 dwage
dtariff_output	0.00144*** (9.60e-05)	0.000836*** (0.000119)	—	—	0.00204*** (0.000133)
EX#c.dtariff_output	—	0.00166*** (0.000243)	—	—	0.00122*** (0.000247)
dtariff_input	—	—	-0.00222*** (0.000270)	-0.00104* (0.000538)	-0.00528*** (0.000583)
IM#c.dtariff_input	—	—	—	-0.00181*** (0.000652)	-0.000698 (0.000698)
dtfp_lp	0.259*** (0.00438)	0.259*** (0.00437)	0.259*** (0.00438)	0.259*** (0.00438)	0.259*** (0.00438)
dcap_intensity	0.214*** (0.00120)	0.214*** (0.00120)	0.214*** (0.00120)	0.214*** (0.00120)	0.214*** (0.00120)
dfinance	0.0248*** (0.00315)	0.0245*** (0.00315)	0.0245*** (0.00315)	0.0245*** (0.00315)	0.0242*** (0.00315)
drevenue	0.115*** (0.00131)	0.115*** (0.00131)	0.116*** (0.00131)	0.116*** (0.00131)	0.115*** (0.00131)
foreign	0.0149*** (0.00304)	0.0148*** (0.00304)	0.0144*** (0.00304)	0.0143*** (0.00304)	0.0145*** (0.00304)

第六章 国际生产分割条件下的贸易自由化、中间产品贸易与工资差距

续表

变量	(1) f1 dwage	(2) f2 dwage	(3) f3 dwage	(4) f4 dwage	(5) f5 dwage
EX	-0.00633*** (0.000766)	-0.00516*** (0.000774)	—	—	—
IM	—	—	0.00347*** (0.000760)	0.00242*** (0.000818)	0.00457*** (0.000822)
Kleibergen – Paaprk LM 统计量	2.60E+05	1.00E+05	2.40E+05	1.30E+05	1.10E+05
Cragg – Donald Wald F 统计量	1.70E+06	4.10E+05	1.90E+06	5.30E+05	2.20E+05
Region FE	YES	YES	YES	YES	YES
Industry FE	YES	YES	YES	YES	YES
Year FE	YES	YES	YES	YES	YES
Observations	2085748	2085748	2085748	2085748	2085748
R – squared	0.061	0.061	0.061	0.061	0.061

注：行业中间投入品关税和最终制成品关税的滞后一期分别作为中间投入品关税和最终制成品关税一阶差分的工具变量。

从表6-12中可以知道，工具变量的2SLS结果与表6-2中OLS估计的结果基本一致。具体而言，最终制成品关税下降对企业员工工资的影响基本上为负。在全样本范围内，最终制成品关税下降（$\Delta tariff\_output < 0$），回归中的第（2）列，最终制成品关税下降降低非出口企业工资（0.000836）。另外，企业出口与最终制成品关税的交互项EX#c. dtariff_output（出口与非出口企业出的工资差异）为正（0.00166＞0），表明出口会降低出口企业的工资。最终制成品关税下降对企业工资的净效应为（0.000836+0.00166=0.002496＞0），表明最终制成品关税下降对出口企业的净效应是负的，即降低出口企业工资。可能的原因是，部分处于出口临界点边缘的企业在最终制成品关税下降后，从国内市场转向出口市场的过程中利润下降，进而导致企业工资下降。

类似地，我们可以知道，中间投入品关税下降（$\Delta tariff\_input < 0$）将会提高非进口企业工资（-0.00222＜0，-0.00104＜0，-0.00528＜0）；另外，中间投入品关税与企业进口的交互项表示进口与非进口企业出的工资差异为负

(-0.00181<0, -0.000698<0), 表明进口会提高进口企业的工资。因此中间投入品关税下降对企业工资的净效应为 (-0.00104 - 0.00181<0, -0.00528 - 0.000698<0), 这表明中间投入品关税下降会提高进口企业的工资。

其他可能会影响企业工资的控制变量包括企业规模、财务状况、资本密度和全要素生产率等都与企业员工工资显著正相关。换言之，企业规模越大，企业员工工资越高；企业资本密集度越高，企业员工工资越高；企业资产负债率越高，企业员工工资越高；企业全要素生产率越高，企业员工工资越高。值得注意的是，相对于非外资企业而言，外资股权比例越大，企业员工工资越高。

另外，本章还对工具变量进行了相关检验，具体见表6-12中下半部分。首先，我们对工具变量进行了过度识别检验，检验结果表明所有工具变量都是外生的，模型恰好识别。其次，本章对工具变量进行了识别不足问题检验，即工具变量与内生性变量不相关。根据表6-12中的 Kleibergen - Paaprk LM 统计量可以知道，本章选取的工具变量不存在识别不足的问题，即工具变量与内生变量有关。考虑到即使不存在识别不足问题，但仍然可能存在弱工具变量问题。本章进一步采用了弱工具变量检验，从表6-12中还可以知道，Cragg - Donald Wald F 统计量远远大于10，我们认为本章选取的工具变量可以在1%显著性水平下拒绝弱工具变量的假设，即工具变量是有效的。

第六节 本章小结

本书基于2000~2006年中国工业企业数据库和中国海关数据库匹配后的样本，分析了国际生产分割条件下中间投入品与最终制成品关税下降对企业员工工资的影响，研究发现：

（1）最终制成品关税下降会降低出口企业工资。可能的原因是，部分处于出口临界点边缘的企业在最终制成品关税下降后，从国内市场转向出口市场的过程中利润下降，进而导致企业工资下降。类似地，中间投入品关税下降将会降低非进口企业工资，中间投入品关税下降会提高进口企业的工资。其他可能会影响企业工资的控制变量包括企业规模、财务状况、资本密度和全要素生产率等都与企业员工工资显著正相关。换言之，企业规模越大，企业员工工资越高；企业资本密集度越高,企业员工工资越高;企业资产负债率越高,企业员工工资越高;企业全要素生产率越高,企业员工工资越高。值得注意的是,相对于非外资企业而言,外资企业员工工资越高。

(2) 对于加工贸易方式的企业而言,最终制成品关税下降对企业员工工资的影响为负,即最终制成品关税下降降低了非出口企业工资。最终制成品关税下降对出口企业的净效应是负的,即降低出口企业工资。这个结论与 Brandt 和 Morrow (2017) 一致,他们认为加工贸易企业进口享有特殊的免关税待遇。因此,进一步降低最终制成品关税会促使加工贸易出口企业转为一般贸易出口企业,进而降低加工贸易企业对劳动力的需求,这会降低加工贸易企业的平均工资。

类似地,中间投入品关税下降将会降低非进口企业工资;另外,中间投入品关税下降会降低进口企业的工资。正如 Fan 等(2018a)所指出的,中间品进口关税下降对企业加成的提升仅限于一般贸易。这个结论也与 Brandt 和 Morrow (2017) 一致,他们认为加工贸易企业进口享有特殊的免关税待遇。因此,进一步降低最终制成品关税会促使加工贸易出口企业转为一般贸易出口企业,进而降低加工贸易企业对劳动力的需求,这会降低加工贸易企业平均工资。总体而言,对于加工贸易企业,进一步降低最终制成品关税和中间投入品关税都会导致加工贸易企业的平均工资下降。

(3) 对于一般贸易企业而言,最终制成品关税下降对企业员工工资的影响多数情况下并不显著。仅在少数情况下,最终制成品关税下降会降低出口企业工资。可能的原因是,部分处于出口临界点边缘的企业在最终制成品关税下降后,从国内市场转向出口市场的过程中利润下降,进而导致企业工资下降。类似地,对于一般贸易企业而言,中间投入品关税下降会提高进口企业的工资。值得注意的是,一般贸易企业中,相对于非外资企业而言,外资企业员工工资越低。

(4) 本章参考联合国 BEC 产品分类将所有产品统一划分为四类:原料、中间产品、消费品和资本品。研究发现,消费品最终制成品关税下降会降低出口企业工资。可能的原因是,部分处于出口临界点边缘的企业在最终制成品关税下降后,从国内市场转向出口市场的过程中利润下降,进而导致企业工资下降。值得注意的是,对于消费品而言,外资企业员工工资越高。

对于中间产品而言,最终制成品关税下降对企业员工工资的影响多数情况下并不显著。可能的原因是,由于中间产品贸易主要涉及加工贸易,而事实上,中国对加工贸易采取特殊的关税政策，即加工贸易企业出口是免征关税的，最终制成品关税的变动对于这部分企业应该是没有什么影响的。类似地，中间投入品关税下降会降低进口企业的工资。其他可能会影响企业工资的控制变量包括企业规模、资本密度、全要素生产率和外资股权比例等都与企业员工工资显著正相关。值得注意的是，对于财务状况与企业员工工资呈现负相关关系，换言之，中间产品生产企业资产负债率越高，企业工资越低。

对于资本品而言，最终制成品关税下降对出口企业员工工资的影响多数情况下并不显著。类似地，我们可以知道从实证结果来看，资本品中间投入品关税下降会提高进口企业的工资。可能的原因是，企业进口资本品是为了提高企业生产率或者提高企业产品质量，这都会增加企业利润，进而提高企业员工工资。

对于原料而言，最终制成品关税下降对出口企业员工工资的影响多数情况下并不显著。最终制成品关税下降并没有明显影响非出口企业工资。类似地，原料中间投入品关税下降企业工资的影响不显著。可能的原因是，原料都是初级产品，中国对原料的进口大多采取低关税甚至零关税的政策，因此关税下降并不太直接影响企业的经营绩效，即对企业员工工资的影响不明显。其他可能会影响企业工资的控制变量，除了资本密度对企业员工工资显著正相关，其他控制变量包括企业规模、财务状况和全要素生产率等都对企业员工工资没有显著影响。

（5）从分区域的研究来看，关税下降对不同地区的进口和出口企业工资的影响存在异质性。一方面，最终制成品关税下降，会提高中部地区出口企业的工资，但是会降低东部和西部地区出口企业的工资；另一方面，中间投入品进口关税下降，会降低中部和西部进口企业的工资，提高东部地区进口企业的工资。

第七章 国际生产分割、企业进口与员工工资

——基于广义倾向评分的实证研究

第一节 引言

习近平主席在首届中国国际进口博览会开幕式上的演讲中提出要激发进口潜力。中国主动扩大进口,不是权宜之计,而是面向世界、面向未来、促进共同发展的长远考量。中国将顺应国内消费升级趋势,采取更加积极有效的政策措施,促进居民收入增加、消费能力增强,培育中高端消费新增长点,持续释放国内市场潜力,扩大进口空间。中国将进一步降低关税,提升通关便利化水平,削减进口环节制度性成本,加快跨境电子商务等新业态、新模式发展。中国有14多亿人口的大市场,真诚向各国开放市场,中国国际进口博览会不仅要年年办下去,而且要办出水平、办出成效、越办越好①。

自2001年中国加入WTO以来,进口贸易与出口贸易都得到了飞速发展,贸易规模不断攀升(见图7-1)。就贸易总额而言,多年位居世界第一。这是中国积极参与全球化分工的结果。在这个过程中,众多企业正成为国际生产网络中的一部分。这个生产网络的特点是:日本、韩国等发达经济体出口中间产品到中国,然后在中国进行组装,完成最后制成品,而出口目的地最主要的不是日本、

---

① 参见习近平出席首届中国国际进口博览会开幕式并发表主旨演讲,https://www.chinanews.com/gn/2018/11-05/8668513.shtml。

韩国，而是美国和欧洲市场。不过，值得注意的是，中国进口贸易与出口贸易之间的贸易差额变得愈来愈大，换言之，贸易顺差也在逐年递增，这表明中国产品在世界市场上的竞争力越来越强。贸易顺差的递增也引发了中国与诸多国家，特别是与美国之间的贸易摩擦。从贸易平衡的角度来看，我们也有必要扩大进口，实现进出口的同步发展。

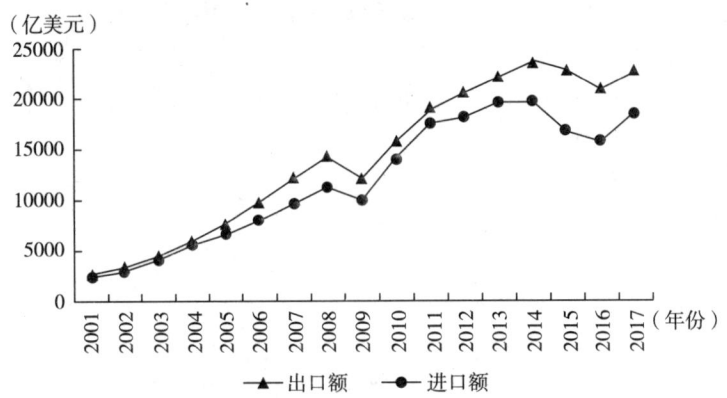

图7-1 2001~2017年中国进出口贸易额

资料来源：《中国统计年鉴》（2002~2018）。

无论从贸易政策来看，还是从目前进出口贸易状况来看，我们确实需要加大进口，这也成为广泛的共识。不过，一个值得思考的问题是：在扩大进口的过程中，进口强度的变化对中国劳动力市场会产生什么影响呢？或者更为准确地说，对微观企业员工的就业和工资会产生什么影响呢？这是一个十分有现实和理论意义的问题。为此，我们认为需要将国际生产分工、进口贸易强度和企业工资三者联系起来，并详细探讨进口强度的变化如何影响企业工资。

第二节　计量模型与估计方法

本章将运用的广义倾向匹配评分方法（GPS）最初是由 Imbens（2000）、Hirano 和 Imbens（2004）研究提出。广义倾向匹配评分方法允许处理变量是连续性的，在本章研究中的处理变量为：不同水平的进口强度。Imbens（2000）表明与二元处理变量类似,经过调整后的广义匹配评分方法可以消除处理组(进口企业)与对照组(非进口企业)所有处理前的偏误。Hirano 和 Imbens(2004)进一步指出在给定连续处理变量(进口强度)和在每一连续处理变量水平上的广义匹配评分的情况下,可以估计出剂量反应函数,用以刻画结果变量的条件期望值(员工工资溢价)。

相对于其他参数估计方法,广义倾向匹配评分方法的一个突出优点在于我们可以不必限定连续处理变量与结果变量之间关系的函数形式。广义倾向匹配评分方法与二元处理变量以及其他参数估计方法的重要区别在于:对于连续的处理变量,我们无法估计处理变量对结果本身的因果关系。我们不比较在不同处理水平(进口强度)处理组(进口企业)与非处理组(非进口企业)的潜在结果的差异。相反,我们估计的是在给定处理水平(进口强度)平均反应结果,并将结果与任何其他处理水平(任意选定的处理水平下)的平均反应结果进行比较。由于广义倾向匹配评分模型控制了处理前的变量差异,在任意选择的两个不同处理水平的潜在结果之间的差异,可以称之为对照处理效应(Pairwise Treatment Effect),可以理解为连续处理变量在不同剂量水平的因果效应。

Fryges(2008)利用德国和英国技术导向型企业数据,研究出口强度与后期销售收入增长率(用以衡量企业绩效)的关系时,引入广义倾向匹配评分方法用于检验出口与企业劳动生产率之间的因果关系。

对于连续性处理变量,政策有效性如何?回答这种问题,相当于在估计 Hirano 和 Imbens(2004)提出的剂量反应函数。无论剂量变量是否是随机的,在给定实验条件下,剂量成为随机分配的,那么使用广义倾向匹配评分方法估计剂量反应函数是可能的。广义倾向匹配评分方法实际上是被广泛使用的二元处理变量倾向匹配评分方法的拓展。事实上,Hirano 和 Imbens(2004)证明广义倾向匹配评分方法具有类似于二元匹配评分方法相似的平衡性。给定可观测的特征条件下,对于处于相同广义倾向匹配评分区间的观测对象,其受处理的水平可以视为随机的。这意味着通过调整广义倾向匹配评分可以消除控制变量不同导致的各种偏误。因此,广义倾向匹配评分方法被广泛应用于实证研究。Bia 和 Mattei(2008)据此提出了具体的估计方法和模型。

然而,Fryges 和 Wagner(2008)、Fryges(2008)等指出处理变量不一定是正态分布的,因此 Bia 和 Mattei(2008)提出的具体估计方法和模型可能并不合适。为了克服处理变量不是正态分布的情况,Guardabascio 和 Ventura(2013)将

Bia 和 Mattei（2008）的估计方法加以改进，并引入了处理变量是多种不同分布形式。具体的解决方案是，在第一步估计时采用了广义线性模型估计法（General Linear Models，GLM），而不采用适用于正态分布的极大似然估计法（Maximum Likelihood，ML）。

Imbens（2000）指出广义倾向匹配评分方法（Generalized Propensity Score，GPS）的关键假设是 Rosenbaum 和 Rubin（1983）提出的二元处理变量强非混淆假设的一般化。假设处理变量 D 的取值范围在区间 $\tilde{D} = [d_0, d_1]$。在给定控制变量向量 X 情况下，处理变量 D 是弱非混淆性的，如果

$Y(d) \perp D \mid X$，对于所有 $d \in \tilde{D}$

这里 $Y(d)$ 是处理水平为 d 时的结果变量。需要注意的是，这个假设并不要求所有潜在结果 $\{Y(d)\}_{d \in \tilde{D}}$ 是联合独立的。相反，弱非混淆性仅仅要求每一潜在结果对应的处理水平是相互独立的。换句话说，在任意给定处理水平 d 之上，随机变量 D（处理变量）假定条件独立于随机变量 Y（结果变量）。

进一步假定 $r(d, x)$ 为给定控制变量情况下的处理变量的条件概率密度函数：

$$f_D(d \mid r(d, x), Y(d)) = f_D(d \mid r(d, x)) \tag{7-1}$$

那么，Hirano 和 Imbens（2004）指出广义倾向匹配评分（GPS）被定义为 $R = r(D, X)$。假设在给定控制变量向量 X 情况下，处理变量 D 满足弱非混淆性，可以证明得到：对于每个处理水平 d，$f_D[d \mid r(d, x), Y(d)] = f_D(d \mid r(d, x))$，也就是给定广义倾向匹配评分（GPS）处理变量 D 满足弱非混淆性。式（7-1）表明根据广义倾向匹配评分 GPS，我们可以计算相应处理水平的条件概率密度函数。

在二元处理变量情况下，Rosenbaum 和 Rubin（1983）证明出给定控制变量情况下受到处理的条件概率下，可以消除控制变量导致的处理组与对照组（个体或者企业）之间的差异。对于连续变量 Hirano 和 Imbens（2004）证明了通过调整 GPS 之后，也可以消除处理组与对照组（个体或者企业）控制变量导致的差异。假设在给定控制变量向量 X 情况下，处理变量 D 满足弱非混淆性，根据式（7-1），可知：

$$\eta(d, r) = E[Y(d) \mid r(d, X) = r] = E[Y \mid D = d, R = r] \tag{7-2}$$

$$\mu(d) = E[\beta(d, r(d, X))] = E[Y(d)] \tag{7-3}$$

因此，可以通过两个步骤消除控制变量导致的差异。

Hirano 和 Imbens（2004）建议采用三个步骤来实现广义倾向匹配评分（GPS）方法。

第一步，在给定控制变量情况下，估计处理变量的条件概率分布。在本章中的情况是，处理变量 D（企业的进口强度）是高度有偏的。具体而言，存在大量观测值为零的情况，即很多企业没有任何进口的情况。参考 Wagner（2001, 2002），我们采用了 Papke 和 Wooldrige（1996）提出的 Fractional Logit 模型来估计样本中的企业进口强度。Papke 和 Wooldrige（1996）假设对于所有观测值 i，给定控制变量 X_i 下，D_i 的条件期望值如下：

$$E(D_i \mid X_i) = F(X_i\beta) \qquad (7-4)$$

并且对于所有 $X_i\beta \in R$ 满足 $0 < F(X_i\beta) < 1$，从而确保 D_i 的估计值在区间 $[0, 1]$。不过，如果 D_i 取值为 0 或 1 这类极限值，式（7-2）仍然成立。假设函数 $F(\cdot)$ 为 Logistic 分布的累计分布函数：

$$F(X_i\beta) \equiv \Lambda(X_i\beta) \equiv \frac{\exp(X_i\beta)}{1+\exp(X_i\beta)} \qquad (7-5)$$

Papke 和 Wooldrige 提出了准极大似然估计量 β，具体估计过程通过采用 McCullagh 和 Nelder（1989）提出的广义线性模型框架，最大化的伯努利对数似然函数来实现：

$$l_i(\beta) \equiv D_i \log[\Lambda(X_i\beta)] + (1-D_i)\log[1-\Lambda(X_i\beta)] \qquad (7-6)$$

基于最大化的伯努利对数似然函数（7-6）估计获得的广义倾向匹配评分 GPS 为：

$$\hat{R}_i = [\Lambda(X_i\hat{\beta})]^{D_i}[1-\Lambda(X_i\hat{\beta})]^{1-D_i} \qquad (7-7)$$

第二步，Hirano 和 Imbens 的广义倾向匹配评分方法（GPS）中，通过建模设定为处理变量 D_i 和广义倾向匹配评分 $\hat{R}_i$（估计的）构成的函数来估计结果变量 Y_i（本书中指的是员工工资）的条件期望。遵循 Hirano 和 Imbens，我们采用了二次项逼近结果变量 Y_i 的条件期望：

$$E[Y_i \mid D_i, \hat{R}_i] = \alpha_0 + \alpha_1 D_i + \alpha_2 D_i^2 + \alpha_3 \hat{R}_i + \alpha_4 \hat{R}_i^2 + \alpha_5 D_i \hat{R}_i \qquad (7-8)$$

式（7-8）对应式（7-2），可以采用 OLS 方法估计。

第三步，利用广义倾向匹配评分方法（GPS）第二步估计的回归系数 $\hat{\alpha}$，可以估计处理水平为 d 时的结果变量的期望值为：

$$\hat{E}[Y(d)] = \frac{1}{N}\sum_{i=1}^{N}[\hat{\alpha}_0 + \hat{\alpha}_1 d + \hat{\alpha}_2 d^2 + \hat{\alpha}_3 \hat{R}(d, X_i) + \hat{\alpha}_4 \hat{R}(d, X_i)^2 +$$
$$\hat{\alpha}_5 d\hat{R}(d, X_i)] \qquad (7-9)$$

这里 N 为我们数据集中的观测值数量。式（7-9）对应式（7-3）。为了获得剂量反应函数完整估计，可以通过式（7-9）计算 [0,1] 区间每一处理水平 d（进口强度）的结果变量期望值。Hirano 和 Imbens（2004）证明出式（7-9）中估计量满足的渐进正态分布。需要指出的是，遵循 Hirano 和 Imbens（2004）的做法，本章中的剂量反应函数的置信区间是通过自举法获得的。

第三节 数据与统计描述

一、数据说明

为了获得企业层面的经营绩效数据和进口贸易额数据，本章研究中采用了中国国家统计局采集的 2000~2006 年中国工业企业数据和 2000~2006 年中国海关统计数据，并依据企业关键信息将这两套数据进行匹配。

中国海关总署提供的海关数据包括了 2000~2006 年所有海关协调码（HS）八位数分类①的进口、出口贸易数据。为了获得诸如劳动生产率、企业员工工资、生产规模、企业职工人数等企业经营绩效方面的信息，我们使用了中国国家统计局采集的 2000~2006 年中国工业企业数据。

我们参考了 Brandt 等（2012）采用序贯识别方法将 2000~2006 年中国工业企业进行匹配。同时，本章遵循 Cai 和 Liu（2009）、谢千里等（2008）和 Bai 等（2009）的做法，对工业企业数据进行处理，剔除了不合理的观测数据。针对工业企业数据库中缺失值的处理，本章参考刘小玄和李双杰（2008）的研究进行了处理。此外，本章还对行业代码的变更问题进行了处理。最后，我们将经过清洗和处理后的中国工业企业数据中 2000~2006 年连续七年存活的企业保留下来，构建了一个以企业代码（ID）和年份的面板数据。

在对中国工业企业数据进行数据清洗和处理之后，本章主要采用的是其他企业身份识别信息，比如：企业名称、邮政编码等。具体匹配步骤同样遵循了序贯

---

① 需要指出的是，中国在 2002 年改变了海关产品 HS 八位编码，但是由于无法获得 2002 年之前与 2002 之后 HS 八位编码的对照表。为了保证产品分类的一致性，我们采用了 HS 六位编码，并结合联合国 UNCOMTRADE 提供的 HS 编码对照表将 HS1996 编码全部转为 HS2002 编码。

识别方法,即首先通过企业名称匹配,其次通过邮政编码和电话号码,最后再通过电话号码和联系人进行匹配的识别策略。①

值得注意的是,中国工业企业数据库是年度企业层面数据,而海关数据库则是月度企业交易层面数据,两套数据库匹配之后的数据库中会出现同一个企业ID在同一年有多次进口记录的观测值情况。考虑到本章研究主题是探讨进口贸易对企业员工工资的影响,即检验是否存在进口工资溢价的问题,因此年度企业层面数据更为合适。为此,我们将海关数据汇总至年度企业层面。

此外,由于中国工业企业数据和海关数据中的所有指标都是名义指标,为了剔除价格因素的影响,我们将需要用到的变量以2000年为基期进行平减。②

二、相关变量的定义

首先,我们定义进口企业为:2000~2006年中至少有一年进口的企业被定义为进口企业。其次,本章研究中涉及的关键变量包括:处理变量(进口强度)和结果变量(员工工资),具体定义如下:

进口强度(ImpInt)也被称为进口密集度。本章借鉴Kurz和Senses(2016)中对出口强度的定义,将进口强度定义为企业当年进口金额占企业中间投入比重。具体计算公式如下:进口强度=当年进口额/中间投入。进口强度越高,表示企业在生产过程中越依赖国外中间产品进口,企业参与国际分工程度越高。本章将所有企业分为三类:①ImpInt=0,企业完全没有进口,企业在生产过程中不依赖国外中间产品投入,定义为非进口企业。②0<ImpInt<1,企业在生产过程中,部分需要从国外进口中间投入品,企业参与了国际生产分工,我们称之为进口企业。③ImpInt=1,表示纯进口企业,企业在生产过程中基本上完全依赖国外进口中间投入品,企业高度参与了国际生产分工,称之为纯进口企业。由于中国特殊的贸易制度,很多从事加工贸易的企业就是完全依赖进口材料或者零配件,在国内进行加工装配或者组装,然后再出口的。

员工工资(lnwage)定义为:员工工资=(本年应付工资总额+本年应付福

---

① 需要指出的是,本章主要关注制造业的贸易行为与经营绩效的关系。因此,研究所用样本是剔除了贸易中介的。具体而言,我们剔除了企业名称中包含"工贸""经贸""贸易""商贸""物流""进出口"等字段的观测值。

② 具体平减指数使用方式如下:出口金额和出口交货值用出口价格指数平减,进口金额用进口价格指数平减,营业收入采用消费价格指数平减,工业总产值采用出厂价格指数平减。所有平减指数数据都来源于《中国统计年鉴》(2000~2006)。

利总额)/年平均职工人数,取对数。需要说明的是,在中国工业企业数据库中,关于工资与福利有两项指标:一项是本年应付工资总额,另一项是本年应付福利总额。鉴于中国企业每年需要从支付很大比例的职工福利费①,中国社保缴费率也很高,职工福利费事实上也构成企业员工收入的一部分,因此我们认为有必要将其纳入员工工资,与应付工资总额合并计算。由于企业进口强度对其员工工资的影响,有可能存在一个滞后的效应,因此本章在分析进口强度对员工工资的影响时,采用了滞后一期的员工工资与当期的进口强度以及当期的其他控制变量进行分析。

其他控制变量的定义如下:

企业规模(lnsize):企业从业人数,取对数。

财务状况(finance):企业负债总计/资产总计。我们认为企业的财务状况对企业进口选择会产生直接影响。通常财务状况良好的企业,更容易克服进口贸易中可能遇到的额外成本。

资本密集度(cap_intensity):企业固定资产/企业从业人数,取对数。

生产率(lntfp):当年企业工业增加值/企业从业人数,取对数。关于企业生产率有很多种测算方法,鉴于本章的研究重点是检验企业进口与企业员工工资之间的关系,而不是分析企业生产率相关问题,因此采用了较为直接的计算方式,直接用劳动生产率作为代理变量,用于衡量生产率。

此外,我们在模型中还加入诸如行业、年份等虚拟变量,用于控制企业由于行业差异以及宏观经济状况变动导致的不同。具体而言,关于行业的虚拟变量,我们采用的是国民经济统计标准(CIC)中的两位数行业分类。

---

① 《财政部关于企业加强职工福利费财务管理的通知》(财企[2009]242号)规定:企业职工福利费是指企业为职工提供的除职工工资、奖金、津贴、纳入工资总额管理的补贴、职工教育经费、社会保险费和补充养老保险费(年金)、补充医疗保险费及住房公积金以外的福利待遇支出,包括发放给职工或为职工支付的以下各项现金补贴和非货币性集体福利:其一,为职工卫生保健、生活等发放或支付的各项现金补贴和非货币性福利,包括职工因公外地就医费用、暂未实行医疗统筹企业职工医疗费用、职工供养直系亲属医疗补贴、职工疗养费用、自办职工食堂经费补贴或未办职工食堂统一供应午餐支出、符合国家有关财务规定的供暖费补贴、防暑降温费等。其二,企业尚未分离的内设集体福利部门所发生的设备、设施和人员费用,包括职工食堂、职工浴室、理发室、医务所、托儿所、疗养院、集体宿舍等集体福利部门设备、设施的折旧、维修保养费用以及集体福利部门工作人员的工资薪金、社会保险费、住房公积金、劳务费等人工费用。其三,职工困难补助,或者企业统筹建立和管理的专门用于帮助、救济困难职工的基金支出。其四,离退休人员统筹外费用,包括离休人员的医疗费及退休人员其他统筹外费用。其五,按规定发生的其他职工福利费,包括丧葬补助费、抚恤费、职工异地安家费、独生子女费、探亲假路费,以及符合企业职工福利费定义但没有包括在本通知各条款项目中的其他支出。

三、描述性统计

将中国工业企业数据库和海关数据库匹配之后,连续存活的年度企业层面数据库的相关指标的描述性统计如表7-1所示。

表7-1 各变量定义与描述性统计

变量	中文名称	变量定义	数据形式	均值	最小值	最大值
ImpInt	进口强度	进口额/营业收入	比值	0.068	0	0.999
lnsize	企业规模	从业人员人数	对数	5.325	2.079	10.734
Finance	财务状况	负债总计/资产总计	比值	0.489	0	2.281
cap_intensity	资本密度	固定资产/从业人数	对数	3.911	-6.969	9.061
lntfp	劳动生产率	工业增加值/从业人数	对数	4.362	-3.294	9.467
lnwage	员工平均工资	(应付工资+应付福利)/从业人数	对数	2.710	-5.521	6.880

为了获得对样本分布状况有一些基本的了解和认识,本章将模型中使用的样本划分为两个子样本:①2000~2006年连续存活进口企业(包括非进口企业);②2000~2006年连续存活进口企业(剔除非进口企业),然后分别通过核密度估计来分析其样本分布状况,并绘制了相关分布图。具体分布状况如图7-2、图7-3所示:

从图7-2和图7-3中可以很直观地发现,无论是包括非进口企业的样本,还是剔除非进口企业的样本区间范围内,中国进口企业的进口强度呈现出非常明显的向左偏态分布,并且大部分样本制造类企业进口强度都为零。这表明真正从事进口贸易企业占整个连续存活企业中的比例是比较少的,这也证明了Bernard等(2018)的观点(大部分贸易高度集中于相对较少数量的企业中)。另外,中国进口企业进口强度呈现出的偏态分布与正态分布的假设相去甚远。Fryges和Wagner(2008)、Fryges(2008)等指出国际贸易中企业出口强度往往不是正态分布的,而传统的广义倾向匹配评分模型的一个基本假设是样本的分布满足正态分布。为了解决这个问题,本章借鉴Papke和Wooldrige(1996)提出的Fractional Logit模型来估计,具有偏态分布样本中的企业进口强度概率密度函数,从而实现模型的准确与合理估计。

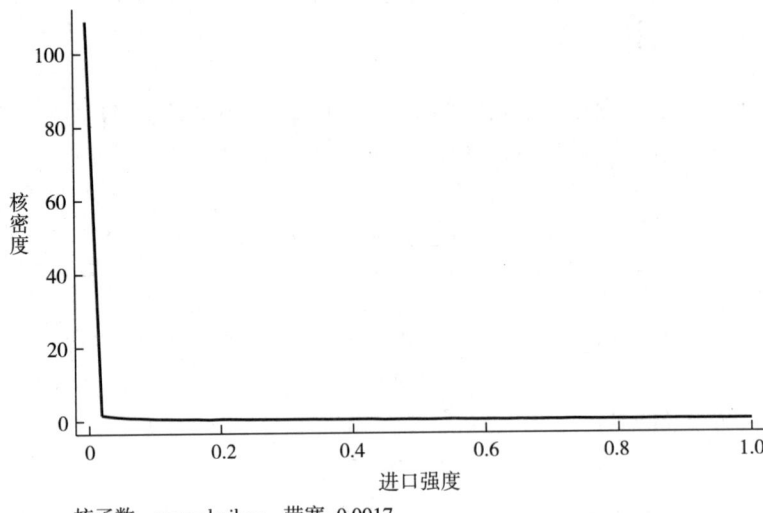

图7-2 2000~2006年连续存活企业进口强度的分布状况（包括非进口企业）

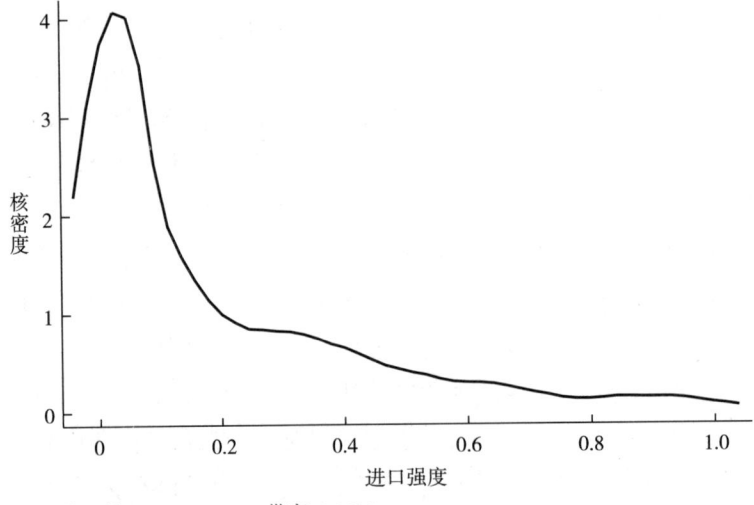

图7-3 2000~2006年连续存活企业进口强度的分布状况（剔除非进口企业）

第七章 国际生产分割、企业进口与员工工资

第四节 实证分析的初步结果

本章采用广义倾向匹配评分（GPS）方法估计 2000~2006 年连续存活的进口企业在给定进口强度下的员工工资，具体估计结果如表 7-2 所示。

表 7-2 进口强度的决定因素回归结果

变量	(1) 2000~2006年	(2) 2000年	(3) 2001年	(4) 2002年	(5) 2003年	(6) 2004年	(7) 2005年	(8) 2006年
lnsize2	0.013*** (0.006)	0.021 (0.015)	0.0208 (0.016)	0.0001 (0.015)	0.018 (0.014)	0.018 (0.015)	0.018 (0.015)	-0.005 (0.016)
lntfp	0.088*** (0.017)	0.041*** (0.050)	0.048 (0.048)	0.025 (0.047)	0.086** (0.042)	0.120*** (0.041)	0.199*** (0.044)	0.119*** (0.044)
Llnwage	0.263*** (0.024)	0.179*** (0.066)	0.304*** (0.061)	0.227*** (0.064)	0.209*** (0.051)	0.254*** (0.065)	0.372*** (0.066)	0.299*** (0.074)
cap_intensity	0.066*** (0.015)	0.116*** (0.041)	0.105*** (0.039)	0.113*** (0.041)	0.113*** (0.038)	0.070* (0.039)	-0.036 (0.040)	-0.030 (0.042)
finance	-1.046*** (0.063)	-0.751*** (0.178)	-1.078*** (0.169)	-0.980*** (0.160)	-1.157*** (0.161)	-0.876*** (0.169)	-1.336*** (0.159)	-1.183*** (0.171)
AIC	0.806	0.936	0.925	0.829	0.821	0.800	0.776	0.764
观测值	11314	1475	1539	1627	1650	1644	1739	1640
是否控制行业	是	是	是	是	是	是	是	是
是否控制年份	是	否	否	否	否	否	否	否

注：2000~2006 年样本以及各年份子样本中的各变量对应标准差，皆通过自举法获得。
资料来源：中国工业企业数据库和海关数据库，经笔者整理与计算获得。

表 7-2 中列出了 2000~2006 年全样本以及各个年份子样本的连续存活的进口企业 Fractional Logit 模型回归结果。首先，从模型总体结果来看，用于衡量模型拟合结果情况的 AIC 指标都呈现出较大值，这表明我们的模型总体拟合优度较高。其次，除了企业规模这个变量以外，各个年份的回归结果比较相似。企业规

模与进口强度是呈现 U 形关系, 在全样本区间内, 企业规模越大进口强度越高。不过在各个年份子样本区间内, 两者关系正向关系并不显著。从劳动生产率来看, 企业劳动生产率与进口强度呈现明显的正向关系, 劳动生产率越高的企业越倾向于进口。可能的原因是, 劳动生产率越高的企业能够支付额外的成本进口中间投入品, 用于最终制成品的生产。从滞后一期的员工工资来看, 无论是全样本区间, 还是各个年份子样本区间, 企业员工工资与进口强度呈现出相对稳定而且显著的正向关系, 这表明员工收入高的企业更有可能进口。总体来看, 资本密集度与进口强度呈现出相对稳定和显著的正向关系, 这表明资本密集度越高的企业进口强度越高。从财务状况来看, 财务状况与企业进口强度呈现非常明确且在各个年份都是负向关系, 这表明资产负债率越高的企业进口强度越低。如果企业资产负债率越高, 往往表明其经营绩效越差, 企业进口的可能性越低。

参考 Hirano 和 Imbens (2004), 本章通过三个步骤来实现广义倾向匹配评分 (GPS) 方法。第一步, 在给定控制变量情况下, 采用了广义线性模型框架, 最大化的伯努利对数似然函数, 也就是式 (7-7) 估计处理变量 (进口强度) 的条件概率分布; 第二步, 用处理变量 (进口强度) 和估计出的广义倾向匹配评分 (GPS) 构成的函数 (二次逼近) 来估计结果变量 (员工工资) 的条件期望, 也就是式 (7-8); 第三步, 根据式 (7-9), 计算在不同水平的处理变量 (进口强度) 与相对应的广义倾向匹配评分值, 获得结果变量 (员工工资) 的均值 (期望值), 从而估计出员工工资在每一进口强度下的剂量反应函数。图 7-4 至图 7-11 中我们详细列出了 2000~2006 年及其期间各年份的剂量反应函数估计结果。

从图 7-4 至图 7-11 可以发现, 无论是 2000~2006 年连续存活企业的样本, 还是 2000~2006 年中各个年份的子样本, 进口强度与员工工资之间都存在明显的倒 U 形关系, 而不是简单的线性关系。这表明随着进口强度的增加, 企业员工工资呈现出先上升而后下降的关系。以 2000~2006 年连续存活企业的样本为例, "拐点"大约出现在进口强度为 0.4 左右的时候, 此时员工工资达到最大值。

为了进一步精确估计进口强度与员工工资的关系, 本章基于剂量反应函数分布计算各个不同进口强度对应的员工工资, 具体结果如表 7-3 和表 7-4 所示。

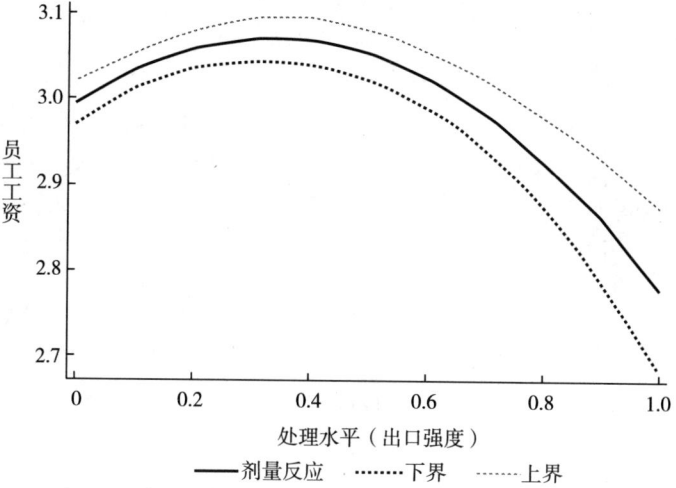

图7-4 2000~2006年连续存活企业的剂量反应函数

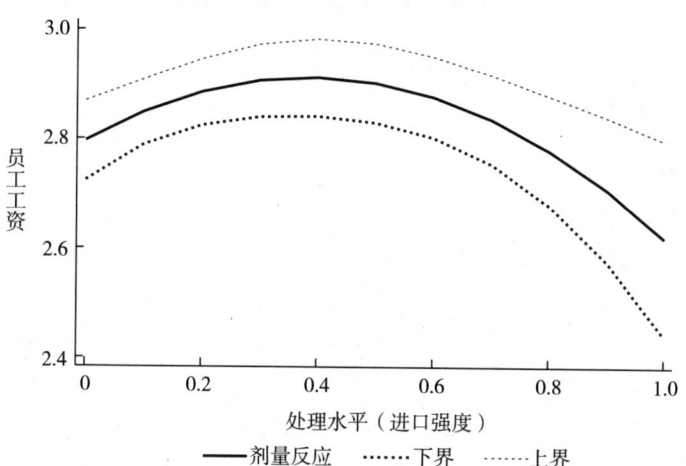

图7-5 2000年连续存活企业的剂量反应函数

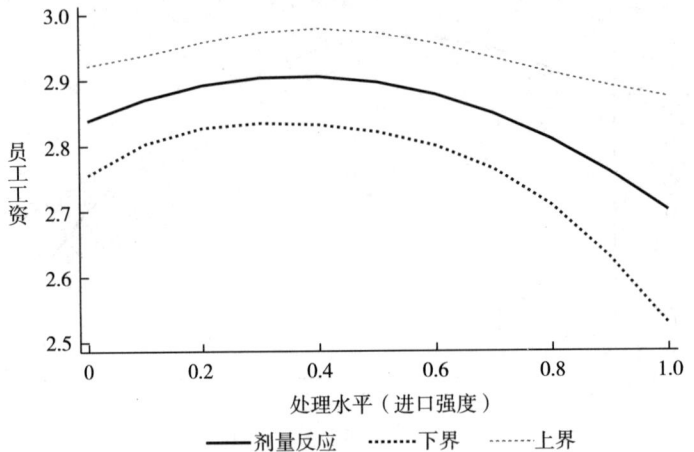

图7-6 2001年连续存活企业的剂量反应函数

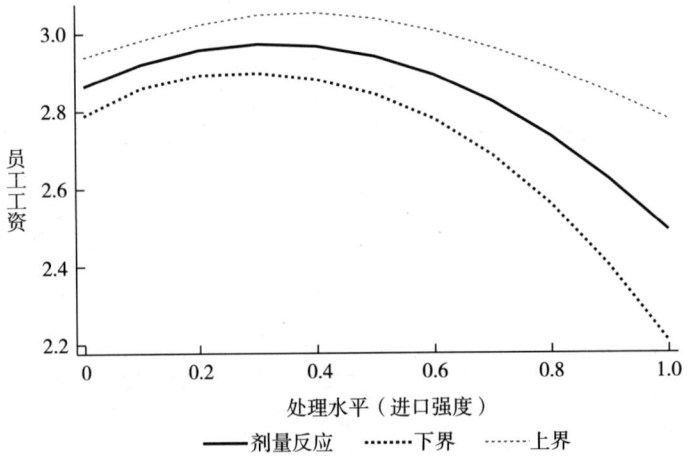

图7-7 2002年连续存活企业的剂量反应函数

第七章 国际生产分割、企业进口与员工工资

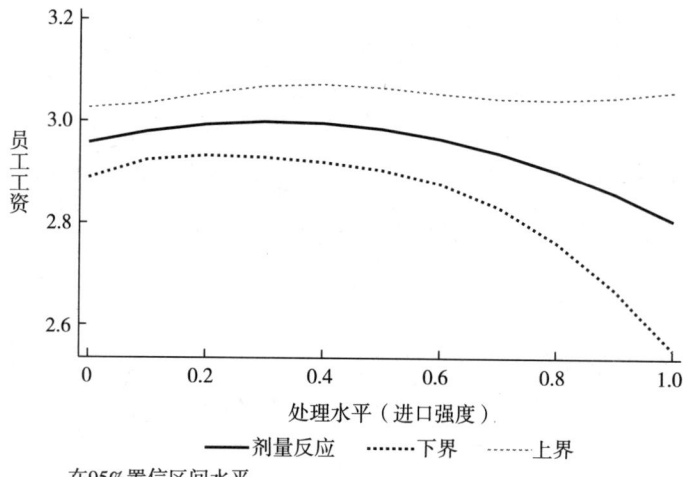

图7-8 2003年连续存活企业的剂量反应函数

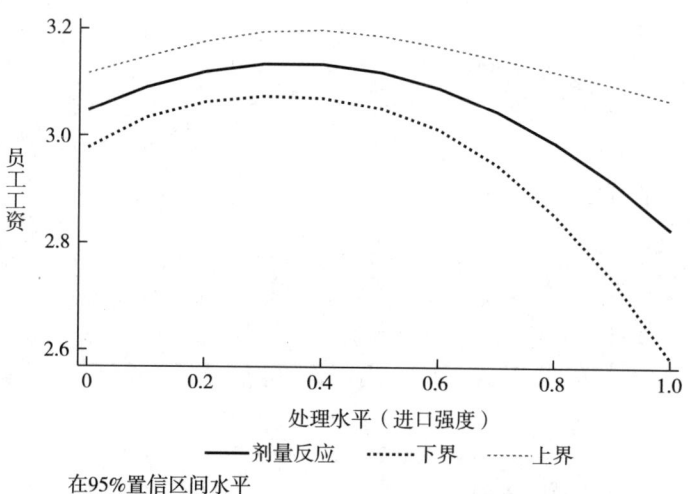

图7-9 2004年连续存活企业的剂量反应函数

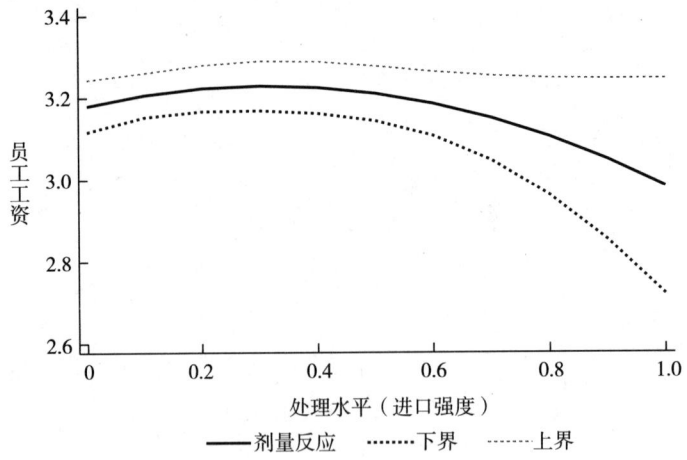

图7-10 2005年连续存活企业的剂量反应函数

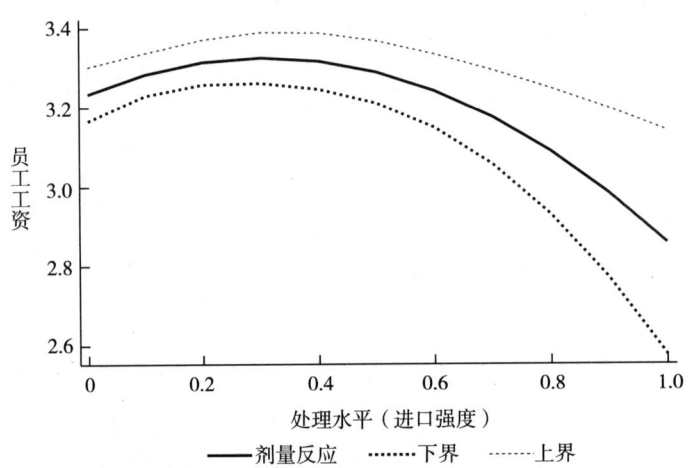

图7-11 2006年连续存活企业的剂量反应函数

第七章 国际生产分割、企业进口与员工工资

表7-3 不同进口强度及其对应员工工资水平（步长0.1）

时间 进口强度	2000~2006年 员工工资	2000年 员工工资	2001年 员工工资	2002年 员工工资	2003年 员工工资	2004年 员工工资	2005年 员工工资	2006年 员工工资
0	2.9953	2.7966	2.8385	2.8641	2.9575	3.0470	3.1799	3.2343
0.1	3.0332	2.8488	2.8704	2.9213	2.9795	3.0909	3.2064	3.2840
0.2	3.0579	2.8855	2.8921	2.9576	2.9932	3.1201	3.2227	3.3142
0.3	3.0694	2.9067	2.9037	2.9728	2.9987	3.1347	3.2286	3.3251
0.4	3.0676	2.9124	2.9051	2.9671	2.9959	3.1346	3.2244	3.3166
0.5	3.0525	2.9025	2.8963	2.9403	2.9849	3.1199	3.2098	3.2887
0.6	3.0243	2.8771	2.8774	2.8925	2.9657	3.0906	3.1851	3.2414
0.7	2.9828	2.8362	2.8483	2.8237	2.9382	3.0466	3.1500	3.1747
0.8	2.9280	2.7798	2.8091	2.7340	2.9025	2.9880	3.1047	3.0886
0.9	2.8600	2.7078	2.7597	2.6232	2.8585	2.9148	3.0492	2.9831
1	2.7788	2.6203	2.7002	2.4914	2.8063	2.8269	2.9834	2.8582

资料来源：经笔者计算获得，并采用Bootstrap 500次获得标准差。

表7-4 不同进口强度及其对应员工工资水平（步长0.01）

时间 进口强度	2000~2006年 员工工资	2000年 员工工资	2001年 员工工资	2002年 员工工资	2003年 员工工资	2004年 员工工资	2005年 员工工资	2006年 员工工资
0	2.9953	2.7966	2.8385	2.8641	2.9575	3.0470	3.1799	3.2343
0.01	2.9997	2.8025	2.8421	2.8707	2.9601	3.0521	3.1830	3.2402
0.02	3.0040	2.8083	2.8457	2.8772	2.9625	3.0570	3.1860	3.2458
0.03	3.0081	2.8139	2.8491	2.8834	2.9649	3.0617	3.1889	3.2513
0.04	3.0121	2.8194	2.8524	2.8895	2.9673	3.0663	3.1917	3.2565
0.05	3.0159	2.8247	2.8557	2.8953	2.9695	3.0708	3.1945	3.2616
0.06	3.0197	2.8298	2.8588	2.9009	2.9717	3.0751	3.1970	3.2665
0.07	3.0232	2.8348	2.8619	2.9063	2.9737	3.0793	3.1995	3.2711
0.08	3.0267	2.8396	2.8648	2.9115	2.9757	3.0833	3.2019	3.2756
0.09	3.0300	2.8443	2.8676	2.9165	2.9776	3.0872	3.2042	3.2799
0.1	3.0332	2.8488	2.8704	2.9213	2.9795	3.0909	3.2064	3.2840
0.11	3.0363	2.8532	2.8730	2.9259	2.9812	3.0945	3.2085	3.2879
0.12	3.0392	2.8574	2.8755	2.9302	2.9829	3.0979	3.2105	3.2916
0.13	3.0420	2.8615	2.8779	2.9344	2.9844	3.1012	3.2124	3.2951

· 171 ·

续表

时间 进口强度	2000~2006年 员工工资	2000年 员工工资	2001年 员工工资	2002年 员工工资	2003年 员工工资	2004年 员工工资	2005年 员工工资	2006年 员工工资
0.14	3.0447	2.8654	2.8803	2.9383	2.9859	3.1043	3.2141	3.2984
0.15	3.0472	2.8691	2.8825	2.9421	2.9874	3.1073	3.2158	3.3015
0.16	3.0496	2.8727	2.8846	2.9456	2.9887	3.1102	3.2174	3.3045
0.17	3.0519	2.8762	2.8866	2.9489	2.9899	3.1129	3.2189	3.3072
0.18	3.0540	2.8794	2.8885	2.9520	2.9911	3.1154	3.2202	3.3097
0.19	3.0560	2.8826	2.8904	2.9549	2.9922	3.1178	3.2215	3.3121
0.2	3.0579	2.8855	2.8921	2.9576	2.9932	3.1201	3.2227	3.3142
0.21	3.0597	2.8884	2.8937	2.9600	2.9941	3.1222	3.2237	3.3162
0.22	3.0613	2.8910	2.8952	2.9623	2.9949	3.1242	3.2247	3.3180
0.23	3.0627	2.8935	2.8966	2.9643	2.9957	3.1260	3.2255	3.3195
0.24	3.0641	2.8959	2.8979	2.9662	2.9964	3.1277	3.2263	3.3209
0.25	3.0653	2.8981	2.8991	2.9678	2.9970	3.1292	3.2269	3.3221
0.26	3.0664	2.9001	2.9002	2.9692	2.9975	3.1306	3.2275	3.3231
0.27	3.0673	2.9020	2.9012	2.9704	2.9979	3.1319	3.2279	3.3239
0.28	3.0681	2.9037	2.9021	2.9714	2.9982	3.1329	3.2283	3.3245
0.29	3.0688	2.9053	2.9030	2.9722	2.9985	3.1339	3.2285	3.3249
0.3	3.0694	2.9067	2.9037	2.9728	2.9987	3.1347	3.2286	**3.3251**
0.31	3.0698	2.9080	2.9042	2.9732	**2.9988**	3.1353	**3.2287**	**3.3251**
0.32	3.0701	2.9091	2.9047	**2.9733**	**2.9988**	3.1358	3.2286	3.3249
0.33	**3.0702**	2.9101	2.9051	**2.9733**	2.9987	3.1362	3.2284	3.3246
0.34	3.0702	2.9109	2.9054	2.9730	2.9986	3.1364	3.2282	3.3240
0.35	3.0701	2.9115	2.9056	2.9726	2.9983	**3.1365**	3.2278	3.3233
0.36	3.0699	2.9120	**2.9057**	2.9719	2.9980	3.1364	3.2273	3.3223
0.37	3.0695	2.9123	**2.9057**	2.9710	2.9976	3.1362	3.2267	3.3212
0.38	3.0690	**2.9125**	2.9056	2.9699	2.9971	3.1358	3.2260	3.3198
0.39	3.0683	**2.9125**	2.9054	2.9686	2.9966	3.1353	3.2253	3.3183
0.4	3.0676	2.9124	2.9051	2.9671	2.9959	3.1346	3.2244	3.3166
0.41	3.0667	2.9121	2.9046	2.9653	2.9952	3.1338	3.2234	3.3147
0.42	3.0656	2.9117	2.9041	2.9634	2.9944	3.1329	3.2223	3.3125
0.43	3.0644	2.9111	2.9035	2.9612	2.9935	3.1318	3.2211	3.3102
0.44	3.0631	2.9103	2.9028	2.9589	2.9925	3.1305	3.2198	3.3077

续表

时间 进口强度	2000~2006年 员工工资	2000年 员工工资	2001年 员工工资	2002年 员工工资	2003年 员工工资	2004年 员工工资	2005年 员工工资	2006年 员工工资
0.45	3.0617	2.9094	2.9020	2.9563	2.9915	3.1291	3.2184	3.3050
0.46	3.0601	2.9083	2.9010	2.9535	2.9903	3.1276	3.2169	3.3022
0.47	3.0584	2.9071	2.9000	2.9505	2.9891	3.1259	3.2153	3.2991
0.48	3.0566	2.9057	2.8989	2.9473	2.9878	3.1240	3.2136	3.2958
0.49	3.0546	2.9042	2.8976	2.9439	2.9864	3.1221	3.2118	3.2923
0.5	3.0525	2.9025	2.8963	2.9403	2.9849	3.1199	3.2098	3.2887
0.51	3.0503	2.9007	2.8949	2.9365	2.9834	3.1177	3.2078	3.2848
0.52	3.0479	2.8987	2.8933	2.9324	2.9817	3.1152	3.2057	3.2808
0.53	3.0454	2.8965	2.8917	2.9282	2.9800	3.1127	3.2035	3.2765
0.54	3.0428	2.8942	2.8900	2.9237	2.9782	3.1100	3.2012	3.2721
0.55	3.0401	2.8918	2.8881	2.9190	2.9763	3.1071	3.1987	3.2674
0.56	3.0372	2.8891	2.8862	2.9142	2.9744	3.1041	3.1962	3.2626
0.57	3.0341	2.8864	2.8841	2.9091	2.9723	3.1009	3.1936	3.2576
0.58	3.0310	2.8835	2.8820	2.9038	2.9702	3.0976	3.1908	3.2524
0.59	3.0277	2.8804	2.8798	2.8982	2.9680	3.0942	3.1880	3.2470
0.6	3.0243	2.8771	2.8774	2.8925	2.9657	3.0906	3.1851	3.2414
0.61	3.0207	2.8737	2.8750	2.8866	2.9633	3.0869	3.1820	3.2356
0.62	3.0170	2.8702	2.8724	2.8804	2.9608	3.0830	3.1789	3.2296
0.63	3.0132	2.8665	2.8698	2.8741	2.9583	3.0790	3.1756	3.2234
0.64	3.0092	2.8626	2.8670	2.8675	2.9557	3.0748	3.1723	3.2170
0.65	3.0052	2.8586	2.8641	2.8608	2.9530	3.0705	3.1688	3.2104
0.66	3.0009	2.8544	2.8612	2.8538	2.9502	3.0660	3.1653	3.2037
0.67	2.9966	2.8501	2.8581	2.8466	2.9473	3.0614	3.1616	3.1967
0.68	2.9921	2.8456	2.8550	2.8392	2.9443	3.0566	3.1579	3.1896
0.69	2.9875	2.8410	2.8517	2.8316	2.9413	3.0517	3.1540	3.1822
0.7	2.9828	2.8362	2.8483	2.8237	2.9382	3.0466	3.1500	3.1747
0.71	2.9779	2.8313	2.8449	2.8157	2.9350	3.0414	3.1460	3.1669
0.72	2.9729	2.8262	2.8413	2.8075	2.9317	3.0361	3.1418	3.1590
0.73	2.9677	2.8209	2.8376	2.7990	2.9283	3.0306	3.1375	3.1509
0.74	2.9624	2.8155	2.8339	2.7904	2.9249	3.0250	3.1331	3.1426
0.75	2.9570	2.8099	2.8300	2.7815	2.9213	3.0192	3.1287	3.1340

续表

时间 进口强度	2000～2006年 员工工资	2000年 员工工资	2001年 员工工资	2002年 员工工资	2003年 员工工资	2004年 员工工资	2005年 员工工资	2006年 员工工资
0.76	2.9515	2.8042	2.8260	2.7724	2.9177	3.0132	3.1241	3.1253
0.77	2.9458	2.7983	2.8220	2.7631	2.9140	3.0072	3.1194	3.1164
0.78	2.9400	2.7923	2.8178	2.7536	2.9103	3.0009	3.1146	3.1073
0.79	2.9341	2.7861	2.8135	2.7439	2.9064	2.9946	3.1097	3.0981
0.8	2.9280	2.7798	2.8091	2.7340	2.9025	2.9880	3.1047	3.0886
0.81	2.9218	2.7733	2.8046	2.7238	2.8984	2.9814	3.0996	3.0789
0.82	2.9155	2.7666	2.8001	2.7135	2.8943	2.9746	3.0944	3.0690
0.83	2.9090	2.7598	2.7954	2.7029	2.8901	2.9676	3.0892	3.0590
0.84	2.9024	2.7529	2.7906	2.6922	2.8858	2.9605	3.0838	3.0487
0.85	2.8957	2.7457	2.7857	2.6812	2.8815	2.9533	3.0782	3.0383
0.86	2.8888	2.7385	2.7807	2.6700	2.8771	2.9459	3.0726	3.0276
0.87	2.8818	2.7310	2.7756	2.6586	2.8725	2.9383	3.0669	3.0168
0.88	2.8747	2.7235	2.7704	2.6470	2.8679	2.9306	3.0611	3.0058
0.89	2.8674	2.7157	2.7651	2.6352	2.8632	2.9228	3.0552	2.9945
0.9	2.8600	2.7078	2.7597	2.6232	2.8585	2.9148	3.0492	2.9831
0.91	2.8525	2.6998	2.7543	2.6110	2.8536	2.9067	3.0431	2.9715
0.92	2.8448	2.6916	2.7487	2.5985	2.8487	2.8984	3.0369	2.9597
0.93	2.8370	2.6832	2.7430	2.5859	2.8437	2.8900	3.0305	2.9477
0.94	2.8291	2.6747	2.7372	2.5730	2.8386	2.8814	3.0241	2.9355
0.95	2.8211	2.6660	2.7313	2.5599	2.8334	2.8727	3.0176	2.9231
0.96	2.8129	2.6572	2.7252	2.5466	2.8281	2.8638	3.0109	2.9105
0.97	2.8045	2.6482	2.7191	2.5331	2.8228	2.8548	3.0042	2.8977
0.98	2.7961	2.6391	2.7129	2.5194	2.8174	2.8457	2.9974	2.8848
0.99	2.7875	2.6298	2.7066	2.5055	2.8118	2.8364	2.9904	2.8716
1	2.7788	2.6203	2.7002	2.4914	2.8063	2.8269	2.9834	2.8582

由于广义倾向匹配评分方法能较好地控制其他影响员工工资的因素，此时，企业员工工资的变动可以解释为企业进口强度不同导致的结果。具体而言，本章参考史青（2013）通过比较不同进口强度对应的员工工资，特别是比较任一进口

强度与进口强度为 0 的情况,从而可以获得进口企业与非进口企业的员工工资差异①。具体情况如表 7-5 所示。

表 7-5 不同进口强度对员工工资的净影响(进口相对于非进口企业)

时间 进口强度	2000~2006 年 员工工资	2000 年 员工工资	2001 年 员工工资	2002 年 员工工资	2003 年 员工工资	2004 年 员工工资	2005 年 员工工资	2006 年 员工工资
0.01	0.0044	0.0059	0.0036	0.0067	0.0026	0.0050	0.0031	0.0058
0.02	0.0086	0.0117	0.0072	0.0131	0.0051	0.0099	0.0061	0.0115
0.03	0.0128	0.0173	0.0106	0.0194	0.0075	0.0147	0.0090	0.0169
0.04	0.0168	0.0228	0.0140	0.0254	0.0098	0.0193	0.0118	0.0222
0.05	0.0206	0.0281	0.0172	0.0313	0.0120	0.0238	0.0145	0.0272
0.06	0.0243	0.0332	0.0203	0.0369	0.0142	0.0281	0.0171	0.0321
0.07	0.0279	0.0382	0.0234	0.0423	0.0162	0.0322	0.0196	0.0368
0.08	0.0314	0.0430	0.0263	0.0475	0.0182	0.0363	0.0220	0.0413
0.09	0.0347	0.0477	0.0292	0.0525	0.0201	0.0401	0.0243	0.0456
0.1	0.0379	0.0522	0.0319	0.0573	0.0220	0.0439	0.0265	0.0496
0.11	0.0410	0.0566	0.0345	0.0618	0.0237	0.0474	0.0286	0.0535
0.12	0.0439	0.0608	0.0370	0.0662	0.0254	0.0509	0.0306	0.0572
0.13	0.0467	0.0649	0.0395	0.0703	0.0270	0.0542	0.0324	0.0608
0.14	0.0494	0.0688	0.0418	0.0743	0.0285	0.0573	0.0342	0.0641
0.15	0.0519	0.0725	0.0440	0.0780	0.0299	0.0603	0.0359	0.0672
0.16	0.0543	0.0761	0.0461	0.0815	0.0312	0.0631	0.0375	0.0701
0.17	0.0566	0.0796	0.0482	0.0848	0.0325	0.0658	0.0389	0.0729
0.18	0.0587	0.0828	0.0501	0.0879	0.0336	0.0684	0.0403	0.0754
0.19	0.0607	0.0860	0.0519	0.0908	0.0347	0.0708	0.0416	0.0777
0.2	0.0626	0.0889	0.0536	0.0935	0.0357	0.0731	0.0427	0.0799
0.21	0.0643	0.0918	0.0552	0.0960	0.0366	0.0752	0.0438	0.0819
0.22	0.0660	0.0944	0.0567	0.0982	0.0375	0.0772	0.0448	0.0836
0.23	0.0674	0.0969	0.0581	0.1003	0.0382	0.0790	0.0456	0.0852
0.24	0.0688	0.0993	0.0595	0.1021	0.0389	0.0807	0.0464	0.0866
0.25	0.0700	0.1015	0.0607	0.1038	0.0395	0.0822	0.0470	0.0877
0.26	0.0711	0.1035	0.0618	0.1052	0.0400	0.0836	0.0476	0.0887

---

① 史青. 企业出口对员工工资影响的再分析——基于广义倾向得分法的经验研究 [J]. 数量经济技术经济研究, 2013, 30 (3): 3-21.

续表

时间 进口强度	2000~2006年 员工工资	2000年 员工工资	2001年 员工工资	2002年 员工工资	2003年 员工工资	2004年 员工工资	2005年 员工工资	2006年 员工工资
0.27	0.0720	0.1054	0.0628	0.1064	0.0404	0.0848	0.0480	0.0895
0.28	0.0728	0.1071	0.0637	0.1074	0.0408	0.0859	0.0483	0.0901
0.29	0.0735	0.1087	0.0645	0.1082	0.0410	0.0868	0.0486	0.0905
0.3	0.0741	0.1101	0.0652	0.1088	0.0412	0.0876	0.0487	0.0908
0.31	0.0745	0.1114	0.0658	0.1091	0.0413	0.0883	0.0488	0.0908
0.32	0.0748	0.1125	0.0663	0.1093	0.0413	0.0888	0.0487	0.0906
0.33	0.0749	0.1135	0.0667	0.1092	0.0412	0.0892	0.0485	0.0902
0.34	0.0749	0.1143	0.0670	0.1090	0.0411	0.0894	0.0482	0.0897
0.35	0.0748	0.1149	0.0672	0.1085	0.0408	0.0894	0.0479	0.0889
0.36	0.0746	0.1154	0.0672	0.1078	0.0405	0.0894	0.0474	0.0880
0.37	0.0742	0.1157	0.0672	0.1069	0.0401	0.0891	0.0468	0.0868
0.38	0.0737	0.1159	0.0671	0.1058	0.0396	0.0888	0.0461	0.0855
0.39	0.0730	0.1159	0.0669	0.1045	0.0391	0.0883	0.0453	0.0840
0.4	0.0723	0.1158	0.0666	0.1030	0.0384	0.0876	0.0444	0.0822
0.41	0.0714	0.1155	0.0662	0.1013	0.0377	0.0868	0.0435	0.0803
0.42	0.0703	0.1151	0.0657	0.0993	0.0369	0.0858	0.0424	0.0782
0.43	0.0691	0.1145	0.0650	0.0972	0.0360	0.0847	0.0412	0.0759
0.44	0.0678	0.1137	0.0643	0.0948	0.0350	0.0835	0.0399	0.0734
0.45	0.0664	0.1128	0.0635	0.0922	0.0340	0.0821	0.0385	0.0707
0.46	0.0648	0.1117	0.0626	0.0895	0.0328	0.0805	0.0370	0.0678
0.47	0.0631	0.1105	0.0615	0.0865	0.0316	0.0788	0.0354	0.0647
0.48	0.0613	0.1091	0.0604	0.0833	0.0303	0.0770	0.0336	0.0614
0.49	0.0593	0.1076	0.0592	0.0799	0.0289	0.0750	0.0318	0.0580
0.5	0.0572	0.1059	0.0578	0.0762	0.0274	0.0729	0.0299	0.0543
0.51	0.0550	0.1041	0.0564	0.0724	0.0259	0.0706	0.0279	0.0505
0.52	0.0526	0.1021	0.0549	0.0684	0.0242	0.0682	0.0258	0.0464
0.53	0.0501	0.0999	0.0532	0.0641	0.0225	0.0656	0.0236	0.0422
0.54	0.0475	0.0976	0.0515	0.0596	0.0207	0.0629	0.0212	0.0377
0.55	0.0447	0.0952	0.0497	0.0550	0.0188	0.0601	0.0188	0.0331
0.56	0.0419	0.0926	0.0477	0.0501	0.0169	0.0571	0.0163	0.0283
0.57	0.0388	0.0898	0.0457	0.0450	0.0148	0.0539	0.0137	0.0232
0.58	0.0357	0.0869	0.0435	0.0397	0.0127	0.0506	0.0109	0.0180

续表

时间 进口强度	2000~2006年 员工工资	2000年 员工工资	2001年 员工工资	2002年 员工工资	2003年 员工工资	2004年 员工工资	2005年 员工工资	2006年 员工工资
0.59	0.0324	0.0838	0.0413	0.0342	0.0105	0.0472	0.0081	0.0126
0.6	0.0290	0.0805	0.0389	0.0285	0.0082	0.0436	0.0051	0.0070
0.61	0.0254	0.0771	0.0365	0.0225	0.0058	0.0398	0.0021	0.0012
0.62	0.0217	0.0736	0.0339	0.0164	0.0033	0.0359	-0.0010	-0.0048
0.63	0.0179	0.0699	0.0313	0.0100	0.0008	0.0319	-0.0043	-0.0110
0.64	0.0139	0.0660	0.0285	0.0035	-0.0018	0.0277	-0.0076	-0.0173
0.65	0.0099	0.0620	0.0257	-0.0033	-0.0045	0.0234	-0.0111	-0.0239
0.66	0.0056	0.0578	0.0227	-0.0103	-0.0073	0.0189	-0.0146	-0.0307
0.67	0.0013	0.0535	0.0197	-0.0175	-0.0102	0.0143	-0.0183	-0.0376
0.68	-0.0032	0.0490	0.0165	-0.0249	-0.0131	0.0096	-0.0221	-0.0448
0.69	-0.0078	0.0444	0.0132	-0.0325	-0.0162	0.0047	-0.0259	-0.0521
0.7	-0.0126	0.0396	0.0099	-0.0403	-0.0193	-0.0004	-0.0299	-0.0597
0.71	-0.0174	0.0347	0.0064	-0.0483	-0.0225	-0.0056	-0.0340	-0.0674
0.72	-0.0225	0.0296	0.0028	-0.0566	-0.0258	-0.0110	-0.0381	-0.0753
0.73	-0.0276	0.0243	-0.0008	-0.0650	-0.0292	-0.0164	-0.0424	-0.0835
0.74	-0.0329	0.0189	-0.0046	-0.0737	-0.0326	-0.0221	-0.0468	-0.0918
0.75	-0.0383	0.0133	-0.0085	-0.0826	-0.0361	-0.0279	-0.0513	-0.1003
0.76	-0.0438	0.0076	-0.0124	-0.0917	-0.0398	-0.0338	-0.0558	-0.1090
0.77	-0.0495	0.0017	-0.0165	-0.1009	-0.0435	-0.0399	-0.0605	-0.1179
0.78	-0.0553	-0.0043	-0.0207	-0.1105	-0.0472	-0.0461	-0.0653	-0.1270
0.79	-0.0612	-0.0105	-0.0250	-0.1202	-0.0511	-0.0525	-0.0702	-0.1363
0.8	-0.0673	-0.0168	-0.0293	-0.1301	-0.0550	-0.0590	-0.0752	-0.1458
0.81	-0.0735	-0.0233	-0.0338	-0.1402	-0.0591	-0.0657	-0.0803	-0.1554
0.82	-0.0798	-0.0300	-0.0384	-0.1506	-0.0632	-0.0725	-0.0855	-0.1653
0.83	-0.0863	-0.0368	-0.0431	-0.1611	-0.0674	-0.0794	-0.0908	-0.1754
0.84	-0.0929	-0.0437	-0.0479	-0.1719	-0.0716	-0.0865	-0.0962	-0.1856
0.85	-0.0997	-0.0509	-0.0528	-0.1829	-0.0760	-0.0938	-0.1017	-0.1961
0.86	-0.1065	-0.0581	-0.0578	-0.1940	-0.0804	-0.1012	-0.1073	-0.2067
0.87	-0.1135	-0.0656	-0.0628	-0.2054	-0.0850	-0.1087	-0.1130	-0.2176
0.88	-0.1206	-0.0731	-0.0680	-0.2170	-0.0896	-0.1164	-0.1188	-0.2286
0.89	-0.1279	-0.0809	-0.0733	-0.2288	-0.0942	-0.1243	-0.1247	-0.2398
0.9	-0.1353	-0.0888	-0.0787	-0.2409	-0.0990	-0.1322	-0.1307	-0.2512

续表

时间	2000~2006年	2000年	2001年	2002年	2003年	2004年	2005年	2006年
进口强度	员工工资	员工工资	员工工资	员工工资	员工工资	员工工资	员工工资	员工工资
0.91	-0.1428	-0.0968	-0.0842	-0.2531	-0.1039	-0.1404	-0.1368	-0.2629
0.92	-0.1505	-0.1050	-0.0898	-0.2655	-0.1088	-0.1486	-0.1431	-0.2747
0.93	-0.1583	-0.1134	-0.0955	-0.2782	-0.1138	-0.1571	-0.1494	-0.2867
0.94	-0.1662	-0.1219	-0.1013	-0.2911	-0.1189	-0.1656	-0.1558	-0.2989
0.95	-0.1743	-0.1306	-0.1072	-0.3041	-0.1241	-0.1743	-0.1623	-0.3112
0.96	-0.1825	-0.1394	-0.1132	-0.3174	-0.1294	-0.1832	-0.1690	-0.3238
0.97	-0.1908	-0.1484	-0.1193	-0.3309	-0.1347	-0.1922	-0.1757	-0.3366
0.98	-0.1992	-0.1575	-0.1255	-0.3446	-0.1401	-0.2014	-0.1825	-0.3496
0.99	-0.2078	-0.1668	-0.1318	-0.3585	-0.1456	-0.2107	-0.1895	-0.3627
1	-0.2165	-0.1763	-0.1383	-0.3727	-0.1512	-0.2201	-0.1965	-0.3761

从表7-3和表7-4可以发现，对于2000~2006年全样本区间以及各个年份子样本区间，随着进口强度的增加，企业员工工资都呈现先上升而后下降的关系。以2000~2006年连续存活企业的样本为例，"拐点"大约出现在进口强度为0.33~0.34的时候，此时员工工资达到最大值21.546（$e^{3.0702}$），而非进口企业（进口强度为0）员工工资为19.991（$e^{2.9953}$），两者相差1.555，约为7.78%，我们可以理解为，当一个非进口企业转为进口企业，且进口强度（进口投入占总中间投入）达到0.33~0.34时，企业员工工资将上升7.78%。在进口强度超过0.34时，员工工资开始下降，但仍然高于非进口企业员工工资。同时，根据表7-5，我们还可以发现，当进口强度达到0.68时，进口企业员工工资甚至开始低于非进口企业。其他各年的子样本也呈现出类似的情况，即进口强度与员工工资呈现出倒U形关系，随着进口强度增加，企业员工工资先上升而后下降，而且都存在一个"拐点"。

我们将2000~2006年以及各个年份的进口企业员工工资开始下降的拐点，以及进口企业员工工资开始低于非进口企业拐点情况汇总，可以获得表7-6。

从表7-6可知，当企业进口强度开始高于(0.3, 0.39)这个区间范围，进口企业的员工工资不再上升，相反开始下降，但仍然高于非进口企业。如果企业进口强度继续上升到(0.61, 0.78)这个区间范围，进口企业员工工资就开始低于非进口企业，随着进口强度的持续提升，员工工资就会一直下降。

表7-6 进口企业工资变化的"拐点"区间

时间	2000~2006年	2000年	2001年	2002年	2003年	2004年	2005年	2006年
进口企业工资开始下降的拐点	(0.33, 0.34)	(0.38, 0.39)	(0.36, 0.37)	(0.32, 0.33)	(0.31, 0.32)	0.35	0.31	(0.30, 0.31)
进口企业工资开始低于非进口企业的拐点	(0.67, 0.68)	(0.77, 0.78)	(0.72, 0.73)	(0.64, 0.65)	(0.63, 0.64)	(0.69, 0.70)	(0.61, 0.62)	(0.61, 0.62)

综合表7-4、表7-5和表7-6，我们可以明确地获知，企业进口会导致工资溢价，但是这种工资溢价只是存在于一定的进口强度的范围之内，高于这个进口强度范围的反而会导致企业员工工资的下降，甚至低于非进口企业。对于这种现象的解释我们认为有如下原因：2000~2006年从事进口贸易的制造类企业，可能也在从事出口贸易，换句话说这部分企业从事的是加工贸易，这类加工贸易企业多数为劳动密集型企业，缺乏技术与资金，劳动生产率不高，仅能支付较低的工资给这些员工。所以，进口强度越大，并不一定会导致更高的员工工资。

同时，Amiti和Cameron（2012）发现相对于非进口企业而言，从事进口贸易的企业会有工资溢价。进口导致工资溢价的机制可能包括如下几个方面：进口强度增加可能是因为企业可以获得更高质量的投入品，提升了企业生产率和盈利能力，进而提高员工工资；当进口强度超过一定程度时，企业成本结构发生变化，企业越有可能从事的是加工贸易，企业利润率低（生产率悖论），员工工资比较低。此外，通过进口企业可以获得更低成本的中间投入品，这也可以提升企业经营绩效，进而提高员工工资。通过进口，企业还可以使得中间投入品来源多样化，满足企业对中间投入品的多样化需求，改进企业经营效率，进而提高企业员工工资。

第五节 稳健性检验

为了进一步分析上文实证结果在不同情况下的稳健性，我们将分别从企业不同的贸易模式、企业股权性质等角度对企业员工工资与进口强度之间的关系进行再检验。

一、基于贸易模式的检验

与发达国家对外贸易不同,中国拥有相当不同的贸易制度上的安排,存在各种类型的贸易模式,2000~2006年中国海关数据库中的贸易模式就达17种之多。具体如表7-7所示。

表7-7 2000~2006年中国海关数据库中的贸易模式

贸易模式	观测值数量	比例(%)
一般贸易	10725	47.62
保税仓库进出境货物	62	0.28
保税区仓储转口货物	24	0.11
其他	3120	13.85
其他境外捐赠物资	4	0.02
其他	392	1.74
出料加工贸易	6	0.03
国家间、国际组织无偿援助和赠送的物资	3	0.01
外商投资企业作为投资进口的设备、物品	3050	13.54
寄售、代销贸易	1	0
对外承包工程出口货物	3	0.01
来料加工装配贸易	1047	4.65
来料加工装配进口的设备	98	0.44
租赁贸易	1	0
边境小额贸易	3	0.01
进料加工贸易	3982	17.68

资料来源:2000~2006年中国工业企业与海关数据库中连续存活的企业,经笔者统计获得。

Feenstra等(2013)指出加工贸易在中国对外贸易中扮演了非常重要的角色,在1997~2008年占据了出口的54%。我们设想在不同的贸易模式下,企业进口对员工工资是否会产生不同的影响呢?或者我们上文分析的结论是否依然成立呢?为此,我们将这17种贸易模式大致划分为两大类:一般贸易和加工贸易。然后,采用相同的剂量反应模型进行分析。图7-12和图7-13分别列出了2000~2006年一般贸易和加工贸易两个子样本的剂量反应函数估计结果。

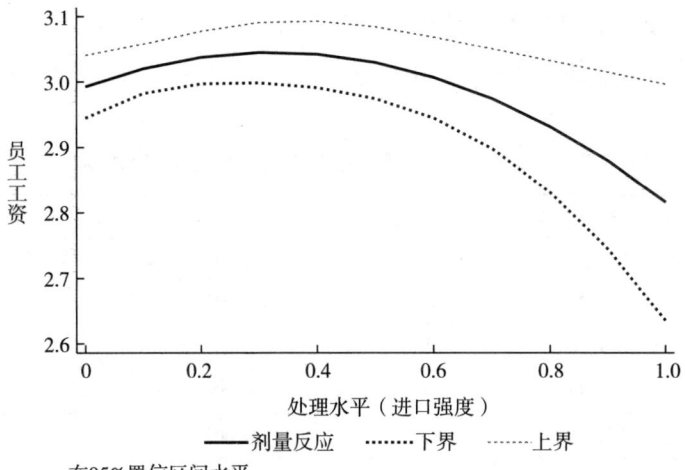

图7-12 一般贸易企业的剂量反应函数

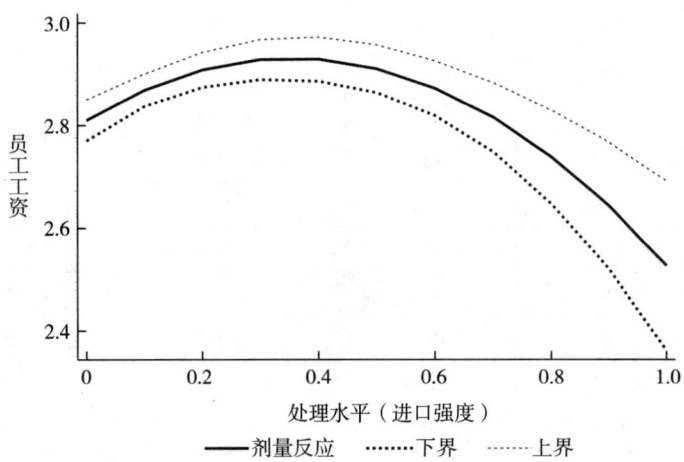

图7-13 加工贸易企业的剂量反应函数

从图7-12和图7-13可以发现无论是一般贸易企业还是加工贸易企业，进口强度与员工工资都呈现出倒U形的关系，这与前面全样本区间以及分年子样本的情况一致，表明两者关系相当稳定，随着企业进口强度增加，员工工资先上升后下降。

类似地,我们还计算了一般贸易与加工贸易的企业员工工资发生变化的进口强度"拐点",具体如表7-8所示。

表7-8　不同贸易方式下进口强度对员工工资的影响

进口强度	一般贸易员工工资	加工贸易员工工资	一般贸易员工工资(净影响)	加工贸易员工工资(净影响)
0	2.9926	2.8100	0.0000	0.0000
0.01	2.9958	2.8168	0.0032	0.0068
0.02	2.9989	2.8233	0.0063	0.0133
0.03	3.0018	2.8297	0.0092	0.0197
0.04	3.0047	2.8359	0.0121	0.0259
0.05	3.0075	2.8419	0.0149	0.0319
0.06	3.0102	2.8477	0.0176	0.0377
0.07	3.0128	2.8533	0.0202	0.0433
0.08	3.0152	2.8587	0.0226	0.0487
0.09	3.0176	2.8639	0.0250	0.0539
0.1	3.0199	2.8689	0.0273	0.0589
0.11	3.0221	2.8737	0.0295	0.0637
0.12	3.0242	2.8783	0.0316	0.0683
0.13	3.0262	2.8828	0.0336	0.0728
0.14	3.0280	2.8870	0.0354	0.0770
0.15	3.0298	2.8911	0.0372	0.0811
0.16	3.0315	2.8949	0.0389	0.0849
0.17	3.0331	2.8986	0.0405	0.0886
0.18	3.0346	2.9020	0.0420	0.0920
0.19	3.0359	2.9053	0.0433	0.0953
0.2	3.0372	2.9084	0.0446	0.0984
0.21	3.0384	2.9113	0.0458	0.1013
0.22	3.0395	2.9140	0.0469	0.1040
0.23	3.0405	2.9165	0.0479	0.1065
0.24	3.0414	2.9188	0.0488	0.1088
0.25	3.0421	2.9209	0.0495	0.1109

续表

进口强度	一般贸易 员工工资	加工贸易 员工工资	一般贸易 员工工资（净影响）	加工贸易 员工工资（净影响）
0.26	3.0428	2.9228	0.0502	0.1128
0.27	3.0434	2.9245	0.0508	0.1145
0.28	3.0439	2.9260	0.0513	0.1160
0.29	3.0443	2.9274	0.0517	0.1174
0.3	3.0446	2.9285	0.0520	0.1185
0.31	3.0447	2.9295	0.0521	0.1195
0.32	**3.0448**	2.9302	0.0522	0.1202
0.33	3.0448	2.9308	0.0522	0.1208
0.34	3.0447	2.9311	0.0521	0.1211
0.35	3.0445	**2.9313**	0.0519	0.1213
0.36	3.0442	**2.9313**	0.0516	0.1213
0.37	3.0437	2.9311	0.0511	0.1211
0.38	3.0432	2.9306	0.0506	0.1206
0.39	3.0426	2.9300	0.0500	0.1200
0.4	3.0419	2.9292	0.0493	0.1192
0.41	3.0411	2.9282	0.0485	0.1183
0.42	3.0402	2.9271	0.0476	0.1171
0.43	3.0392	2.9257	0.0466	0.1157
0.44	3.0380	2.9241	0.0454	0.1141
0.45	3.0368	2.9223	0.0442	0.1123
0.46	3.0355	2.9204	0.0429	0.1104
0.47	3.0341	2.9182	0.0415	0.1082
0.48	3.0326	2.9159	0.0400	0.1059
0.49	3.0310	2.9133	0.0384	0.1033
0.5	3.0293	2.9106	0.0367	0.1006
0.51	3.0274	2.9077	0.0348	0.0977
0.52	3.0255	2.9045	0.0329	0.0945
0.53	3.0235	2.9012	0.0309	0.0912
0.54	3.0214	2.8977	0.0288	0.0877
0.55	3.0192	2.8940	0.0266	0.0840

续表

进口强度	一般贸易 员工工资	加工贸易 员工工资	一般贸易 员工工资（净影响）	加工贸易 员工工资（净影响）
0.56	3.0169	2.8901	0.0243	0.0801
0.57	3.0145	2.8860	0.0219	0.0760
0.58	3.0120	2.8817	0.0194	0.0717
0.59	3.0093	2.8772	0.0167	0.0672
0.6	3.0066	2.8726	0.0140	0.0626
0.61	3.0038	2.8677	0.0112	0.0577
0.62	3.0009	2.8626	0.0083	0.0526
0.63	2.9979	2.8574	0.0053	0.0474
0.64	2.9948	2.8519	**0.0022**	0.0419
0.65	2.9916	2.8463	**−0.0010**	0.0363
0.66	2.9883	2.8404	−0.0043	0.0304
0.67	2.9848	2.8344	−0.0078	0.0244
0.68	2.9813	2.8282	−0.0113	0.0182
0.69	2.9777	2.8217	−0.0149	0.0117
0.7	2.9740	2.8151	−0.0186	**0.0051**
0.71	2.9702	2.8083	−0.0224	**−0.0017**
0.72	2.9663	2.8013	−0.0263	−0.0087
0.73	2.9623	2.7941	−0.0303	−0.0159
0.74	2.9582	2.7867	−0.0344	−0.0233
0.75	2.9540	2.7792	−0.0386	−0.0308
0.76	2.9496	2.7714	−0.0430	−0.0386
0.77	2.9452	2.7634	−0.0474	−0.0466
0.78	2.9407	2.7552	−0.0519	−0.0548
0.79	2.9361	2.7469	−0.0565	−0.0631
0.8	2.9314	2.7383	−0.0612	−0.0717
0.81	2.9266	2.7296	−0.0660	−0.0804
0.82	2.9217	2.7206	−0.0709	−0.0894
0.83	2.9167	2.7115	−0.0759	−0.0985
0.84	2.9116	2.7022	−0.0810	−0.1078
0.85	2.9064	2.6927	−0.0862	−0.1173

续表

进口强度	一般贸易 员工工资	加工贸易 员工工资	一般贸易 员工工资（净影响）	加工贸易 员工工资（净影响）
0.86	2.9010	2.6829	-0.0915	-0.1271
0.87	2.8956	2.6730	-0.0970	-0.1370
0.88	2.8901	2.6629	-0.1025	-0.1471
0.89	2.8845	2.6526	-0.1081	-0.1574
0.9	2.8788	2.6421	-0.1138	-0.1679
0.91	2.8730	2.6314	-0.1196	-0.1785
0.92	2.8671	2.6206	-0.1255	-0.1894
0.93	2.8611	2.6095	-0.1315	-0.2005
0.94	2.8550	2.5982	-0.1376	-0.2118
0.95	2.8488	2.5868	-0.1438	-0.2232
0.96	2.8425	2.5751	-0.1501	-0.2349
0.97	2.8361	2.5633	-0.1565	-0.2467
0.98	2.8295	2.5512	-0.1631	-0.2588
0.99	2.8229	2.5390	-0.1697	-0.2710
1	2.8162	2.5266	-0.1764	-0.2834

从表7-8中可知，无论是一般贸易还是加工贸易，随着进口强度的增加，企业员工工资都呈现出先上升而后下降的关系。以一般贸易企业样本为例，"拐点"大约出现在进口强度为（0.32，0.33）的时候，此时员工工资达到最大值21.0（$e^{3.0448}$），而非进口企业（进口强度为0）员工工资为19.937（$e^{2.9926}$），两者相差1.063，约为5.33%，我们可以理解为，当一个非进口企业转为进口企业，且进口强度达到（0.32，0.33）时，企业员工工资将上升5.33%。在进口强度超过0.34时，员工工资开始下降，但仍然高于非进口企业员工工资。同时，根据表7-8，我们还可以发现当进口强度达到（0.64，0.65）时，进口企业员工工资甚至开始低于非进口企业员工工资。即进口强度与员工工资呈现出倒U形关系，随着进口强度增加，企业员工工资先上升而后下降，而且都存在一个"拐点"。

从表7-9可知，当一般贸易企业进口强度高于（0.32，0.32）这个区间范围，进口企业的员工工资不再上升，相反开始下降，但仍然高于非进口企业。如果企业进口强度继续上升到（0.64，0.65）这个区间范围，进口企业员工工资就开始低于非进口企业,随着进口强度的持续提升,员工工资就会一直下降。对于加工贸易企业,进口强度如果高于(0.35,0.36)这个区间范围,进口企业的员工工资不再上升,相反开始下降,但仍然高于非进口企业。如果企业进口强度继续上升到(0.70,0.71)这个区间范围,进口企业员工工资就开始低于非进口企业,随着进口强度的持续提升,员工工资就会一直下降。值得注意的是,相对于一般贸易,加工贸易进口企业工资开始低于非进口企业的"拐点"对应的进口强度区间要更靠近1,这也符合加工贸易的"大进大出"的特征。

表7-9 进口企业工资变化的"拐点"区间

	一般贸易	加工贸易
进口企业工资开始下降的"拐点"	(0.32, 0.33)	(0.35, 0.36)
进口企业工资开始低于非进口企业的"拐点"	(0.64, 0.65)	(0.70, 0.71)

综上所述,从贸易方式来看,无论是一般贸易企业还是加工贸易企业,进口强度与员工工资都呈现出倒U形的关系,这与前面全样本区间以及分年子样本的情况一致,表明两者关系相当稳定,随着企业进口强度增加,员工工资先上升后下降。值得注意的是,相对于一般贸易,加工贸易进口企业工资开始低于非进口企业的"拐点"对应的进口强度区间要更靠近1。

二、基于企业股权性质的检验

为了进一步考察企业不同的股权性质是否会对进口强度与员工工资的关系产生影响,我们将根据企业所有制来重新划分样本。聂辉华等(2012)指出在中国工业企业数据库中包含了企业的实收资本以及国有、集体、法人、私人、港澳台和外商六种股权性质的实收资本数额,我们可以通过实收资本比例来识别企业的所有制类型①。我们将样本中企业资本金中占有控股股权比例的资本定义为该企业的所有制类型。具体分析中,我们首先将所有企业分为两类:内资企业和外资企业,前者包括国有、集体、法人、私人企业,后者包括港澳台和外商企业。然后,我们再讲内资企业细分为国有企业和非国有企业,外资企业分为港澳台企业

---

① 聂辉华等(2012)指出现有文献在识别企业的所有制时通常采取两种方式:注册类型或实收资本。这两种识别企业所有制的方法其实是有差别的。前者表示企业在工商局登记注册时的类型,后者能够表示企业当时的真实控股类型。

和外商企业。

从图7-14和图7-15可以发现无论是内资企业还是外资企业,进口强度与员工工资都呈现出倒U形的关系,这与前面全样本区间以及分年子样本的情况一致,表明两者关系相当稳定,随着企业进口强度增加,员工工资先上升后下降。

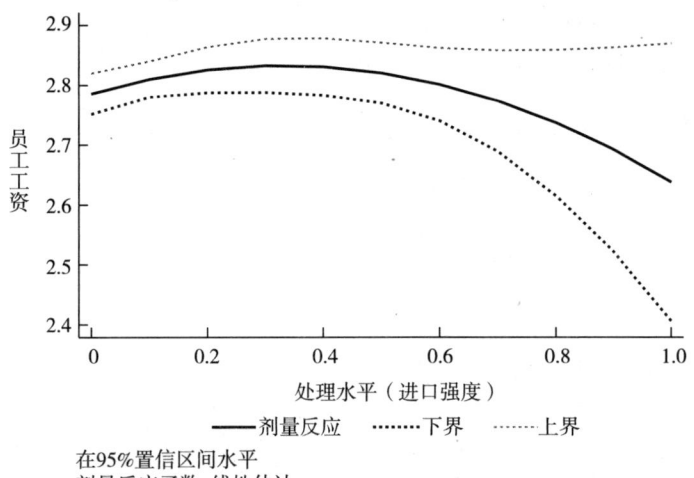

图7-14 内资企业的剂量反应函数

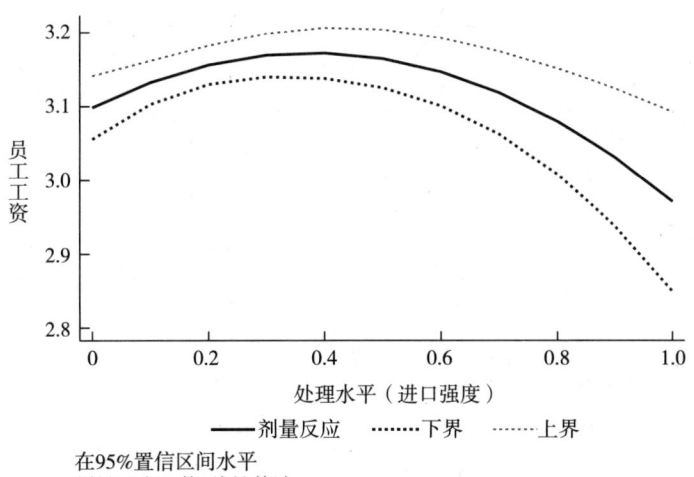

图7-15 外资企业的剂量反应函数

类似地,我们还计算了内资企业与外资企业员工工资发生变化的进口强度"拐点",具体如表7-10、表7-11所示。

表7-10 内资企业与外资企业进口强度对员工工资影响

进口强度	内资企业 员工工资	外资企业 员工工资	内资企业 员工工资(净影响)	外资企业 员工工资(净影响)
0	2.7856	3.0985	0.0000	0.0000
0.01	2.7884	3.1024	0.0028	0.0039
0.02	2.7911	3.1061	0.0056	0.0076
0.03	2.7938	3.1098	0.0082	0.0113
0.04	2.7963	3.1133	0.0108	0.0148
0.05	2.7988	3.1168	0.0132	0.0183
0.06	2.8012	3.1201	0.0156	0.0216
0.07	2.8035	3.1233	0.0179	0.0249
0.08	2.8057	3.1265	0.0201	0.0280
0.09	2.8078	3.1295	0.0223	0.0310
0.1	2.8098	3.1324	0.0243	0.0339
0.11	2.8118	3.1353	0.0262	0.0368
0.12	2.8137	3.1380	0.0281	0.0395
0.13	2.8154	3.1406	0.0299	0.0421
0.14	2.8171	3.1431	0.0316	0.0446
0.15	2.8187	3.1455	0.0332	0.0470
0.16	2.8203	3.1478	0.0347	0.0493
0.17	2.8217	3.1500	0.0361	0.0515
0.18	2.8230	3.1521	0.0375	0.0536
0.19	2.8243	3.1541	0.0387	0.0556
0.2	2.8255	3.1560	0.0399	0.0575
0.21	2.8265	3.1578	0.0410	0.0593
0.22	2.8275	3.1595	0.0420	0.0610
0.23	2.8285	3.1611	0.0429	0.0626
0.24	2.8293	3.1625	0.0437	0.0640
0.25	2.8300	3.1639	0.0445	0.0654
0.26	2.8307	3.1652	0.0451	0.0667

续表

进口强度	内资企业员工工资	外资企业员工工资	内资企业员工工资（净影响）	外资企业员工工资（净影响）
0.27	2.8312	3.1663	0.0457	0.0679
0.28	2.8317	3.1674	0.0461	0.0689
0.29	2.8321	3.1684	0.0465	0.0699
0.3	2.8324	3.1692	0.0468	0.0707
0.31	2.8326	3.1700	0.0470	0.0715
0.32	**2.8327**	3.1706	0.0472	0.0721
0.33	**2.8328**	3.1711	0.0472	0.0727
0.34	2.8327	3.1716	0.0472	0.0731
0.35	2.8326	3.1719	0.0470	0.0734
0.36	2.8324	3.1721	0.0468	0.0737
0.37	2.8321	**3.1723**	0.0465	0.0738
0.38	2.8317	**3.1723**	0.0461	0.0738
0.39	2.8312	3.1722	0.0456	0.0737
0.4	2.8306	3.1720	0.0451	0.0735
0.41	2.8300	3.1717	0.0444	0.0733
0.42	2.8292	3.1713	0.0437	0.0729
0.43	2.8284	3.1709	0.0429	0.0724
0.44	2.8275	3.1703	0.0419	0.0718
0.45	2.8265	3.1695	0.0409	0.0711
0.46	2.8254	3.1687	0.0399	0.0703
0.47	2.8242	3.1678	0.0387	0.0693
0.48	2.8230	3.1668	0.0374	0.0683
0.49	2.8216	3.1657	0.0361	0.0672
0.5	2.8202	3.1645	0.0346	0.0660
0.51	2.8187	3.1631	0.0331	0.0647
0.52	2.8171	3.1617	0.0315	0.0632
0.53	2.8154	3.1602	0.0298	0.0617
0.54	2.8136	3.1585	0.0280	0.0601
0.55	2.8117	3.1568	0.0262	0.0583
0.56	2.8098	3.1550	0.0242	0.0565

续表

进口强度	内资企业员工工资	外资企业员工工资	内资企业员工工资（净影响）	外资企业员工工资（净影响）
0.57	2.8077	3.1530	0.0222	0.0545
0.58	2.8056	3.1510	0.0200	0.0525
0.59	2.8034	3.1488	0.0178	0.0503
0.6	2.8011	3.1465	0.0155	0.0480
0.61	2.7987	3.1442	0.0131	0.0457
0.62	2.7962	3.1417	0.0106	0.0432
0.63	2.7936	3.1391	0.0081	0.0406
0.64	2.7910	3.1365	0.0054	0.0380
0.65	2.7882	3.1337	**0.0027**	0.0352
0.66	2.7854	3.1308	**−0.0001**	0.0323
0.67	2.7825	3.1278	−0.0031	0.0293
0.68	2.7795	3.1247	−0.0061	0.0262
0.69	2.7764	3.1215	−0.0091	0.0230
0.7	2.7732	3.1182	−0.0123	0.0197
0.71	2.7700	3.1148	−0.0156	0.0163
0.72	2.7666	3.1113	−0.0189	0.0128
0.73	2.7632	3.1077	−0.0223	0.0092
0.74	2.7597	3.1040	−0.0259	0.0055
0.75	2.7561	3.1002	−0.0295	**0.0017**
0.76	2.7524	3.0963	−0.0332	**−0.0022**
0.77	2.7486	3.0922	−0.0369	−0.0063
0.78	2.7447	3.0881	−0.0408	−0.0104
0.79	2.7408	3.0839	−0.0448	−0.0146
0.8	2.7367	3.0795	−0.0488	−0.0190
0.81	2.7326	3.0751	−0.0529	−0.0234
0.82	2.7284	3.0706	−0.0571	−0.0279
0.83	2.7241	3.0659	−0.0614	−0.0326
0.84	2.7197	3.0612	−0.0658	−0.0373
0.85	2.7152	3.0563	−0.0703	−0.0422
0.86	2.7107	3.0513	−0.0749	−0.0471

续表

进口强度	内资企业员工工资	外资企业员工工资	内资企业员工工资(净影响)	外资企业员工工资(净影响)
0.87	2.7060	3.0463	-0.0795	-0.0522
0.88	2.7013	3.0411	-0.0843	-0.0574
0.89	2.6965	3.0358	-0.0891	-0.0626
0.9	2.6916	3.0305	-0.0940	-0.0680
0.91	2.6866	3.0250	-0.0990	-0.0735
0.92	2.6815	3.0194	-0.1041	-0.0791
0.93	2.6763	3.0137	-0.1092	-0.0848
0.94	2.6711	3.0079	-0.1145	-0.0905
0.95	2.6657	3.0021	-0.1198	-0.0964
0.96	2.6603	2.9961	-0.1253	-0.1024
0.97	2.6548	2.9900	-0.1308	-0.1085
0.98	2.6492	2.9838	-0.1364	-0.1147
0.99	2.6435	2.9774	-0.1421	-0.1210
1	2.6377	2.9710	-0.1479	-0.1275

表7-11 内资企业与外资企业工资变化的"拐点"区间

	内资企业	外资企业
进口企业工资开始下降的"拐点"	(0.32, 0.33)	(0.37, 0.38)
进口企业工资开始低于非进口企业的"拐点"	(0.65, 0.66)	(0.75, 0.76)

从表7-10和表7-11可知,以内资企业为例,"拐点"出现在进口强度为(0.32,0.33)的时候,此时员工工资达到最大值为16.993($e^{2.8328}$),而非进口企业(进口强度为0)员工工资为16.209($e^{2.7856}$),两者相差0.784,约为4.83%,我们可以理解为,当一个非进口企业转为进口企业,且进口强度达到(0.32,0.33)时,企业员工工资将上升4.83%。当内资企业进口强度高于这个区间范围,进口企业的员工工资不再上升,甚至开始下降,但仍然高于非进口企业。如果企业进口强度继续上升到(0.65,0.66)这个区间范围,进口企业员工工资就开始低于非进口企业,随着进口强度的持续提升,员工工资就会一直

下降。

而对于外资企业,进口强度如果高于(0.37,0.38)这个区间范围,外资进口企业的员工工资不再上升,相反开始下降,但仍然高于非进口企业。如果企业进口强度继续上升到(0.70,0.71)这个区间范围,进口企业员工工资就开始低于非进口企业,随着进口强度的持续提升,员工工资就会一直下降。值得注意的是,相对于内资企业,外资进口企业工资开始低于非进口企业的"拐点"对应的进口强度区间要更靠近1,这表明,相比于内资企业,外资企业更多地从事进口贸易,在国际贸易中更加活跃和频繁。

下面我们将内资企业再细分为国有和非国有内资企业,然后再检验进口与国有企业员工工资的关系。具体如图7-16和图7-17所示。

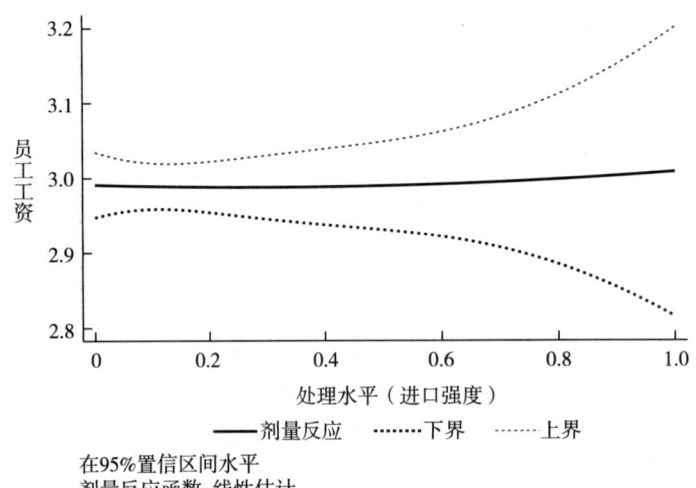

图7-16 国有企业的剂量反应函数

从图7-16和图7-17可以发现,国有企业的进口强度与员工工资并没有呈现出倒U形关系,两者关系相对稳定,没有明显的变化趋势。相反,非国有企业进口强度与员工工资呈现出倒U形关系,这与其他企业分类的结果相似。

类似地,我们还计算了国有企业与非国有内资企业员工工资发生变化的进口强度"拐点",具体如表7-12所示。

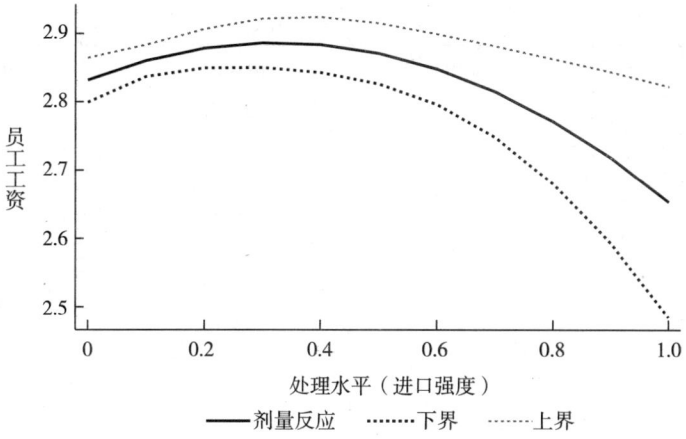

图7-17 非国有内资企业的剂量反应函数

表7-12 国有与非国有内资企业进口强度对员工工资影响

进口强度	国有企业员工工资	非国有企业员工工资	国有企业员工工资（净影响）	非国有企业员工工资（净影响）
0	2.9911	2.8316	0.0000	0.0000
0.01	2.9908	2.8349	-0.0002	0.0033
0.02	2.9906	2.8381	-0.0004	0.0065
0.03	2.9904	2.8412	-0.0007	0.0096
0.04	2.9902	2.8442	-0.0009	0.0126
0.05	2.9900	2.8471	-0.0010	0.0154
0.06	2.9898	2.8498	-0.0012	0.0182
0.07	2.9897	2.8525	-0.0014	0.0209
0.08	2.9895	2.8551	-0.0016	0.0235
0.09	2.9893	2.8576	-0.0017	0.0259
0.1	2.9892	2.8599	-0.0019	0.0283
0.11	2.9890	2.8622	-0.0020	0.0306
0.12	2.9889	2.8644	-0.0022	0.0327
0.13	2.9888	2.8664	-0.0023	0.0348
0.14	2.9886	2.8684	-0.0024	0.0368

续表

进口强度	国有企业员工工资	非国有企业员工工资	国有企业员工工资（净影响）	非国有企业员工工资（净影响）
0.15	2.9885	2.8702	-0.0025	0.0386
0.16	2.9884	2.8720	-0.0026	0.0404
0.17	2.9883	2.8737	-0.0027	0.0420
0.18	2.9882	2.8752	-0.0028	0.0436
0.19	2.9882	2.8767	-0.0029	0.0450
0.2	2.9881	2.8780	-0.0030	0.0464
0.21	2.9880	2.8792	-0.0030	0.0476
0.22	2.9880	2.8804	-0.0031	0.0488
0.23	2.9879	2.8814	-0.0032	0.0498
0.24	2.9879	2.8824	-0.0032	0.0507
0.25	2.9878	2.8832	-0.0032	0.0516
0.26	2.9878	2.8839	-0.0033	0.0523
0.27	2.9878	2.8845	-0.0033	0.0529
0.28	2.9878	2.8851	-0.0033	0.0535
0.29	2.9878	2.8855	-0.0033	0.0539
0.3	2.9878	2.8858	-0.0033	0.0542
0.31	2.9878	2.8860	-0.0033	0.0544
0.32	2.9878	**2.8861**	-0.0032	0.0545
0.33	2.9879	**2.8862**	-0.0032	0.0545
0.34	2.9879	2.8861	-0.0032	0.0544
0.35	2.9880	2.8859	-0.0031	0.0543
0.36	2.9880	2.8856	-0.0031	0.0540
0.37	2.9881	2.8852	-0.0030	0.0536
0.38	2.9881	2.8847	-0.0029	0.0531
0.39	2.9882	2.8841	-0.0028	0.0525
0.4	2.9883	2.8834	-0.0028	0.0518
0.41	2.9884	2.8826	-0.0027	0.0509
0.42	2.9885	2.8817	-0.0026	0.0500
0.43	2.9886	2.8806	-0.0025	0.0490
0.44	2.9887	2.8795	-0.0023	0.0479

续表

进口强度	国有企业员工工资	非国有企业员工工资	国有企业员工工资（净影响）	非国有企业员工工资（净影响）
0.45	2.9889	2.8783	−0.0022	0.0467
0.46	2.9890	2.8770	−0.0021	0.0454
0.47	2.9891	2.8756	−0.0019	0.0440
0.48	2.9893	2.8740	−0.0018	0.0424
0.49	2.9895	2.8724	−0.0016	0.0408
0.5	2.9896	2.8707	−0.0014	0.0391
0.51	2.9898	2.8689	−0.0013	0.0372
0.52	2.9900	2.8669	−0.0011	0.0353
0.53	2.9902	2.8649	−0.0009	0.0333
0.54	2.9904	2.8627	−0.0007	0.0311
0.55	2.9906	2.8605	−0.0005	0.0289
0.56	2.9908	2.8582	−0.0003	0.0265
0.57	2.9910	2.8557	**−0.0001**	0.0241
0.58	2.9913	2.8532	**0.0002**	0.0215
0.59	2.9915	2.8505	0.0004	0.0189
0.6	2.9917	2.8477	0.0007	0.0161
0.61	2.9920	2.8449	0.0009	0.0133
0.62	2.9923	2.8419	0.0012	0.0103
0.63	2.9925	2.8389	0.0015	0.0073
0.64	2.9928	2.8357	0.0017	0.0041
0.65	2.9931	2.8324	0.0020	**0.0008**
0.66	2.9934	2.8291	0.0023	**−0.0026**
0.67	2.9937	2.8256	0.0026	−0.0060
0.68	2.9940	2.8220	0.0029	−0.0096
0.69	2.9943	2.8183	0.0033	−0.0133
0.7	2.9947	2.8146	0.0036	−0.0171
0.71	2.9950	2.8107	0.0039	−0.0209
0.72	2.9953	2.8067	0.0043	−0.0249
0.73	2.9957	2.8026	0.0046	−0.0290
0.74	2.9960	2.7984	0.0050	−0.0332

续表

进口强度	国有企业员工工资	非国有企业员工工资	国有企业员工工资（净影响）	非国有企业员工工资（净影响）
0.75	2.9964	2.7941	0.0053	-0.0375
0.76	2.9968	2.7897	0.0057	-0.0419
0.77	2.9972	2.7852	0.0061	-0.0464
0.78	2.9976	2.7806	0.0065	-0.0510
0.79	2.9980	2.7759	0.0069	-0.0557
0.8	2.9984	2.7711	0.0073	-0.0605
0.81	2.9988	2.7662	0.0077	-0.0654
0.82	2.9992	2.7612	0.0081	-0.0704
0.83	2.9996	2.7561	0.0086	-0.0755
0.84	3.0001	2.7509	0.0090	-0.0807
0.85	3.0005	2.7456	0.0095	-0.0861
0.86	3.0010	2.7401	0.0099	-0.0915
0.87	3.0014	2.7346	0.0104	-0.0970
0.88	3.0019	2.7290	0.0108	-0.1026
0.89	3.0024	2.7233	0.0113	-0.1084
0.9	3.0029	2.7174	0.0118	-0.1142
0.91	3.0034	2.7115	0.0123	-0.1201
0.92	3.0039	2.7055	0.0128	-0.1262
0.93	3.0044	2.6993	0.0133	-0.1323
0.94	3.0049	2.6931	0.0138	-0.1385
0.95	3.0054	2.6867	0.0144	-0.1449
0.96	3.0060	2.6803	0.0149	-0.1513
0.97	3.0065	2.6738	0.0154	-0.1579
0.98	3.0071	2.6671	0.0160	-0.1645
0.99	3.0076	2.6603	0.0166	-0.1713
1	3.0082	2.6535	0.0171	-0.1781

从表7-12和表7-13可知，国有企业进口强度与员工工资没有呈倒U形关系，只有当企业进口强度继续上升到（0.57,0.58）这个区间范围，国有进口企业员工工资才开始高于非进口企业，随着进口强度的持续提升，员工工

资就会一直上升。

表7-13 国有与非国有企业工资变化的"拐点"区间

	国有企业	非国有企业
进口企业工资开始下降的"拐点"	无拐点，进口企业工资持续上升	(0.32, 0.33)
进口企业工资开始低于非进口企业的"拐点"	(0.57, 0.58) 进口企业工资开始高于非进口企业	(0.65, 0.66)

而对于非国有内资企业，进口强度如果高于（0.32, 0.33）这个区间范围，非国有内资进口企业的员工工资不再上升，相反开始下降，但仍然高于非进口企业。如果企业进口强度继续上升到（0.65, 0.66）这个区间范围，进口企业员工工资就开始低于非进口企业，随着进口强度的持续提升，员工工资就会一直下降。值得注意的是，相对于非国有企业，国有企业进口强度偏低，这表明相比于内资企业，国有企业较少地从事进口贸易，进口贸易对企业员工工资影响相对较低。

下面我们继续将外资企业再细分为港澳台企业和其他外资企业，然后再检验进口与企业员工工资的关系。具体如图7-18和图7-19所示。

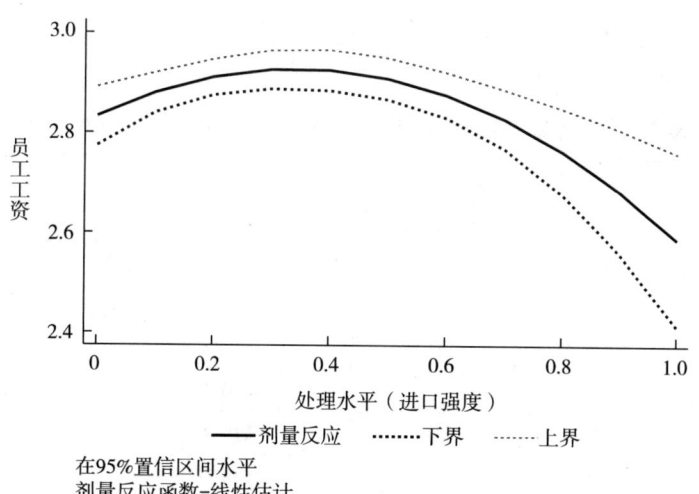

图7-18 港澳台资企业的剂量反应函数

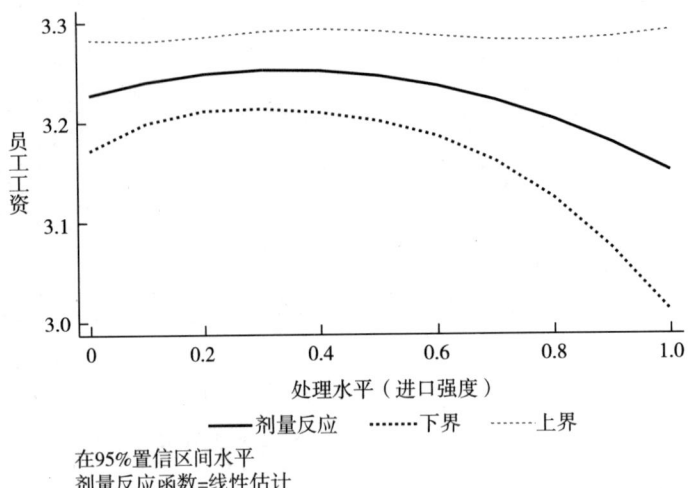

图7-19 其他外资企业剂量反应函数

从图7-18和图7-19可以发现,无论是港澳台还是其他外资企业,进口强度与员工工资都呈现出倒U形的关系,这与前面全样本区间以及分年子样本的情况一致,表明两者关系相当稳定,随着企业进口强度增加,员工工资先上升后下降。

类似地,我们还计算了港澳台企业与其他外资企业员工工资发生变化的进口强度"拐点",具体如表7-14和表7-15所示。

表7-14 港澳台企业与其他外资企业进口强度对员工工资的影响

进口强度	港澳台企业员工工资	其他外资企业员工工资	港澳台企业员工工资(净影响)	其他外资企业员工工资(净影响)
0	2.8330	3.2274	0.0000	0.0000
0.01	2.8384	3.2289	0.0054	0.0015
0.02	2.8437	3.2303	0.0106	0.0029
0.03	2.8487	3.2317	0.0157	0.0043
0.04	2.8536	3.2331	0.0206	0.0057
0.05	2.8584	3.2344	0.0253	0.0070
0.06	2.8630	3.2357	0.0299	0.0083
0.07	2.8674	3.2369	0.0344	0.0095
0.08	2.8717	3.2381	0.0386	0.0107

续表

进口强度	港澳台企业员工工资	其他外资企业员工工资	港澳台企业员工工资（净影响）	其他外资企业员工工资（净影响）
0.09	2.8758	3.2392	0.0428	0.0118
0.1	2.8798	3.2403	0.0467	0.0129
0.11	2.8836	3.2413	0.0505	0.0139
0.12	2.8872	3.2423	0.0542	0.0149
0.13	2.8907	3.2432	0.0577	0.0158
0.14	2.8940	3.2441	0.0610	0.0167
0.15	2.8972	3.2450	0.0641	0.0176
0.16	2.9002	3.2458	0.0672	0.0184
0.17	2.9030	3.2466	0.0700	0.0192
0.18	2.9057	3.2473	0.0727	0.0199
0.19	2.9083	3.2480	0.0752	0.0206
0.2	2.9107	3.2486	0.0776	0.0212
0.21	2.9129	3.2492	0.0798	0.0218
0.22	2.9149	3.2497	0.0819	0.0223
0.23	2.9168	3.2502	0.0838	0.0228
0.24	2.9186	3.2506	0.0855	0.0232
0.25	2.9202	3.2510	0.0871	0.0236
0.26	2.9216	3.2514	0.0885	0.0240
0.27	2.9229	3.2517	0.0898	0.0243
0.28	2.9240	3.2520	0.0909	0.0246
0.29	2.9249	3.2522	0.0919	0.0248
0.3	2.9257	3.2523	0.0927	0.0249
0.31	2.9263	3.2525	0.0933	0.0251
0.32	2.9268	3.2525	0.0938	0.0251
0.33	2.9271	**3.2526**	0.0941	0.0252
0.34	**2.9273**	**3.2526**	0.0943	0.0252
0.35	**2.9273**	3.2525	0.0943	0.0251
0.36	2.9271	3.2524	0.0941	0.0250
0.37	2.9268	3.2523	0.0938	0.0249
0.38	2.9263	3.2521	0.0933	0.0247

续表

进口强度	港澳台企业 员工工资	其他外资企业 员工工资	港澳台企业 员工工资（净影响）	其他外资企业 员工工资（净影响）
0.39	2.9257	3.2518	0.0927	0.0244
0.4	2.9249	3.2515	0.0919	0.0241
0.41	2.9240	3.2512	0.0909	0.0238
0.42	2.9229	3.2508	0.0898	0.0234
0.43	2.9216	3.2504	0.0886	0.0230
0.44	2.9202	3.2499	0.0871	0.0225
0.45	2.9186	3.2494	0.0856	0.0220
0.46	2.9169	3.2489	0.0838	0.0215
0.47	2.9150	3.2483	0.0819	0.0209
0.48	2.9129	3.2476	0.0799	0.0202
0.49	2.9107	3.2469	0.0776	0.0195
0.5	2.9083	3.2462	0.0753	0.0188
0.51	2.9058	3.2454	0.0727	0.0180
0.52	2.9031	3.2445	0.0700	0.0172
0.53	2.9002	3.2437	0.0672	0.0163
0.54	2.8972	3.2427	0.0642	0.0154
0.55	2.8941	3.2418	0.0610	0.0144
0.56	2.8907	3.2408	0.0577	0.0134
0.57	2.8873	3.2397	0.0542	0.0123
0.58	2.8836	3.2386	0.0506	0.0112
0.59	2.8798	3.2374	0.0468	0.0100
0.6	2.8759	3.2362	0.0428	0.0089
0.61	2.8717	3.2350	0.0387	0.0076
0.62	2.8675	3.2337	0.0344	0.0063
0.63	2.8630	3.2324	0.0300	0.0050
0.64	2.8584	3.2310	0.0254	0.0036
0.65	2.8537	3.2296	0.0207	0.0022
0.66	2.8488	3.2281	0.0157	**0.0007**
0.67	2.8437	3.2266	0.0107	**-0.0008**
0.68	2.8385	3.2250	0.0055	-0.0024

续表

进口强度	港澳台企业员工工资	其他外资企业员工工资	港澳台企业员工工资（净影响）	其他外资企业员工工资（净影响）
0.69	2.8331	3.2234	**0.0001**	-0.0040
0.7	2.8276	3.2218	**-0.0055**	-0.0056
0.71	2.8219	3.2201	-0.0112	-0.0073
0.72	2.8160	3.2183	-0.0170	-0.0091
0.73	2.8100	3.2165	-0.0230	-0.0109
0.74	2.8038	3.2147	-0.0292	-0.0127
0.75	2.7975	3.2128	-0.0355	-0.0146
0.76	2.7910	3.2109	-0.0420	-0.0165
0.77	2.7844	3.2089	-0.0487	-0.0185
0.78	2.7775	3.2069	-0.0555	-0.0205
0.79	2.7706	3.2048	-0.0625	-0.0226
0.8	2.7635	3.2027	-0.0696	-0.0247
0.81	2.7562	3.2006	-0.0769	-0.0268
0.82	2.7487	3.1984	-0.0843	-0.0290
0.83	2.7411	3.1961	-0.0919	-0.0313
0.84	2.7334	3.1938	-0.0997	-0.0336
0.85	2.7255	3.1915	-0.1076	-0.0359
0.86	2.7174	3.1891	-0.1157	-0.0383
0.87	2.7092	3.1867	-0.1239	-0.0407
0.88	2.7008	3.1842	-0.1323	-0.0432
0.89	2.6922	3.1817	-0.1408	-0.0457
0.9	2.6835	3.1791	-0.1495	-0.0483
0.91	2.6746	3.1765	-0.1584	-0.0509
0.92	2.6656	3.1738	-0.1674	-0.0535
0.93	2.6564	3.1711	-0.1766	-0.0562
0.94	2.6471	3.1684	-0.1860	-0.0590
0.95	2.6376	3.1656	-0.1955	-0.0618
0.96	2.6279	3.1628	-0.2051	-0.0646
0.97	2.6181	3.1599	-0.2149	-0.0675
0.98	2.6081	3.1570	-0.2249	-0.0704
0.99	2.5980	3.1540	-0.2350	-0.0734
1	2.5877	3.1510	-0.2453	-0.0764

表7-15 港澳台企业与其他外资企业工资变化的"拐点"区间

	港澳台企业	其他外资企业
进口企业工资开始下降的"拐点"	(0.34, 0.35)	(0.33, 0.34)
进口企业工资开始低于非进口企业的"拐点"	(0.69, 0.70)	(0.66, 0.67)

从表7-14和表7-15可知,以港澳台企业样本为例,"拐点"出现在进口强度为(0.34, 0.35)的时候,此时员工工资达到最大值18.677($e^{2.927}$),而非进口企业(进口强度为0)员工工资为16.997($e^{2.833}$),两者相差1.679,约为5.36%,我们可以理解为,当一个非进口企业转为进口企业,且进口强度达到(0.33, 0.34)时,企业员工工资将上升5.36%。在进口强度超过0.35时,员工工资开始下降,但仍然高于非进口企业员工工资。如果企业进口强度继续上升到(0.69, 0.70)这个区间范围,进口企业员工工资就开始低于非进口企业,随着进口强度的持续提升,员工工资就会一直下降。

而对于其他外资企业,进口强度如果高于(0.33, 0.34)这个区间范围,其他外资进口企业的员工工资不再上升,相反开始下降,但仍然高于非进口企业。如果企业进口强度继续上升到(0.66, 0.67)这个区间范围,进口企业员工工资就开始低于非进口企业,随着进口强度的持续提升,员工工资就会一直下降。

综上所述,从企业股权性质来看,本章发现相对于内资企业,外资进口企业工资开始低于非进口企业的"拐点"对应的进口强度区间要更靠近1,这表明相比于内资企业,外资企业更多地从事进口贸易,在国际贸易中更加活跃和频繁。国有企业的进口强度与员工工资并没有呈现出倒U形关系,两者关系相对稳定,没有明显的变化趋势。相反,非国有企业进口强度与员工工资并呈现出倒U形关系,这与其他企业分类的结果相似。

第六节 本章小结

本章基于2000~2006年中国工业企业数据库和海关数据库的匹配样本,采用广义倾向匹配评分模型,研究进口强度与员工工资的关系。由于广义倾向匹配评分模型控制了处理前的变量差异,在任意选择的两个不同处理水平的潜在结果之间的差异。但是，传统的广义倾向匹配评分模型的一个基本假设是样本的分布满足正态分布。为了解决国际贸易中企业进口强度非正态分布的问题，本章参考 Fryges 和 Wagner（2008）、Fryges（2008），并借鉴 Papke 和 Wooldrige（1996）提出的 Fractional Logit 模型来估计。

首先，研究发现，在 2000~2006 年全样本和各个年份的子样本中，进口强度与员工工资之间都存在明显的倒 U 形关系，而不是简单的线性关系。这表明随着进口强度的增加，企业员工工资呈现出先上升而后下降的关系。因此，企业进口会导致工资溢价，但是这种工资溢价只是存在于一定的进口强度的范围之内，高于这个进口强度范围的反而会导致企业员工工资下降，甚至低于非进口企业。

进口导致工资溢价的机制可能包括如下几个方面：① Amiti 和 Cameron（2012）指出相对于非进口企业，从事进口贸易的企业会有工资溢价；进口强度增加可能是因为企业可以获得更高质量的投入品，提升了企业生产率和盈利能力，进而提高员工工资；当进口强度比较高表明企业越有可能从事的是加工贸易，加工贸易企业的劳动生产率往往偏低，企业利润率低，员工工资比较低①。② 通过进口企业可以获得更低成本的中间投入品，这也可以提升企业经营绩效，进而提高员工工资。通过进口，企业还可以使得中间投入品来源多样化，满足企业对中间投入品的多样化需求，改进企业经营效率，进而提高企业员工工资。③ 从事进口贸易的制造类企业，可能也在从事出口贸易，换句话说这部分企业从事的是加工贸易，这类加工贸易企业多数为劳动密集型企业，缺乏技术与资金，劳动生产率不高，仅能支付较低的工资给这些员工。进口强度越大，并不一定会导致更高的员工工资。

其次，本章还发现企业劳动生产率与进口强度呈现明显的正向关系，劳动生产率越高的企业越倾向于进口。可能的原因是，劳动生产率越高的企业能够支付额外的成本进口中间投入品，用于最终制成品的生产。从滞后一期的员工工资来看，无论是全样本区间，还是各个年份子样本区间，企业员工工资与进口强度呈现出相对稳定而且显著的正向关系，这表明员工收入高的企业更有可能进口。总体来看，资本密集度与进口强度呈现出相对稳定和显著的正向关系，这表明资本密集度越高的企业进口强度越高。从财务状况来看，财务状况与企业进口强度呈现非常明确且在各个年份都是负向关系，这表明资产负债率越高的企业进口强度

---

① Dai 等（2016）在剔除了加工贸易企业之后，发现"生产率悖论"并不存在。

越低。如果企业资产负债率越高，往往表明其经营绩效越差，企业进口的可能性越低。

最后，为了进一步分析上文实证结果在不同情况下的稳健性，我们将分别从企业不同的贸易模式、企业股权性质等角度对企业员工工资与进口强度之间关系进行再检验。结果表明无论是一般贸易还是加工贸易企业，进口强度与员工工资都呈现出倒U形的关系，这与前面全样本区间以及分年子样本的情况一致，表明两者关系相当稳定，随着企业进口强度增加，员工工资先上升后下降。值得注意的是，相对于一般贸易，加工贸易进口企业工资开始低于非进口企业的"拐点"对应的进口强度区间要更靠近1，这也符合加工贸易的"大进大出"特征。本章还发现相对于内资企业，外资进口企业工资开始低于非进口企业的"拐点"对应的进口强度区间要更靠近1，这表明相比于内资企业，外资企业更多地从事进口贸易，在国际贸易中更加活跃和频繁。国有企业的进口强度与员工工资并没有呈现出倒U形关系，两者关系相对稳定，没有明显的变化趋势。相反，非国有企业进口强度与员工工资并呈现出倒U形关系，这与其他企业分类的结果相似。

第八章 结论与政策建议

第一节 研究结论

一、关于就业波动性

本书首次从中国制造业企业出发,并参考 Kurz 和 Senses(2016)就业增长率和随时间推移而变化的就业波动性的测算方法,利用匹配成功的 2000~2006 年中国工业企业和海关数据的微观企业数,实证研究中国制造业企业国际生产分割与劳动力市场就业波动性之间的关系,同时构建工具变量进行 2SLS 回归以解决内生性问题。本章得到的研究结果主要有以下几点。

本章利用外包率衡量企业国际生产分割程度,研究发现:

第一,国际生产分割会导致中国劳动力市场更高的就业波动性。进出口强度对就业波动性的影响方向相同,两者都会导致较高的就业波动性。企业规模越大、经营时间越长,越能稳定就业波动,企业就业人员增加也在一定程度上有效降低就业波动。多产品企业和企业生产的产品数量对就业波动性的影响存在差异,行业出口份额和进口渗透对就业波动性的影响与出口强度和进口强度的影响方向一致,对就业波动性的影响都为正值。

第二,企业在国际生产分割(外包)的过程中,企业存活持续年份越长,越能稳定就业波动,企业进口产品数对就业波动影响为负,企业出口目的国的数量越多,能够较好地分担企业面临的贸易风险,因此能够稳定就业波动水平。贸易伙伴国的收入水平确实对我国企业的就业波动产生了显著影响。出口到中低收入国家的企业将经历较低的就业波动水平，而出口到高收入国家的就业波动性不显著。究其原因，中国出口到中低收入国家的产品主要是劳动密集型的低附加值产品，处于价值链低端，因此对我国就业波动的影响较小。研究结果发现，企业在参与国际生产分割（外包）的过程中，贸易伙伴国和中国的距离远近会显著影响国内劳动力市场的就业波动性。不管是进口来源国的距离还是出口目的地国家的距离，离中国的距离越远，就业波动性就越大。中国与贸易伙伴国相距越远，将会导致更长的时间滞后以及更高的交易费用，如运输成本，导致企业将面临更大的贸易不确定性风险，不利于国内就业市场的稳定。贸易伙伴国的GDP水平也会对中国就业市场产生影响，GDP水平越高的国家表明贸易伙伴国经济状态稳定良好，因此传导至国内会稳定就业波动。此外，贸易伙伴国的就业数也会影响我国就业波动，国外就业人数增加将不利于我国就业市场的稳定。

第三，本章分样本继续考察企业国际生产分割（外包）与就业波动之间的关系，分别从企业所有制类型和企业所在地区等角度进行分析。对比不同所有制企业类型，研究发现国有企业的国际生产分割程度（外包率）对就业波动性的影响达到最小，系数为3.26%，港澳台企业参与国际生产分割（外包）将经历12.1%高就业波动性，国有企业的国际生产分割（外包）比外资企业经历较低的就业波动水平。从中国四大地区的角度出发，除了东北地区和中部地区的研究结论不显著之外，西部地区的国际生产分割（外包）比东部地区具有较高的就业波动性。

二、关于出口目的地与工资差距

本书利用技术工人详细分类的指标来研究产品质量机制，解释出口目的地收入水平与出口企业平均工资之间的内在机制。通过匹配后的工业企业数据库、海关数据库来探讨出口目的地收入水平对出口企业的工资影响，以及产品质量评估机制和产品质量供给机制是如何发挥传导作用的。利用2000~2013年匹配的海关数据和工业企业数据对出口目的地收入水平和出口企业工资水平进行分析，同时利用2004年海关数据和工业企业数据对机制进行分析，本书的研究发现如下：

首先，本书根据2000~2013年匹配后工业企业数据和海关数据进行基准回归，通过OLS回归、OLS-FE回归、IV回归发现，有显著的证据表明，向收入水平越高的出口目的地运送产品的中国出口企业确实支付了工人更高的平均工资。接下来在基准回归的基础上进行拓展性分析。

第一,将出口目的地划分为高收入国家和低收入国家两种类型,研究发现,低收入出口目的地收入水平与企业工资水平之间的正向关联要明显高于高收入出口目的地的收入水平与出口企业工资之间的正向关联,也就是说低收入出口目的地的收入增长对出口企业的工资水平增长作用更大。可能的原因在于:①收入弹性差异,低收入出口目的地的收入弹性远远大于高收入出口目的地的收入弹性,即随着低收入国家收入水平增长,其需求增长越快。②市场结构不同,高收入出口目的地市场竞争激烈,出口企业缺乏定价权,利润率低。低收入出口目的地市场竞争不充分,出口企业具有一定程度上的定价权,利润率反而高。③出口产品种类不同,出口到高收入出口目的地和出口到低收入出口目的地的产品种类不同。

第二,将贸易方式划分为一般贸易和加工贸易两种贸易类型,研究发现,一般贸易方式下出口目的地收入水平与企业的工资水平之间的正向关联要高于加工贸易方式下出口目的地收入水平与出口企业的工资水平之间的正向关联,一般贸易更有利于推动出口企业的工资水平提升。因为一般贸易的附加值高,加工贸易只是简单地对原材料加工出口,技术含量低。

第三,将地区划分为东部、中部、东北、西部四大经济地区,研究发现出口目的地收入水平增长对经济较弱地区的工资影响更为明显,东部地区低于中部地区,中部地区低于东北地区,东北地区低于西部地区,西部地区出口企业的工资水平受出口目的地收入水平的增长影响最为强烈,原因可能是经济欠发达地区工资水平较低,有着较大的增长空间,而经济发达地区工资水平程度较高,工资增长空间不大。

其次,本书根据2004年匹配的工业企业数据库和海关数据库进行机制分析研究,探索出口目的地对出口企业的工资水平产生影响的运行机制——产品质量评估机制、产品质量供给机制。①研究发现产品质量评估机制表明出口目的地收入水平越高,其进口的产品单价也会更高,这是因为高收入国家需要高质量的产品,消费者对更优质的产品有着更高的偏好,愿意为之支付更高的价格。②研究发现产品质量供给机制表明企业出口产品的单价越高,出口企业需要更多地使用高技能劳动力,企业出口产品单价越高,企业支付的工资也会更高,因此在企业层面生产更高质量的产品从而有助于提高出口企业平均工资。

再次,本书发现出口目的地收入水平越高,出口企业的工资水平越高。具体而言，低收入出口目的地收入水平增长对出口企业工资水平的作用更大，一般贸易比加工贸易更能推动出口企业工资水平的提升，出口目的地收入水平对经济发展程度较弱地区的出口企业工资水平提升有更大的作用。产品质量评估机制和产品质量供给机制发挥着传导作用。一方面，质量评估机制表明高收入国家要求更高的质量，因为消费者重视质量并且有更高的支付意愿，所以出口目的地水平越高，其进口的产品单价也会更高。另一方面，质量供给机制表明高质量的生产需要更高质量的投入，特别是更高技能的劳动力，这些劳动力更昂贵，要求更高的工资。也就是说目的地国家对产品质量有着更高的要求，出口企业为获取高额利润，通过高工资来吸引技术工人，从而生产出更高质量的出口产品。

最后，本书的结果证实了产品质量在解释出口工资溢价和技术劳动力溢价的作用。出口目的地人均GDP越高，企业出口产品单价越高，那是因为企业出口更高质量产品到高收入出口目的国家，那么企业需要雇用更多的技术工人，因此企业支付的工人平均工资水平也会更高。为解决当前就业结构性矛盾，缩小工资差距提供新的视角。通过选择不同收入水平的出口目的地作为目标市场，有利于增加不同层次劳动力就业问题，解决就业结构性问题。

综上所述，本书研究结果显示：出口目的地收入水平越高，出口企业会支付更高的工资。低收入出口目的地收入水平越高比高收入水平出口目的地收入水平越高对出口企业工资水平的促进作用更大；相比加工贸易，一般贸易更能推动出口企业工资水平的提升；出口目的地收入水平对经济发展程度较低的地区的出口企业工资水平提升有更大的作用。这主要是通过两个机制起作用——产品质量评估机制与产品质量供给机制。产品质量评估机制说明出口目的地收入水平越高，对产品质量的要求也就越高，希望得到更加优质的产品，并愿意为之支付更高的产品价格。产品质量供给机制说明产品质量越高代表产品单价越高，需要雇用更多的技术工人来从事生产，因为质量升级带来了产品的溢价，所以技术劳动力的工资更高。

三、关于关税下降、进出口与企业工资差距

本书基于2000~2006年中国工业企业数据库和中国海关数据库匹配后的样本，分析了中间投入品与最终制成品关税下降对企业员工工资的影响，研究发现如下：

（1）最终制成品关税下降会降低出口企业工资。可能的原因是，部分处于

出口临界点边缘的企业在最终制成品关税下降后，从国内市场转向出口市场的过程中利润下降，进而导致企业工资下降。类似地，中间投入品关税下降将会降低非进口企业工资，中间投入品关税下降会提高进口企业的工资。其他可能会影响企业工资的控制变量包括企业规模、财务状况、资本密度和全要素生产率等都与企业员工工资显著正相关。换言之，企业规模越大，企业员工工资越高；企业资本密集度越高，企业员工工资越高；企业资产负债率越高，企业员工工资越高；企业全要素生产率越高，企业员工工资越高。值得注意的是，相对于非外资企业，外资企业员工工资越高。

（2）对于加工贸易方式的企业而言，最终制成品关税下降对企业员工工资的影响为负，即最终制成品关税下降降低了非出口企业工资。最终制成品关税下降对出口企业的净效应是负的，即降低出口企业工资。这个结论与 Brandt 和 Morrow（2017）一致，他们认为加工贸易企业进口享有特殊的免关税待遇。因此，进一步地降低最终制成品关税会促使加工贸易出口企业转为一般贸易出口企业，进而降低加工贸易企业对劳动力的需求，这会降低加工贸易企业平均工资。

类似地，中间投入品关税下降将会降低非进口企业工资；另外，中间投入品关税下降会降低进口企业的工资。正如 Fan 等（2018）所指出的，中间品进口关税下降对企业加成的提升仅限于一般贸易。这个结论也与 Brandt 和 Morrow（2017）一致，他们认为加工贸易企业进口享有特殊的免关税待遇。因此，进一步地降低最终制成品关税会促使加工贸易出口企业转为一般贸易出口企业，进而降低加工贸易企业对劳动力的需求，这会降低加工贸易企业平均工资。总体来说，对于加工贸易企业，进一步降低最终制成品关税和中间投入品关税都会导致加工贸易的平均工资下降。

（3）对于一般贸易企业而言，最终制成品关税下降对企业员工工资的影响多数情况下并不显著。仅在少数情况下，最终制成品关税下降会降低出口企业工资。可能的原因是，部分处于出口临界点边缘的企业在最终制成品关税下降后，从国内市场转向出口市场的过程中利润下降，进而导致企业工资下降。类似地，对于一般贸易企业而言，中间投入品关税下降会提高进口企业的工资。值得注意的是，一般贸易企业中，相对于非外资企业，外资企业员工工资越低。

（4）本书参考联合国 BEC 产品分类将所有产品统一划分为四类：原料、中间产品、消费品和资本品。研究发现，消费品最终制成品关税下降会降低出口企业工资。可能的原因是，部分处于出口临界点边缘的企业在最终制成品关税下降后,从国内市场转向出口市场的过程中利润下降,进而导致企业工资下降。值得注意的是,相对于消费品,外资企业员工工资越高。

对于中间产品而言,最终制成品关税下降对企业员工工资影响多数情况下并不显著。可能的原因是,由于中间产品贸易主要涉及加工贸易,而事实上,中国对加工贸易采取特殊的关税政策,即加工贸易企业出口是免征关税的,最终制成品关税的变动对于这部分企业应该是没有什么影响的。类似地,中间投入品关税下降会降低进口企业的工资。其他可能会影响企业工资的控制变量包括企业规模、资本密度、全要素生产率和外资股权比例等都与企业员工工资显著正相关。值得注意的是,对于财务状况与企业员工工资呈现负相关关系,换言之,中间产品生产企业资产负债率越高,企业工资越低。

对于资本品而言,最终制成品关税下降对出口企业员工工资影响多数情况下并不显著。类似地,我们可以知道,资本品中间投入品关税下降会提高进口企业的工资。可能的原因是,企业进口资本品目的是为了提高企业生产率或者提高企业产品质量,这都会增加企业利润,进而提高企业员工工资。

对于原料而言,最终制成品关税下降对出口企业员工工资影响多数情况下并不显著。最终制成品关税下降并没有明显影响非出口企业工资。类似地,原料中间投入品关税下降对企业工资的影响不显著。可能的原因是,原料都是初级产品,中国对原料的进口大多采取低关税甚至零关税的政策,因此中间投入品关税下降并不太直接影响企业的经营绩效,即对企业员工工资的影响不明显。其他可能会影响企业工资的控制变量,除了资本密度对企业员工工资显著正相关,其他控制变量包括企业规模、财务状况和全要素生产率等都对企业员工工资没有显著影响。

(5) 从分区域的研究来看,关税下降对不同地区的进口和出口企业工资的影响存在异质性。一方面,最终制成品关税下降,会提高中部地区出口企业的工资,但是会降低东部和西部地区出口企业的工资;另一方面,中间投入品进口关税下降,会降低中部和西部进口企业的工资,提高东部地区进口企业的工资。

四、关于企业进口强度与企业工资差距

首先,研究发现,在 2000~2006 年全样本和各个年份的子样本中,进口强度与员工工资之间都存在明显的倒 U 形关系,而不是简单的线性关系。这表明,随着进口强度的增加,企业员工工资呈现出先上升而后下降的关系。因此,企业

第八章 结论与政策建议

进口会导致工资溢价,但是这种工资溢价只是存在于一定的进口强度的范围之内,高于这个进口强度范围的反而会导致企业员工工资的下降,甚至低于非进口企业。

进口导致工资溢价的机制可能包括如下几个方面:①Amiti 和 Cameron (2012) 指出相对于非进口企业,从事进口贸易的企业会有工资溢价;进口强度增加可能是因为企业可以获得更高质量的投入品,提升了企业生产率和盈利能力,进而提高员工工资;当进口强度比较高表明企业越有可能从事的是加工贸易,加工贸易企业的劳动生产率往往偏低,企业利润率低,员工工资比较低①。②通过进口企业可以获得更低成本的中间投入品,这也可以提升企业经营绩效,进而提高员工工资。通过进口,企业还可以使得中间投入品来源多样化,满足企业对中间投入品的多样化需求,改进企业经营效率,进而提高企业员工工资。③从事进口贸易的制造类企业,可能也在从事出口贸易,换句话说这部分企业从事的是加工贸易,这类加工贸易企业多数为劳动密集型企业,缺乏技术与资金,劳动生产率不高,仅能支付较低的工资给这些员工。进口强度越大,并不一定会导致更高的员工工资。

其次,本书还发现企业劳动生产率与进口强度呈现明显的正向关系,劳动生产率越高的企业越倾向于进口。可能的原因是,劳动生产率越高的企业能够支付额外的成本进口中间投入品,用于最终制成品的生产。从滞后一期的员工工资来看,无论是全样本区间,还是各个年份子样本区间,企业员工工资与进口强度呈现出相对稳定而且显著的正向关系,这表明员工收入高的企业更有可能进口。总体来看,资本密集度与进口强度呈现出相对稳定和显著的正向关系,这表明资本密集度越高的企业进口强度越高。从财务状况来看,财务状况与企业进口强度呈现非常明确且在各个年份都是负向关系,这表明资产负债率越高的企业进口强度越低。如果企业资产负债率越高,往往表明其经营绩效越差,企业进口的可能性越低。

最后,为了进一步分析上文实证结果在不同情况下的稳健性,我们将分别从企业不同的贸易模式、企业股权性质等角度对企业员工工资与进口强度之间的关系进行再检验。结果表明无论是一般贸易企业还是加工贸易企业,进口强度与员工工资都呈现出倒 U 形关系,这与前面全样本区间以及分年子样本的情况一致,

---

① Dai 等 (2016) 在剔除了加工贸易企业之后,发现"生产率悖论"并不存在。

表明两者关系相当稳定,随着企业进口强度增加,员工工资先上升后下降。值得注意的是,相对于一般贸易,加工贸易进口企业工资开始低于非进口企业的"拐点"对应的进口强度区间要更靠近1,这也符合加工贸易的"大进大出"特征。本书还发现相对于内资企业,外资进口企业工资开始低于非进口企业的"拐点"对应的进口强度区间要更靠近1,这表明相比内资企业,外资企业更多地从事进口贸易,在国际贸易中更加活跃和频繁。国有企业的进口强度与员工工资并没有呈现出倒U形关系,两者关系相对稳定,没有明显的变化趋势。相反,非国有企业进口强度与员工工资并呈现出倒U形关系,这与其他企业分类的结果相似。

第二节 政策建议

一、调控就业波动性的政策建议

基于上文中关于国际生产分割条件下企业贸易行为对国内就业波动性影响的分析,为了调控就业波动性,本书认为可以采取以下几方面的措施:

第一,中国制造业企业要不断提高自主创新能力,提高出口产品结构,在承接来自发达国家外包的同时要积极发包,不断加强对外发包。

第二,国有企业对劳动者的就业保障更为明显,就业波动水平低。但是,我们也不能忽视其他所有制类型的企业,尤其是中小型企业,它们的发展在国民经济中处于重要作用,提供了中国国民经济中大部分的就业岗位。因此,其他类型的所有制企业要积极学习国有企业的管理模式和福利保障体系,降低就业波动水平。此外,国家要不断加强西部地区经济发展水平,带动当地企业加强贸易往来和参与国际生产分工的扩展。

第三,我国是"制造大国"而非"制造强国",制造业企业要积极参与全球产业再分工,承接产业和资本转移,不要仅限于劳动密集型的低端产品。为降低就业波动,企业在部分保持对中低收入国家出口的同时,要不断改善出口产品结构,全面开展质量提升行动,推进与国际先进水平对标达标,迎接中国制造的品质革命。同时我国企业在参与国际生产分割(外包)的活动中要谨慎与中国地理距离较远的贸易伙伴国家,尽量选择经济发展程度良好的国家进行贸易往来。

二、调控企业工资差距扩大的政策建议

(一) 企业出口目的与工资差距方面

基于上文中关于国际生产分割条件下,中国制造业企业出口目的与工资差距、贸易自由化与企业工资差距、企业出口强度对工资影响三个方面的分析,为了调控企业工资差距扩大,本书认为可以采取以下几方面的措施:

第一,深化与高收入出口目的地的经济往来关系。高收入出口目的地对出口企业工资水平的提升作用是显而易见的,积极融入与高收入出口目的地的经济发展,扩大贸易规模,优化贸易结构,可以促进国内技术工人的就业,提升员工的工资水平。

第二,深化与处于高速发展中的低收入出口目的地的经贸往来关系,要充分体现中国政府与低收入出口目的地建立更深的经贸关系的积极态度,深化与其他处于高速发展中的低收入国家的经贸往来关系,对积极应对国际经济形势的复杂局面具有重要意义。

第三,优化和提升我国贸易方式,做强一般贸易,提升加工贸易。一般贸易对企业职工的工资提升水平贡献更高。回归结果显示,进口中间产品企业具有显著的正向提升工资水平效应,因此应进一步优化贸易方式转型,推动加工贸易转型升级,提升全球价值链位置。通过深化与高收入出口目的地的经济往来关系,扩大贸易规模,优化贸易结构来扩大出口,提高我国开放经济水平和质量,深度参与国际规则制定,拓展开放型经济新空间,形成全方位开放新格局,开创高水平开放新局面,促进全面深化改革,更好地服务国内出口企业的发展。

第四,推动经济落后地区的对外贸易的发展,出口目的地收入水平越高,对经济欠发达地区的工资水平提升作用更为明显,政府可以加大对欠发达地区的出口帮扶,创立带头企业,扩大向收入水平高的出口目的地出口。这需要政府的帮扶,因为经济欠发达地区在产品质量上不如经济发达地区。

(二) 贸易自由化、企业贸易与工资差距方面

当前我国采取了进一步扩大开放政策,并主动扩大进口,将进一步降低关税,提升通关便利化水平,削减进口环节制度性成本等各种贸易便利化措施,在这个过程中,我们也应该考虑这些政策对劳动力市场的冲击与影响。根据前文中关于贸易自由化、企业贸易与工资差距的分析,我们提出调控企业工资差距扩大的如下建议:

首先，处于出口临界点边缘的企业在最终制成品关税下降后，从国内市场转向出口市场的过程中利润下降，进而导致企业工资下降。类似地，中间投入品关税下降将会降低非进口企业工资，中间投入品关税下降会提高进口企业的工资。对于进口关税下降过程中部分受损企业，我们应加大对社会保障建设，构建社会保障网络，完善相应的失业保险制度来缓冲失业工人面临的风险和收入损失。

其次，降低最终制成品关税会促使加工贸易出口企业转为一般贸易出口企业，进而降低加工贸易企业对劳动力的需求，这会降低加工贸易企业平均工资。我们可以加强对劳动力教育培训，发展职业教育，提升劳动者的就业技能水平，使其适应企业转型升级对技能劳动力需求。

最后，从分区域的研究来看，关税下降对不同地区的进口和出口企业工资的影响存在异质性。一方面，最终制成品关税下降，会提高中部地区出口企业的工资，但是会降低东部和西部地区出口企业的工资；另一方面，中间投入品进口关税下降，会降低中部和西部进口企业的工资，提高东部地区进口企业的工资。这表明地方政府在完善社会保障制度时需要考虑地区差异，针对不同的外部经济波动和政策冲击，提出相应的适应于本地区实际情况的社会保障措施和政策。

（三）进口强度对工资影响方面

基于前文研究发现，进口强度与员工工资之间都存在明显的倒 U 形关系，而不是简单的线性关系。这表明随着进口强度的增加，企业员工工资呈现出先上升而后下降的关系。因此，企业进口会导致工资溢价，但是这种工资溢价只是存在于一定的进口强度的范围之内，高于这个进口强度范围的反而会导致企业员工工资的下降，甚至低于非进口企业。因此，我们扩大进口政策需要考虑对劳动力市场的冲击，并非"进口多多益善"，进口强度在合理范围内有助于提升企业绩效，并提高企业员工工资水平，但是如果超过一定范围反而会导致员工工资下降，扩大工资差距。

（四）加强技能培训顺应产业结构升级

一方面，从本书的研究发现来看，在全球分工情况下，高技能劳动力相对于低技能劳动力而言，面临更低的就业风险，同时享有更高的工资。另一方面，中国正在经历新一轮的产业结构升级，希望能够将"中国制造"转向"中国智造"，向高新技术产业寻求突破。部分地方政府也希望摆脱低端代工、毛利率低、发展后劲不足问题，在这个产业转型升级过程中必然对劳动力的素质和技能提出了更高的要求。党的十九大报告明确提出"大规模开展职业技能培训,注重解决结构性就业矛盾,鼓励创业带动就业"。可见这也是顺应产业升级需要而提出的针对性政策,这就需要相关政府部门和地方政府应该着眼于未来,加大对相关劳动者的技能培训,提升其就业能力,以满足产业结构升级的需求。

参考文献

[1] 包群，邵敏，侯维忠. 出口改善了员工收入吗？[J]. 经济研究，2011，46（9）：41-54.

[2] 蔡宏波，陈昊. 外包与劳动力结构——基于中国工业行业数据的经验分析[J]. 数量经济技术经济研究，2012（12）：53-65.

[3] 陈林. 中国工业企业数据库的使用问题再探[J]. 经济评论，2018（6）：140-153.

[4] 陈梅，周申. 进口中间产品质量与企业生产率——基于广义倾向得分匹配的经验分析[J]. 经济经纬，2017，34（4）：62-67.

[5] 陈勇兵，王晓伟，符大海，李冬阳. 出口真的是多多益善吗？——基于广义倾向得分匹配的再估计[J]. 财经研究，2014，40（5）：100-111.

[6] 程盈莹，逯建. 国际垂直专业化对劳动力就业结构的影响——基于中国工业行业数据的实证检验[J]. 国际商务（对外经济贸易大学学报），2013（6）：73-83.

[7] 单希彦. 中间产品进口与工资差距——以进口关税为工具变量的实证分析[J]. 国际贸易问题，2014（10）：155-165.

[8] 段志民. 国际贸易、技能调整与职业选择——来自中国的经验证据[J]. 经济评论，2018（2）：44-58.

[9] 高越，王学真. 国际生产分割对中国劳动力需求的影响——基于工业部门数据的经验研究[J]. 国际经贸探索，2012，28（12）：39-49.

[10] 耿晔强，闫思萌. 开放经济条件下进出口贸易对劳动力就业的影响——基于中国制造业省级面板数据的实证研究[J]. 国际商务（对外经济贸易大学学报），2016（3）：15-23.

[11] 胡昭玲, 刘旭. 中国工业品贸易的就业效应——基于32个行业面板数据的实证分析 [J]. 财贸经济, 2007 (8): 88-93.

[12] 李方静. 出口、出口目的地与工资水平——来自中国制造业企业微观层面证据 [J]. 国际经贸探索, 2014, 30 (8): 4-17.

[13] 李方静. 企业出口目的地选择与出口贸易额——来自中国制造业企业的微观证据 [J]. 国际商务 (对外经济贸易大学学报), 2015 (4): 27-35.

[14] 李娟, 万璐. 贸易自由化加剧就业市场波动了吗?——基于劳动需求弹性角度的实证检验 [J]. 世界经济研究, 2014 (6): 35-42.

[15] 梁平, 梁彭勇, 黄金. 我国对外贸易就业效应的区域差异分析——基于省级面板数据的检验 [J]. 世界经济研究, 2008 (1): 48-52.

[16] 刘小玄, 李双杰. 制造业企业相对效率的度量和比较及其外生决定因素 (2000~2004) [J]. 经济学 (季刊), 2008 (3): 843-868.

[17] 鲁晓东, 连玉君. 中国工业企业全要素生产率估计: 1999~2007 [J]. 经济学 (季刊), 2012, 11 (2): 541-558.

[18] 毛其淋, 许家云. 中间品贸易自由化与制造业就业变动——来自中国加入WTO的微观证据 [J]. 经济研究, 2016 (1): 69-83.

[19] 聂辉华, 江艇, 杨汝岱. 中国工业企业数据库的使用现状和潜在问题 [J]. 世界经济, 2012 (5): 142-158.

[20] 聂一欣. 中国商品出口贸易对劳动力需求弹性的影响——基于微观企业配对数据的实证研究 [D]. 南京: 东南大学, 2017.

[21] 盛斌, 牛蕊. 贸易、劳动力需求弹性与就业风险: 中国工业的经验研究 [J]. 世界经济, 2009 (6): 3-15.

[22] 史青, 李平, 宗庆庆. 企业出口对劳动力就业风险影响的研究 [J]. 中国工业经济, 2014 (7): 71-83.

[23] 史青, 李平. 再议中国企业出口的就业效应 [J]. 财贸经济, 2014 (10): 83-93.

[24] 史青, 张莉. 中国制造业外包对劳动力需求弹性及就业的影响 [J]. 数量经济技术经济研究, 2017 (9): 128-144.

[25] 史青. 企业出口对员工工资影响的再分析——基于广义倾向得分法的经验研究 [J]. 数量经济技术经济研究, 2013, 30 (3): 3-21.

[26] 唐东波. 垂直专业化贸易如何影响了中国的就业结构? [J]. 经济研

究，2012，47（8）：118-131.

［27］唐东波. 全球化对中国就业结构的影响［J］. 世界经济，2011，34（9）：95-117.

［28］唐宜红，马风涛. 国际垂直专业化对中国劳动力就业结构的影响［J］. 财贸经济，2009（4）：94-98.

［29］田巍，余淼杰. 企业出口强度与进口中间品贸易自由化：来自中国企业的实证研究［J］. 管理世界（月刊），2013（1）：28-44.

［30］王苍峰，王恬. 关税减让对就业的影响：理论分析及对中国数据的实证检验［J］. 经济评论，2010（3）：83-91.

［31］王有鑫，赵雅婧，金丽丽. 中国工业品贸易结构变化与国内就业波动——基于一般贸易和加工贸易的研究视角［J］. 中国人口科学，2013（2）：78-88.

［32］卫瑞，庄宗明. 生产国际化与中国就业波动：基于贸易自由化和外包视角［J］. 世界经济，2015（1）：53-80.

［33］魏浩，李晓庆. 进口投入品与中国企业的就业变动［J］. 统计研究，2018，35（1）：44-52.

［34］魏浩，张宇鹏，连慧君. 中国出口对目的地企业就业技能结构的影响——基于出口目的地企业样本的分析［J］. 中国人口科学，2019（1）：16-32，126.

［35］席艳乐，贺莉芳. 嵌入全球价值链是企业提高生产率的更好选择吗——基于倾向评分匹配的实证研究［J］. 国际贸易问题，2015（12）：39-50.

［36］席艳乐，于江曼，向鹏飞. 中间品、最终品贸易与中国性别就业差异的实证研究［J］. 山西财经大学学报，2014，36（3）：55-66.

［37］向鹏飞. 论进口贸易与就业增长——基于中国企业微观数据的经验研究［J］. 北方经贸，2015（4）：16-32.

［38］谢千里，罗斯基，张轶凡. 中国工业生产率的增长与收敛［J］. 经济学（季刊），2008（3）：809-826.

［39］许家云，毛其淋，胡鞍钢. 中间品进口与企业出口产品质量升级：基于中国证据的研究［J］. 世界经济，2017（3）：52-75.

［40］亚当·斯密. 国民财富的性质和原因的研究［M］. 郭大力，王亚南，

译. 北京：商务印书馆，1972：5 – 8.

[41] 余淼杰，李乐融. 贸易自由化与进口中间品质量升级——来自中国海关产品层面的证据 [J]. 经济学（季刊），2016，15（3）：1011 – 1028.

[42] 喻美辞，喻春娇. 国际贸易、技术创新与中国城镇劳动力的技能工资差距：基于劳动力个体微观数据的实证研究 [J]. 国际贸易问题，2016（5）：16 – 27.

[43] 喻美辞. 工业品贸易对中国工业行业人口就业的影响——基于34个工业行业面板数据的实证分析 [J]. 中国人口科学，2008（4）：22 – 29.

[44] 臧旭恒，赵明亮. 垂直专业化分工与劳动力市场就业结构——基于中国工业行业面板数据的分析 [J]. 中国工业经济，2011（6）：47 – 57.

[45] 张江雪. 我国三大经济地带就业弹性的比较——基于面板数据模型的实证研究 [J]. 数量经济技术经济研究，2005（10）：100 – 110.

[46] 赵春燕，王世平. 进口企业存在工资溢价吗？——基于倾向评分匹配估计的经验研究 [J]. 中南财经政法大学学报，2014（1）：96 – 103，160.

[47] 周申，宋扬，谢娟娟. 贸易自由化对中国工业就业与工资波动性的影响 [J]. 世界经济研究，2007（6）：44 – 49.

[48] 周申，王奎倩，李可爱. 出口、出口目的地和技能需求结构 [J]. 世界经济研究，2015（7）：63 – 73，128.

[49] 周申. 贸易自由化对中国工业劳动需求弹性影响的经验研究 [J]. 世界经济，2006（2）：2 – 18.

[50] Alvarez R., Lopez R.. Exporting and performance：Evidence from chilean plants [J]. Canadian Journal of Economics，2005，38（4）：1384 – 1440.

[51] Amiti M, Cameron L. Trade liberalization and the wage skill premium：Evidence from Indonesia [J]. Journal of International Economics，2012，87（2）：277 – 287.

[52] Amiti M, Davis D R.. Trade, firms, and wages：Theory and evidence [J]. The Review of economic studies，2011，79（1）：1 – 36.

[53] Anderson J E, Van Wincoop E. Gravity with gravitas：A solution to the border puzzle [J]. American Economic Review，2003，93（1）：170 – 192.

[54] Anderson J E, Van Wincoop E.. Trade costs [J]. Journal of Economic literature，2004，42（3）：691 – 751.

[55] Andreas Lichter, Andreas Peichl, Sebastian Siegloch. Exporting and labor demand: Micro - level evidence from Germany [J]. Canadian Journal of Economics, 2017, 50 (4): 1163 -1189.

[56] Andrei Zlate. Offshore production and business cycle dynamics with heterogeneous firms [J]. Journal of International Economics, 2016 (100): 34 -49.

[57] Aniceto C., Orbeta. Globalization and employment: The impact of trade on employment level and structure in the philippines [R]. Makati City: Philippine Institute for Development Studies, 2002: 22 -35.

[58] Anselin L., Syabri I., Kho Y.. GeoDa: An introduction to spatial data analysis [J]. Geographical analysis, 2006, 38 (1): 5 -22.

[59] Anselin L.. Spatial econometrics: Methods and models [M]. Norwell, MA: Kluwer Academic Publishers, 1988.

[60] Antràs P.. Firms, contracts, and trade structure [J]. The Quarterly Journal of Economics, 2003, 118 (4): 1375 -1418.

[61] Arkolakis C.. Market penetration costs and the new consumers margin in international trade [J]. Journal of Political Economy, 2010, 118 (6): 1151 -1199.

[62] Arnold J., Hussinger K.. Export behavior and firm productivity in german manufacturing: A firm - level analysis [J]. Review of World Economics, 2005, 141 (2): 219 -243.

[63] Athukorala P. C., Menon J.. Global production sharing, trade patterns, and determinants of trade flows in East Asia [R]. ADB Working Papers on Regional Economic Integration No.41, 2010.

[64] Aw B. Y., G. Batra. Wages, firm size and wage inequality: How much do exports matter? [A] //D. B. Audretsch, R. Thurik. innovation, industry evolution, and employment [M]. Cambridge, UK: Cambridge University Press, 1999.

[65] Bai C. E., Lu J., Tao Z.. How does privatization work in China? [J]. Journal of Comparative Economics, 2009, 37 (3): 453 -470.

[66] Baldwin R., J. Harrigan. Zeros, quality and space: Trade theory and trade evidence [J]. American Economic Journal Microeconomics, 2011 (3): 60 -88.

[67] Bastos P., Silva J.. The quality of a firm's exports: Where you export to matters [J]. Int. Econ, 2010, 82 (2): 99 -111.

[68] Bastos P., Silva J., Verhoogen E.. Export destinations and input prices: Evidence from portugal [Z]. Policy Research Working Paper Series, 2014.

[69] Bernard A. B., Jensen J. B., Lawrence R. Z.. Exporters, jobs, and wages in US manufacturing: 1976~1987 [J]. Brookings Papers on Economic Activity, Microeconomics, 1995 (1995): 67–119.

[70] Bernard A. B., Jensen J. B., Redding S. J., et al.. Global firms [J]. Journal of Economic Literature, 2018, 56 (2): 565–619.

[71] Bernard A. B., Jensen J. B., Schott P. K.. Survival of the best fit: Exposure to low-wage countries and the (uneven) growth of US manufacturing plants [J]. Journal of International Economics, 2006, 68 (1): 219–237.

[72] Bernard A., Redding S., Schott P.. Multi-product firms and trade liberalization [J]. Econ, 2011, 126 (3): 1271–1318.

[73] Bernard A. B., J. B. Jensen. Why some firms export [J]. Review of Economics and Statistics, 2004 (86): 561–569.

[74] Bernard A. B., J. B. Jensen. Exporters, skillupgrading, and the wage gap [J]. Journal of International Economics, 1997 (42): 3–31.

[75] Bia M., Mattei A.. A stata package for the estimation of the dose-response function through adjustment for the generalized propensity score [J]. The Stata Journal, 2008, 8 (3): 354–373.

[76] Brambilla I., Lederman D., Porto G.. Exports, export destinations and skills [J]. Am. Econ. Rev, 2012, 102 (7): 3406–3438.

[77] Brambilla, Irene., Nicolas Depetris Chauvin, Guido Porto. Wage and employment gains from exports: Evidence from developing countries [Z]. CEPII Working paper, 2015: 1–90.

[78] Brambilla I., Proto G.. High-income export destination, quality and wages [J]. Journal of international Economics, 2016 (98): 21–35.

[79] Brandt L., Morrow P. M.. Tariffs and the organization of trade in China [J]. Journal of International Economics, 2017 (104): 85–103.

[80] Brandt L., Van Biesebroeck J., Wang L., et al.. WTO accession and performance of Chinese manufacturing firms [J]. American Economic Review, 2017, 107 (9): 2784–2820.

[81] Brandt L. , Van Biesebroeck J. , Zhang Y. . Creative accounting or creative destruction? Firm – level productivity growth in Chinese manufacturing [J]. Journal of Development Economics, 2012, 97 (2): 339 – 351.

[82] Bustos P. . The impact of trade on technology and skill upgrading: Evidence from Argentina [Z]. Working Paper, University Pompeu Fabra, 2007.

[83] Cai H. , Liu Q. . Competition and corporate tax avoidance: Evidence from Chinese industrial firms [J]. The Economic Journal, 2009, 119 (537): 764 – 795.

[84] Chen B. , Yu M. , Yu Z. . Measured skill premia and input trade liberalization: Evidence from Chinese firms [J]. Journal of International Economics, 2017 (109): 31 – 42.

[85] Christopher Kurz, Mine Z. Senses. Importing, exporting, and firm – level employment volatility [J]. Journal of International Economics, 2016 (98): 160 – 175.

[86] Claudia M. Buch, Martin Schlotter. Regional origins of employment volatility: Evidence from German States [J]. Empirica, 2013, 40 (1): 1 – 19.

[87] Dai M. , Maitra M. , Yu M. . Unexceptional exporter performance in China? The role of processing trade [J]. Journal of Development Economics, 2016 (121): 177 – 189.

[88] David Greenaway, Robert C. Hine, Peter Wright. An empirical assessment of the impact of trade on employment in the United Kingdom [J]. European Journal of Political Economy, 1999, 15 (3): 485 – 500.

[89] David S. Kaplan, Daniel Lederman, Raymond Robertson. What drives short – run labor market volatility in offshoring industries? Evidence from Northern Mexico during 2007 ~ 2009 [R]. The World Bank: International Trade Department, 2012: 1 – 52.

[90] De Lucio Juan, RaúlMinguez, Asier, Minondo, Feancisco Requena. Why firms set different export prices? Evidence from Spain [J]. Applied Economics Letters, 2019, 26 (3): 250 – 254.

[91] Dixit A. K. , Stiglitz J. E. . Monopolistic competition and optimum product diversity [J]. The American economic review, 1977, 67 (3): 297 – 308.

[92] Donald P. Morgan, Bertrand Rime, Philip E. Strahan. Bank integration

and state business cycles [J]. The Quarterly Journal of Economics, 2004, 119 (4): 1555 - 1584.

[93] Edwards L.. Globalization and the skills bias of occupational employment in South Africa [J]. South African Journal of Economics, 2001, 69 (1): 40 - 71.

[94] Egger H., Kreickemeier U.. Firm heterogeneity and the labor market effects of trade liberalization [J]. Int. Econ. Rev, 2009, 50 (1): 24 - 55.

[95] Egger H., Kreickemeier U.. Fairness, trade, and inequality [J]. Int. Econ, 2012 (86): 184 - 196.

[96] Egger H., U. Kreickemeier. Worker - specific effects of globalization [J]. The World Economy Wiley Black Well, 2010, 33 (8): 987 - 1005.

[97] Fan H., Gao X., Li Y. A., et al.. Trade liberalization and markups: Micro evidence from China [J]. Journal of Comparative Economics, 2018a, 46 (1): 103 - 130.

[98] Fan H., Li Y. A., Yeaple S. R.. On the relationship between quality and productivity: Evidence from China's accession to the WTO [J]. Journal of International Economics, 2018b (110): 28 - 49.

[99] Feenstra R. C., Hong C., Ma H., et al.. Contractual versus non - contractual trade: The role of institutions in China [J]. Journal of Economic Behavior & Organization, 2013 (94): 281 - 294.

[100] Feenstra R., Romalis J.. International prices and endogenous quality [Z]. NBER Working Paper, 2012 (18314): 345 - 378

[101] Feyrer J.. Trade and Income—Exploiting Time Series in Geography [J]. American Economic Journal: Applied Economics, 2019, 11 (4): 1 - 35.

[102] Francesca Fabbri, Jonathan E. Haskel, Matthew J. Slaughter. Does nationality of ownership matter for labor demands? [J]. Journal of the European Economic Association, 2003, 1 (2 - 3): 698 - 707.

[103] Frankel J. A.. Globalization of the Economy [Z]. National Bureau of Economic Research, NBER Working Paper No. w7858, 2000.

[104] Frankel J., Romer D.. Does trade cause growth? [J]. Am. Econ. Rev, 1999, 89 (3): 379 - 399.

[105] Fryges H. R.. International study group on exports and productivity. Un-

derstanding cross – country differences in exporter premia: Comparable evidence for 14 countries [J]. Review of World Economics, 2008, 144 (4): 596 – 635.

[106] Fryges H., Wagner J.. Exports and productivity growth: First evidence from a continuous treatment approach [J]. Review of World Economics, 2008, 144 (4): 695 – 722.

[107] Galiani S., G. Porto. Trends in tariff reforms and in the structure of wages [J]. The Review of Economics and Statistics, 2010, 92 (3): 482 – 494.

[108] Gonzague Vannoorenberghe, Zheng Wang, Zhihong Yu. Volatility and diversification of exports: Firm – level theory and evidence [J]. European Economic Review, 2016 (89): 216 – 247.

[109] Greenaway D., Z. Yu. Firm – level interactions between exporting and productivity: Industry – specific evidence [J]. Review of World Economics, 2004 (140): 376 – 392.

[110] Greg C. Wright. Revisiting the employment impact of offshoring [J]. European Economic Review, 2014 (66): 63 – 83.

[111] Grossman G. M., Rossi – Hansberg E.. The rise of offshoring: It's not wine for cloth anymore [J]. The New Economic Geography: Effects and Policy Implications, 2006: 59 – 102.

[112] Guardabascio B., Ventura M.. Estimating the dose – response function through a generalized linear model approach [J]. The Stata Journal, 2014, 14 (1): 141 – 158.

[113] Görg H., Halpern L., Muraközy B.. Why do within – firm – product export prices differ across markets? Evidence from Hungary [J]. The World Economy, 2016 (2017): 1233 – 1244.

[114] G. Vannoorenberghe. Firm – level volatility and exports [J]. Journal of International Economics, 2012, 86 (1): 57 – 67.

[115] Hahn C. H.. Exporting and performance of plants: Evidence from korean manufacturing [Z]. National Bureau of Economic Research, NBER Working Paper Series, No. 1020, 2004.

[116] Haichao Fan, Yao Amber Li, Stephen R. Yeaple. On the relationship between quality and productivity: Evidence from China's accession to the WTO [J].

Journal of International Economics, 2018 (110): 28-49.

[117] Hallak J. C., P. Schott. Estimating cross-country differences in product quality [J]. Quarterly Journal of Economics, 2011, 126 (1): 417-474.

[118] Hallak J. C., Sivadasan J.. Product and process productivity: Implications for quality choice and conditional exporter premia [J]. Int. Econ, 2013, 91 (1): 53-67.

[119] Hallak J. C.. A product-quality view of the Linder hypothesis [J]. Rev. Econ. Stat, 2010, 92 (3): 453-466.

[120] Hallak J. C.. Product quality and the direction of trade [J]. Int. Econ, 2006 (62): 238-265.

[121] Hansson P., N. N. Lundin. Exports as an indicator on or promoter of successful swedish manufacturing firms in the 1990s [J]. Review of World Economics/Weltwirtschaftliches Archiv, 2004 (140): 415-445.

[122] Hayakawa K., Ji Z., Obashi A.. Agglomeration versus Fragmentation: A Comparison of East Asia and Europe [R]. Institute of Developing Economies, Japan External Trade Organization (JETRO), IDE Discussion Papers, 2009 (212).

[123] Higuchi Yoshio, Kiyota Kozo, Matsuura Toshiyuki. Multinationals, intrafirm trade, and employment volatility [EB/OL]. http://www.rieti.go.jp/en/, 2016.

[124] Hirano K., Imbens G. W.. The propensity score with continuous treatments [J]. Applied Bayesian Modeling and Causal Inference from Incomplete-data perspectives, 2004 (226164): 73-84.

[125] Hiratsuka D.. Outward FDI from and Intraregional FDI in ASEAN: Trends and drivers [R]. IDE Discussion Papers, 2006 (77).

[126] Hummels D., Klenow P.. The variety and quality of a nation's exports [J]. Am. Econ, 2005, 95 (3): 704-723.

[127] Imbens G. W.. The role of the propensity score in estimating dose-response functions [J]. Biometrika, 2000, 87 (3): 706-710.

[128] Ingo Geishecker. The impact of international outsourcing on individual employment security: A micro-level analysis [J]. Labour Economics, 2008 (15): 291-314.

[129] Irwin D., M. Terviö. Does trade raise income? Evidence from the twentieth century [J]. Journal of International Economics, 2002, 58 (1): 1 – 18.

[130] Isgut A.. What's different about exporters? Evidence from colombian manufacturing [J]. Journal of Development Studies, 2001, 37 (5): 57 – 82.

[131] JaeBin Ahn, Amit Kumar Khandelwal, Shang – Jin Wei. The role of intermediaries in facilitating trade [J]. Journal of International Economics, 2011, 84 (1): 73 – 85.

[132] Jakob R. Munch. Whose job goes abroad? International outsourcing and individual job separations [J]. Scandinavian Journal of Economics, 2010, 112 (2): 339 – 360.

[133] Jan De Loecker. Do Exports generate higher productivity? Evidence from Slovenia [J]. Journal of International Economics, 2007 (73): 69 – 98.

[134] John Baldwin W. Brown. Regional manufacturing employment volatility in Canada: The effects of specialisation and trade [J]. Papers in Regional Science, 2004, 83 (3): 519 – 541.

[135] Johnson R.. Trade and prices with heterogeneous firms [J]. Review of Economic Studies, 2012, 86 (1): 43 – 56.

[136] Jonathan Eaton, Samuel Kortum. Technology, geography, and trade [J]. Econometrica, 2002, 70 (5): 1741 – 1779.

[137] Jones R., Kierzkowski H.. The role of services in production and international trade: A theoretical framework [A] // Jones R., Krueger A.. The Political Economy of International Trade: Festschrift in Honor of Robert Baldwin [M]. Oxford: Basil Blackwell, 1990.

[138] KeremCosar, NezihGuner, James Tybout. Firm dynamics, job turnover, and wage distributions in an open economy [J]. American Economic Review, 2016 (4): 2 – 55.

[139] Koopman R., Wang Z., Wei S. J.. How much of Chinese exports is really made in China? Assessing domestic value – added when processing trade is pervasive [R]. National Bureau of Economic Research, NBER Working Paper, No. w14109, 2008.

[140] Kugler M., E. Verhoogen. Prices, plant size, and product quality [J].

Review of Economic Studies, 2012, 79 (1): 307 - 339.

[141] Kunal Sen. Globalisation and employment in bangladesh and kenya [R]. United Kingdom: University of East Anglia, 2001: 1 - 29.

[142] Kurz C., Senses M. Z.. Importing, exporting, and firm - level employment volatility [J]. Journal of International Economics, 2016 (98): 160 - 175.

[143] LeSage J. P., Pace R. K.. Spatial econometric models [A] //Scott, Lauren M, Janikas, Mark V.. Handbook of applied spatial analysis [M]. Berlin, Heidelberg: Springer, 2010: 355 - 376.

[144] Liao guan ming. The brain gain of corporate boards: Evidence from China [J]. The Journal of Finance, 2015 (4): 1629 - 1680.

[145] Liu J. T., M. W., Tsou, J. K.. Hammitt. Export activity and productivity: Evidence from the Taiwan electronics industry [J]. Review of World Economics, 1999 (135): 675 - 691.

[146] Loren Brandt, Johannes Van Biesebroeck, Yifan Zhang. Creative accounting or creative destruction? Firm - level productivity growth in Chinese manufacturing [J]. Journal of Development Economics, 2012, 97 (2): 339 - 351.

[147] Manova K., Zhang Z.. Export prices across firms and destinations [J]. Econ, 2012 (127): 379 - 436.

[148] Marianne Bertrand. From the invisible handshake to the invisible hand? How import competition changes the employment relationship [J]. Journal of Labor Economics, 2004, 22 (4): 723 - 765.

[149] Matsuyama K. Beyond. Icebergs: Towards a theory of biased globalization [J]. The Review of Economic Studies, 2007 (74): 237 - 253.

[150] Matteo Cacciatore, Fabio Ghironi, Yurim Lee. Financial market integration, exchange rate policy, and the dynamics of business and employment in Korea [J]. Journal of The Japanese and International Economies, 2016 (42): 79 - 99.

[151] Maurin E., Thoenig M., Thesmar D.. Globalization and the demand for skill: An export based channel [Z]. Discussion Papers, No3406, 2002.

[152] McCullagh P., J. A. Nelder. Generalized linear models (Second ed.) [M]. New York: Chapman and Hall, 1989.

[153] Melitz M J. The impact of trade on intra - industry reallocations and aggre-

gate industry productivity [J]. Econometrica, 2003, 71 (6): 1695 –1725.

[154] Melitz M. J., Redding S.. Heterogeneous firms and trade [A] //Helpman, Elhanan, Gopinath, Gita, Rogoff, Kenneth. Handbook of international economics [J]. Elsevier, 2014 (4): 1 –54.

[155] Meller P.. Chilean export growth, 1970 ~ 1990: An assessment [A] // Helleiner G. K. Manufacturing for export in the developing world. Problems and Possibilities [M]. London: Routledge, 1995: 21 –53.

[156] Miaojie Yu. Processing trade, tariff reductions and firm productivity: Evidence from Chinese firms [J]. The Economic Journal, 2015 (125): 943 –988.

[157] Mine Senses, Andrei Zlate, Christopher Kurz. All shook up: International trade and firm – ievel volatility [EB/OL]. https: //economicdynamics. org/meetpapers/2017/paper_ 851. pdf, 2017.

[158] Mine Zeynep Senses. The effects of offshoring on the elasticity of labor demand [J]. Journal of International Economics, 2010 (81): 89 –98.

[159] Mine Z. Senses. International trade and economic insecurity [R]. Germany: Institute for the Study of Labor (IZA), 2017.

[160] Mingming, Pan, Hien, Nguyen. Export and growth in ASEAN: Does export destination matter? [J]. Journal of Chinese Economic and Foreign Trade Studies, 2018, 11 (2): 122 –131.

[161] Morten O. Ravn, Harald Uhlig. On adjusting the Hodrick – Prescott filter for the frequency of Observations [J]. The Review of Economics and Statistics, 2002, 84 (2): 371 –380.

[162] Myungkyu Shim, Hee – Seung Yang. New stylized facts on occupational employment and their implications: Evidence from consistent employment data [J]. Economic Modelling, 2016 (59): 402 –415

[163] Neil Rankin, VolkerSchöer. Export destination, product quality and wages in a middle – income country: The case of south africa [J]. Review of Development Economics, 2013, 17 (1): 64 –73.

[164] Ogunrinola, Isaiah Oluranti, Osabuohien, Evans S. C.. Globalisation and employment generation in Nigeria's manufacturing sector (1990 ~ 2006) [J]. European Journal of Social Sciences, 2010, 12 (4): 581 –593.

[165] Orbeta A. C.. Globalization and employment: The impact of trade on employment level and structure in the Philippines [R]. Philippine Institute for Development Studies, 2002.

[166] Ousama Ben Salha. Does Economic globalization affect the level and volatility of labor demand by skill? New insights from the Tunisian Manufacturing industries [J]. Economic Systems, 2013, 37 (4): 572-597.

[167] Ousmanou, Njikam. Export market destination and performance: Firm-level evidence from Sub-Saharan Africa [J]. Journal of African Trade, 2017, 4 (1-2): 1-19.

[168] Papke L. E., Wooldridge J. M.. Econometric methods for fractional response variables with an application to 401 (k) plan participation rates [J]. Journal of applied econometrics, 1996, 11 (6): 619-632.

[169] Park A., Yang D., Shi X., Jiang Y.. Exporting and firm performance: Chinese exporters and the Asian financial crisis [J]. Rev. Econ. Stat, 2010, 92 (4): 822-842.

[170] Paul R. Bergin, Robert C. Feenstra, Gordon H. Hanson. Offshoring and volatility: Evidence from Mexico's maquiladora industry [J]. American Economic Review, 2009, 99 (4): 1664-1671.

[171] Paul R. Bergin, Robert C. Feenstra, Gordon H. Hanson. Volatility due to offshoring: Theory and evidence [J]. Journal of International Economics. 2011, 85 (2): 163-173.

[172] Pedro Portugal. Employment volatility, employment protection and unemployment [R]. Banco de Portugal: Economic bulletin, 1999: 49-60.

[173] Priya Ranjan. Offshoring, unemployment, and wages: The role of labor market institutions [J]. Journal of International Economics, 2013 (89): 172-186.

[174] Revenga A.. Exporting jobs? The impact of import competition on employment and wages in U. S. manufacturing [J]. Quarterly Journal of Economics, 1992 (107): 255-284

[175] Richard G. Anderson, Charles S. Gascon. The perils of globalization: Offshoring and economic insecurity of the American worker [EB/OL]. http://research. stlouisfed. org/wp/2007/2007-004. pdf, 2007.

[176] Richard Upward, Zheng Wang, Jinghai Zheng. Weighing China's export basket: The domestic content and technology intensity of Chinese exports [J]. Journal of Comparative Economics, 2013 (41): 527 – 543.

[177] Robert C. Feenstra. Integration of trade and disintegration of production in the global economy [J]. Journal of Economic Perspectives, 1998, 12 (4): 31 – 50.

[178] Robert C. Hine, Peter W. Wright. Trade with low wage economies, employment and productivity in UK manufacturing [J]. The Economic Journal, 1998 (108): 1500 – 1510.

[179] Rosario, Crinò, Paolo Epifani. Productivity, quality and export behaviour [J]. The Economic Journal, 2012, 122 (565): 1206 – 1243.

[180] Rosenbaum P. R., Rubin D. B.. The central role of the propensity score in observational studies for causal effects [J]. Biometrika, 1983, 70 (1): 41 – 55.

[181] SebnemKalemli – Ozcan, Bent Sorensen, VadymVolosovych. Deep financial integration and volatility [J]. Journal of the European Economic Association, 2014, 12 (6): 1558 – 1585.

[182] Sinani E. B.. Hobdari. Export market participation with sunk costs and firm heterogeneity [J]. Applied Economics, 2010, 42 (25): 3195 – 3207.

[183] Steven J. Davis, John C. Haltiwanger, Scott Schuh. Job creation and destruction [M]. Cambridge: MIT Press, 1996: 253 – 260.

[184] Tsou M. W., J. T. Liu, C. J. Huang. Export activity, firm size and wage structure: Evidence from taiwanese manufacturing firms [J]. Asian Economic Journal, 2006, 20 (4): 333 – 354.

[185] Van Biesebroeck J.. Exporting raises productivity in sub – saharan african manufacturing plants [J]. Journal of International Economics, 2005 (67): 373 – 391.

[186] Verhoogen E.. Trade, quality upgrading, and wage inequality in the Mexican manufacturing sector [J]. Econ, 2008, 123 (2): 489 – 530.

[187] Wagner J.. A note on the firm size – export relationship [J]. Small business economics, 2001, 17 (4): 229 – 237.

[188] Wagner J.. The causal effects of exports on firm size and labor productivi-

ty: First evidence from a matching approach [J]. Economics Letters, 2002, 77 (2): 287-292.

[189] Yang Liu. Job creation and destruction in Japan: Evidence from division-level employment data [J]. Journal of Asian Economics, 2018 (58): 59-71.

[190] Yeaple, Stephen Ross. A simple model of firm heterogeneity, international trade, and wages [J]. Journal of International Economics, 2005 (65): 1-20.

[191] Yi K. M.. Can vertical specialization explain the growth of world trade? [J]. Journal of political Economy, 2003, 111 (1): 52-102.

[192] Yu, Miaojie, Wei, Tian. China's processing trade: A firm-level analysis [J]. Australian National University E-press, 2012 (8): 111-148.

[193] Zhou L.. Why do exporting firms pay higher wages? [M]. Mimeo: Emory University Atlanta, 2003.

附　录

工具变量的构建

本书先将 $\hat{s}_{ijd} = \gamma e_d + \varepsilon_{ijd}$ 生成的拟合值替代 $\hat{s}_{ijd}$，得到经过处理后的 $\hat{g}_{ijd}$ 与原来的 g_{ijd} 进行第一阶段的回归，回归结果如附表中第（1）列所示，在第一阶段回归后生成一个拟合的 predict_ g 代入第二阶段回归，回归结果如附表 1 中第（2）列所示，最后本书将第二阶段回归得到的结果和 2SLS 回归的结果进行对比，2SLS 的回归结果见附表 1 第（3）列，通过实证研究发现，第二阶段运用拟合值 predict_ g 得到的结果与通过工具变量 iv_ g 得到的结果一致，回归系数为 0.00536，且结果很显著。此时本书已经证明了出口目的地收入水平与出口国企业平均工资存在着因果关系。

附表 1　工具变量构建与回顾

变量	（1） first g	（2） second lnwage	（3） 2sls lnwage
iv_ gdp	1.697 *** (0.000264)	—	—
tfp	0.0547 *** (0.000481)	0.216 *** (0.000235)	0.216 *** (0.000163)

续表

变量	(1) first g	(2) second lnwage	(3) 2sls lnwage
lnoutput	-0.0284***	0.0289***	0.0289***
	(0.000501)	(0.000195)	(0.000167)
lnexport	-0.477***	0.0166***	0.0166***
	(0.000419)	(0.000152)	(0.000136)
lm_input	0.000271***	8.76e-05***	8.75e-05***
	(9.47e-05)	(2.60e-05)	(1.22e-05)
predict_g	—	0.00536***	—
		(5.07e-05)	
g	—	—	0.00536***
			(5.03e-05)
行业效应	Yes	Yes	Yes
省份效应	Yes	Yes	Yes
年份效应	Yes	Yes	Yes
Constant	-0.115***	2.260***	—
	(0.00397)	(0.00152)	
Observations	14464940	13138404	13138404
R-squared	0.799	0.369	0.204

注：括号内为稳健标准误，*** 代表 $p<0.01$，** 代表 $p<0.05$，* 代表 $p<0.1$。

后 记

本书是在我主持的国家社会科学基金青年项目《国际生产分割对中国劳动力市场的影响及对策研究》研究报告基础上修改而成的。掩卷而思，回首这几年在课题研究和写作过程中，得到过诸多良师益友的帮助和支持，心里充满了感激。

首先感谢国家社会科学基金对本书研究相关课题的资金支持，这为本书研究的顺利开展奠定了坚实的基础。

感谢江西财经大学副校长袁红林教授，江西财经大学国际经贸学院院长吴朝阳教授在课题申请、论证和研究开展过程中提供的热心帮助和支持，感谢江西财经大学国际经贸学院各位同事在研究过程中提出的宝贵建议和给予的帮助。感谢我的两位硕士研究生龚茜茜、张木兰参与了课题的助研工作，感谢你们付出的努力和坚持。

最需要感谢的是我的父母，你们无私的爱是我不断前行的动力。衷心感谢我的爱人王丽娟副教授对家庭和孩子的悉心照顾，使我能够安心完成本书的研究。

当然，还有很多需要感谢的人，谨以此书献给你们！

邓军

2020 年 6 月